MEHMET II.
EROBERT
KONSTANTINOPEL

BYZANTINISCHE GESCHICHTSSCHREIBER

Herausgegeben von
UNIV.-PROF. DR. JOHANNES KODER

Band XVII

MEHMET II. EROBERT KONSTANTINOPEL

Die ersten Regierungsjahre
des Sultans Mehmet Fatih,
des Eroberers von Konstantinopel
1453

Das Geschichtswerk
des
KRITOBULOS VON IMBROS

Übersetzt, eingeleitet
und erklärt von
DIETHER RODERICH REINSCH

VERLAG STYRIA GRAZ WIEN KÖLN

CIP-Kurztitelaufnahme der Deutschen Bibliothek

Critobulus ‹Imbriota›:
Mehmet II. [der Zweite] erobert Konstantinopel:
d. ersten Regierungsjahre d. Sultans Mehmet Fatih,
d. Eroberers von Konstantinopel (1453);
d. Geschichtswerk d. Kritobulos von Imbros /
übers., eingeleitet u. erkl. von Diether Roderich Reinsch. –
Graz; Wien; Köln: Verlag Styria, 1986.
(Byzantinische Geschichtsschreiber; Bd. 17)
Einheitssacht.: De rebus gestis Mechemetis ‹dt.›
ISBN 3-222-10296-1
NE: Reinsch, Diether [Hrsg.]; GT

Gesamtherstellung:
Druck- und Verlagshaus Styria, Graz
ISBN 3-222-10296-1

INHALT

Einleitung

AUTOR UND WERK[1]

„Kritobulos von Imbros" ist die gelehrt-archaisierende Namensform, die sich unser Autor selbst zugelegt hat. Eigentlich hieß er Michael Kritopulos und entstammte einer Famlie, die auf der Ägäis-Insel Imbros (dem heutigen İmroz) wahrscheinlich zu den Honoratioren zählte. Dort ist Kritobulos um 1400–1410 geboren und hat sich als junger Mann, zum Teil wohl in Konstantinopel, eine ziemlich umfassende Bildung erworben. Der gelehrte Kaufmann Ciriaco de' Pizzicolli aus Ancona hat ihn 1444 auf einer seiner Forschungsreisen auf Imbros besucht und bezeichnet ihn in seinem Tagebuch als *doctus* und *nobilis*. Kritobulos unterhielt freundschaftliche Verbindungen zu einer Reihe von gelehrten Männern seiner Zeit, z. B. zu Georgios Scholarios (als Gennadios II. der erste griechisch-orthodoxe Patriarch unter der Türkenherrschaft), zu Ioannes Eugenikos, Georgios Amirutzes und Theodoros Agallianos (später Theophanes, Metropolit von Medeia).

Aber nicht nur als Gelehrter, sondern auch als handelnder Politiker hat Kritobulos, zumindest für seine eigene Heimat, eine gewisse Bedeutung gehabt. Im großen Geschichtsdrama der Liquidierung der letzten Reste des Byzantinischen Reiches durch den türkischen Nachfolger auf dem Kaiserthron von Byzanz hat auch unser Historiker aus Imbros eine Nebenrolle gespielt, für die sein eigenes Werk unsere einzige Quelle ist. In den Jahren 1453–1460 hat er entscheidenden Anteil am Geschick seiner Heimatinsel und der mit dieser zusammen 1453 noch zum byzantinischen Reichsgebiet gehörenden Nachbarinseln Lemnos und Thasos. Auf Imbros fungierte er von 1456 bis mindestens 1460 als Gouverneur im

Auftrage des Sultans bzw. (ab 1459) für dessen Vasallen Demetrios Palaiologos. Er selbst schildert uns ausführlich verschiedene seiner diplomatisch-militärischen Unternehmungen.

Über das weitere Leben des Autors hören wir sehr wenig. Wahrscheinlich hatte er Imbros spätestens im Sommer 1466 verlassen, als die Insel von den Venezianern erobert wurde. Danach hat er wohl in Konstantinopel gelebt; er hat dort, so dürfen wir annehmen, die große Pest von 1467 erlebt, die er selbst in seinem Werk darstellt. Jedenfalls muß er 1467/8 noch am Leben gewesen sein; das geht aus einem uns erhaltenen Brief des Georgios Amirutzes an ihn hervor. Danach hören wir nichts mehr von ihm; daß er am Ende Mönch geworden und auf den Heiligen Berg Athos gegangen sei, gehört ins Reich der Legende.

Das Geschichtswerk des Kritobulos schildert in fünf Büchern Ereignisse aus den Jahren 1451–1467. Sein Zentralthema ist die endgültige Zerstörung des Byzantinischen Reiches durch die Türken und die Translatio der Macht vom byzantinischen Kaiser auf den osmanischen Sultan. Der Historiker sah sich am Übergangspunkt von einem Weltreich zu einem neuen; die damit verbundenen Ereignisse der Nachwelt zu Belehrung und Nutzen zu überliefern, ist sein erklärtes Ziel. Seine Zentralfigur ist Mehmet der Eroberer; mit dessen Thronbesteigung im Februar 1451 beginnt das Werk, und ihm ist es auch gewidmet. Der Aufstieg der osmanischen Macht bis zu diesem Punkt und ihr siegreiches Vordringen auf Kosten des Byzantinischen Reiches sollte Gegenstand einer weiteren historischen Monographie werden, die Kritobulos zwar angekündigt, aber – so scheint es jedenfalls – nicht geschrieben hat. Das von ihm geschaffene und uns erhaltene Werk beginnt daher mit der Thronbesteigung Mehmets und zielt dann geradewegs auf die große Katastrophe der byzantinischen Metropole im Mai 1453. Die Schilderung der Eroberung von Konstantinopel nimmt fast das gesamte erste Buch und damit etwa ein Drittel des Gesamtwerkes ein. An darstellerischer Eindringlichkeit ist sie allen anderen uns erhaltenen Quellen überlegen, und E. Pears hat sie daher zu Recht als Grundlage seiner klassischen Monographie[2] genommen. Die Hauptschwerpunkte des übrigen Werkes sind die Feldzüge Mehmets, die zur Arrondierung seiner Macht in Europa und zur Einziehung auch der noch quasiselbständig existierenden Reste des Byzantinischen Reiches führten: Serbien, die Inseln der Ägäis, die Peloponnes, Albanien, Trapezunt und Bosnien sind die Schauplätze, und auf der anderen Seite natürlich immer wieder Konstantinopel, das Mehmet durch Besiedlungs- und Baumaßnahmen, die sich über Jahre erstreckten, zu seiner neuen Metropole ausbaute.

Keine andere Quelle informiert uns so ausführlich darüber, wie der Sultan immer wieder durch gezielte Anordnungen für die Neu- und Ausgestaltung der eroberten Stadt Sorge trug. Konstantinopel war vor der Eroberung (vgl. Anm. 29/1) und erst recht nach den Kriegsverlusten und der Versklavung der Bewohner nach der Halosis eine weitgehend entvölkerte Stadt. Um wirklich Hauptstadt des Osmanischen Reiches werden zu können, mußte es daher erst einmal mit Menschen gefüllt werden, die verlassenen Häuser mußten neue Bewohner erhalten, die verfallenen Gebäude renoviert, das Wirtschaftsleben wieder in Gang gesetzt werden, und die Stadt mußte ihrer Funktion als politischer Metropole entsprechende Residenzgebäude des Herrschers erhalten. Für Kritobulos, der sein Geschichtswerk unter den Leitgedanken des Überganges der Macht von den Byzantinern auf die Osmanen gestellt hatte, waren alle diese Maßnahmen, die auf die Zukunft ausgerichtet waren, ein wichtiges Thema, auf das er folglich immer wieder zu sprechen kommt.

So berichtet er, daß Mehmet unmittelbar nach der Eroberung sogleich umfangreiche Maßnahmen einleitet.

Er siedelt die ihm als Beuteanteil zugefallenen Gefangenen (ein Fünftel der Gesamtbeute) am Hafen an, weist ihnen Häuser zu und gewährt ihnen für einige Jahre Abgabenfreiheit, damit sie zunächst einmal ökonomisch Fuß fassen können. Ebenso weist er auch Angehörigen der regierenden Schicht der Osmanen Gebäude und Land zu, und er versucht, auch die griechischen Notabeln in dieses Programm einzubeziehen (S. 83[3]). Auch dem von ihm eingesetzten Stadtpräfekten wird als besonders vordringliche Aufgabe die Wiederbesiedlung der Stadt übertragen (S. 85). Diesem Zweck dient das von der osmanischen Staatsverwaltung seit den Anfängen erprobte Mittel der Zwangsumsiedlung.[4] Mehmet läßt vor allem Christen, aber auch Muslime und Juden aus allen möglichen Reichsteilen in die neue Hauptstadt verpflanzen (S. 86). Die Einsetzung eines griechischen Patriarchen im Januar 1454 (S. 91) liegt auf derselben politischen Generallinie. Für die Jahre 1456–1458 berichtet Kritobulos von folgenden Einzelmaßnahmen: Allgemeine Umsiedlung von Christen aus anderen Reichsteilen (S. 101), Umsiedlung von Serben, Ungarn und Bulgaren (S. 114), Umsiedlung von 4000 Gefangenen aus Elis (S. 126), Umsiedlung der Bewohner der auf der Peloponnes eroberten Festungen (S. 128), Umsiedlung der ökonomisch potenten Bewohner von Amasra und von Armeniern (S. 131). Im Jahre 1459/60 folgt ein allgemeiner Aufruf zur Rückkehr an die ehemaligen Einwohner von Konstantinopel, die sich besonders in den großen Städten Edirne, Plovdiv (Philippopel), Gelibolu und Bursa inzwischen neue Existenzen aufgebaut haben. Dazu kommen die Zwangsumsiedlung der Bewohner von Eski und Yeni Foça und der Inseln Thasos und Samothrake (S. 139, 150) sowie Umsiedlungen aus der Peloponnes (S. 148). Für die Jahre 1462 und 1463 erfahren wir von Umsiedlungen qualifizierter Angehöriger bestimmter Berufsgruppen (S. 166) sowie der Verpflanzung eines Drittels der Bewohner von Mytilene

(S. 172) und der gesamten Einwohner von Argos (S. 183).
Ganz deutlich wird dabei das Bestreben des Sultans herausgestellt, die Wirtschaftskraft der Stadt zu stärken und ihre Versorgung zu sichern. So werden in erster Linie qualifizierte Handwerker und Händler in der Stadt selbst angesiedelt, die nicht in dieser Weise Qualifizierten hingegen werden auf Dörfer im Umland verteilt (S. 131). Auch diesen wird eine ökonomische Starthilfe gewährt, indem man ihnen Zugtiere und Saatgut zur Verfügung stellt. Es scheint auch so, daß die Neuankömmlinge in der Regel in geschlossenen Wohnverbänden angesiedelt werden (S. 173. 183).
Diese bevölkerungspolitischen Maßnahmen werden durch bedeutende Investitionen auf der Seite der materiellen Infrastruktur ergänzt, die Kritobulos ebenfalls an vielen Stellen hervorhebt. So berichtet er ausführlich über den Bau der Residenz am ehemaligen Forum Tauri (S. 83. 90) und über die neue Palastanlage auf der Serai-Spitze (S. 132–133. 140. 193). Der Reparatur der Mauern und dem Bau der Festung Yedikule (S. 90) folgt auf dem zivilen Sektor die Errichtung von Märkten, der Bau von Aquädukten, Bädern und anderen öffentlichen Gebäuden (S. 101. 114). Sowohl der Sultan selbst als auch seine Vezire bauen Moscheen und die jeweils zu einer Moschee gehörenden sozialen Einrichtungen (S. 132–133), und auch Ausbau und Sicherung der Zufahrtsstraßen in die Stadt fehlen nicht im historischen Bericht (S. 101).
Insgesamt gibt uns Kritobulos so ein eindrucksvolles Bild vom Bemühen des Sultans, Konstantinopel wieder zum ökonomischen und politischen Zentrum – diesmal des Osmanischen Reiches – auszubauen. Er ist hierbei unsere ausführlichste Quelle.[5] Die Angaben zur Bevölkerungsentwicklung zu quantifizieren fällt nicht leicht. Kritobulos nennt nur an einer Stelle die Zahl: 4000 Zwangsaussiedler aus Elis. Auch die übrigen Quellen

nennen meist keine Zahlen (so etwa Tursun Beg). Wir können aber sichere Angaben über die Zahl der Haushalte machen, die Konstantinopel im Jahre 1477 in seinen Mauern beherbergte, da wir für dieses Jahr einen offiziellen Zensus (defter) besitzen.[6] Er nennt als Gesamtzahl für die Haushalte 15.197. Davon entfallen 8951 auf Muslime, 3151 auf Griechen (Orthodoxe) und 3095 auf Lateiner, Armenier und andere. Die Zahl der Läden wird insgesamt mit 3667 angegeben.
Mit der Niederschrift des ersten Teiles seines Werkes hat Kritobulos schon bald nach der Eroberung, sicher noch vor dem Sommer 1453, begonnen. Er hat es dann zunächst einmal mit Herbst 1461 enden lassen (es umfaßte also Buch I–Buch IV, Kap. 8) und dieses Exemplar im Herbst 1466 dem Sultan mit einem Begleitbrief dediziert. Danach hat er es überarbeitet, bis auf den heute erhaltenen Umfang fortgeführt und dann dem Sultan mit einem neuen Dedikationsschreiben im Spätherbst 1467 erneut überreicht. Dieses originale Gesamtmanuskript des Autors und der erste Dedikationsbrief von 1466 sind als Codex G. İ. 3 in der Bibliothek des Topkapı Sarayı zu İstanbul erhalten. Das Original des zweiten Widmungsbriefes ist verschollen, nachdem es in die Hand Constantin Tischendorfs gelangt war, der den Text jedoch glücklicherweise ediert hat.
Die Übersetzung gibt von diesen beiden Begleitbriefen nur die Textfassung des zweiten von 1467 wieder.
Über seine Quellen verrät uns Kritobulos nichts. Dort, wo die Darstellung nicht auf seinen eigenen Erlebnissen beruht, deutet er nur durch eine Wendung wie „man sagte“ oder „man erzählte“ an, daß er sich weitgehend auf mündliche Quellen (sowohl türkische als auch griechische) stützt; an zwei Stellen[7] teilt er uns je zwei verschiedene Versionen eines Ereignisses mit.
Was die Glaubwürdigkeit des Kritobulos angeht, so schneidet er dort, wo wir seine Angaben mit Hilfe anderer Quellen überprüfen können, nicht schlecht ab.

Die abfälligen Urteile, die Babinger mehr insinuiert als dezidiert gefällt hat, erweisen sich bei näherem Zusehen als übertrieben. Kritobulos ist mehr als nur „der Lobredner“ Mehmets, „der ängstlich jede Verunglimpfung seines Abgottes vermeidet“ und seine „treuergebene Gesinnung“ unter Beweis stellt.[8] Es trifft auch keineswegs zu, was Moravcsik behauptet, „daß er all das verschweigt, was ein ungünstiges Licht auf die Gestalt Mohammeds (Mehmets) werfen könnte“ oder daß er, da er den Thukydides „sklavisch nachahmt“, „sogar hie und da in seiner Erzählung auch etwas erdichtet“.[9] So verschweigt Kritobulos z. B. nicht das grausame Vorgehen Mehmets gegen die gefangengenommenen Verteidiger der von ihm eroberten Festung Therapeion, die er pfählen ließ (I 32), und ähnliche Begebenheiten, die er leicht hätte weglassen können, ohne der Gesamtdarstellung Abbruch zu tun.[10] Insbesondere die rhetorisch fein ausgearbeitete Darstellung der Plünderung Konstantinopels (I 61–62), der Threnos auf die eroberte Stadt (I 69,2), der Nachruf auf Konstantin (I 72) sprechen nicht für die Richtigkeit der genannten Urteile. Gleichwohl ist es wichtig, die generellen Tendenzen eines Autors in Rechnung zu stellen, der klar zu erkennen gibt, daß er jener nicht unbedeutenden Fraktion unter den Byzantinern zuzurechnen ist, die im Arrangement mit dem Eroberer ihr physisches und politisches Überleben zu sichern versuchte.

Ein weiteres Moment ist die Schwierigkeit der Nachrichtenbeschaffung zu Ereignissen auf den Feldzügen fern der Hauptstadt. Hier hat Kritobulos nachweislich Nachträge vorgenommen, auch wenn diese im Sinne des Sultans Nachteiliges enthielten. Ein Beispiel: In der Darstellung der Schlacht um Belgrad im Sommer 1456 trägt Kritobulos die türkischen Verluste nach (unter anderen fiel der Beylerbeyi von Europa) sowie die Verwundung Mehmets.[11] Grecu athetiert in seiner Edition[12] diesen Zusatz mit der Bemerkung: „Difficile est tamen credere Critobulum de Mechmete tot mala referre potuisse.“ Mit ähnlicher Argumentation hat Grecu an anderer Stelle versucht, Kritobulos die von ihm eigenhändig vorgenommenen Zusätze abzusprechen. So bemerkt er zu dem Zusatz „und die Beraubung der Heiligtümer“ (I 18,2): „Kritobulos wollte ganz bestimmt Mohammed II. so etwas nicht zumuten oder mindestens sich darüber nicht aussprechen; und die Randnotiz dürfte von einem späteren Leser herrühren.“[13] Gegen ein solchermaßen vorgefaßtes Urteil kann freilich der tatsächliche konkrete Befund dann auch nichts mehr ausrichten. Insgesamt haben die modernen Historiker der Halosis und der darauf folgenden Ereignisse die Glaubwürdigkeit des Kritobulos jedoch eher positiv denn negativ beurteilt. Stellvertretend auch für andere[14] sei das abschließende Urteil Runcimans zitiert: „His account of the siege is of supreme importance as he obtained his information from Turks as well as from Greeks who were present; and, except when he is sheltering the Sultan's reputation, it is honest, unprejudiced and convincing.“[15] Es fehlt jedoch bisher eine fundierte synoptische Analyse seines Geschichtswerkes mit den Parallelquellen, insbesondere Dukas, Chalkokondyles und Sphrantzes, aber auch den westlichen und den türkischen Berichten.

Dabei ist es wichtig, im Auge zu behalten, daß Kritobulos ein Geschichtswerk verfaßt hat, das er im Sinne des Ideals der antiken Geschichtsschreibung zu gestalten versuchte. Sein Ziel war es nicht, später einmal ein besonders ergiebiger Faktensteinbruch eines modernen Historikers zu sein, sondern ein den Kunstregeln des literarischen Genos entsprechendes Werk zu schaffen, um künftigen Generationen Großereignisse und Großtaten seiner Zeit zu deren Erbauung und Nutzen sowie zum Ruhme seiner Zeitgenossen zu übermitteln. Er verpflichtet sich – wiederum in antiker Tradition – den Idealen der Genauigkeit und der Wahrheit, aber nicht, um die vermeintliche Realität in der Art von Tagebuchnotizen abzubilden. Es widerspricht dem Wahrheits- und Genauigkeitsideal nicht, wenn Kritobulos den Protagonisten, vor allem Sultan Mehmet, Reden in den Mund legt, die versuchen, die hinter einer bestimmten Situation oder Entscheidung liegenden Motive und Faktoren zu artikulieren. Es überrascht daher nicht, daß das wichtigste literarische Vorbild, dem Kritobulos in aneignender Imitatio folgt, Thukydides ist, zu dem er ja als handelnder Akteur der Zeitgeschichte auch eine über das rein Literarische hinausgehende Verwandtschaft spüren konnte. Doch ist es keineswegs so, wie man früher oft behauptet hat, daß Kritobulos diesem Autor „sklavisch" gefolgt wäre. Außer Thukydides haben ihm Herodot, Aelius Aristides, Josephus Flavius und insbesondere Arrian sowohl für die Komposition größerer Partien als auch für die sprachliche Ausgestaltung im einzelnen, z. T. in raffiniertem Wechsel- und Zusammenspiel mit Thukydides-Reminiszenzen, als Gestaltungsmaterial gedient.[16]

Das Geschichtswerk des Kritobulos, das Tischendorf schon 1872 „eine Schrift" genannt hatte, „die es vollkommen verdient, bald ins Deutsche übertragen zu werden"[17], wird hier zum ersten Mal vollständig in deutscher Übersetzung vorgelegt. Bisher existieren, auf allerdings unzulänglicher Textgrundlage, Übersetzungen ins Französische, Ungarische, Türkische, Englische und Rumänische. Die Übersetzung will vor allem exakt sein; sie erhebt literarische Ansprüche nur insofern, als sie sich bemüht, eine dem rhetorischen Stil des Autors angemessene Tonlage zu treffen; das gilt vor allem für Partien, die der Autor sprachlich besonders eindringlich gestaltet hat (z. B. die Ekphrasis von Geschützguß und -aufstellung I 29–31, die Reden Mehmets I 14–16 und I 48–51, den Epilog auf Konstantin und die Größe Konstantinopels I 69 und I 72 und die Schilderung der Pest V 17–18).

Ein besonderes Problem für den Übersetzer byzantinischer Historiographen allgemein sind die Archaismen, deren sich die Autoren traditionell bedienen, zumal dann, wenn sie wie Kritobulos weit über die übliche Verwendung antiker Völkernamen hinausgehen. So spricht Kritobulos von Choiniken und Medimnen, von Stadien und Talenten, von Strategen und Satrapen und sogar von einem Schiffstyp „Paralos“, den er offenbar aus dem bei Thukydides mehrfach genannten Namen des athenischen Staatsschiffs abgeleitet hat. Hier hat die Übersetzung nichts geändert, sondern dem Text auch im Deutschen die archaisierende Patina gelassen, da Mißverständnisse nicht zu befürchten und die zeitgenössischen Äquivalente über die Anmerkungen oder das Register am Ende des Bandes leicht zu eruieren sind.

Anders steht es mit dem Herrschertitel Mehmets, den Kritobulos durchweg als „(Megas) Basileus“ bezeichnet. Mit diesem Titel zieht er zum einen die Linie zum byzantinischen Kaiser, dessen Nachfolge durch Inbesitznahme der Kapitale der Türkensultan antrat, zum anderen die Linie zu den Herrschern des alten Perserreiches, als dessen Nachfolger die Osmanen ebenfalls und gleichzeitig gesehen werden. Man müßte diesen griechischen Titel also einerseits mit „Kaiser“, andererseits mit „Großkönig“ wiedergeben. Es gibt jedoch kein Wort im Deutschen, das diese beiden Assoziationslinien bündeln könnte; daher wurde „Basileus“ überall dort, wo das Wort einen osmanischen Herrscher bezeichnet, mit „Sultan“ wiedergegeben, das Adjektiv „basilikos“ hingegen in jedem Falle mit „kaiserlich“, da damit im Deutschen auch allgemein die „Art eines Kaisers“ bezeichnet wird und es andererseits zu „Sultan“ kein gebräuchliches Adjektiv gibt.

Was die Völker-, Städte- und Eigennamen angeht, wurde in folgender Weise verfahren:

Im allgemeinen wird die Namensform des griechischen Textes in Transkription wiedergegeben (abgesehen von im Deutschen gebräuchlichen Sonderformen wie z. B. Athen, Alexander, Korinth). „Rhomaioi“ wurde dort, wo es sich um die Bewohner des Byzantinischen Reiches handelt, mit „Rhomäer“ wiedergegeben, sonst mit „Römer“. Polis im Sinne von „Konstantinopel“ erscheint im deutschen Text als „die Polis“, wobei bisweilen im griechischen Text nicht klar zu entscheiden ist, ob das Wort „polis“ allgemein im Sinne von „Stadt“ oder speziell im Sinne von „Konstantinupolis“ gebraucht ist und dann als Name mit großem Anfangsbuchstaben zu schreiben ist. In den Fällen, wo fremdsprachliche Eigennamen nur oberflächlich gräzisiert wurden (z. B. „Mechemetis“), erscheint in der Übersetzung die fremdsprachliche Form des Namens, wobei türkische Namen in der Regel in neutürkischer Form wiedergegeben werden, also in diesem Falle: „Mehmet“. In den anderen Fällen, wo der Eigenname in der griechischen Form nicht ohne weiteres identifizierbar ist, erscheint in der Übersetzung nur die transkribierte griechische Namensform oder die entsprechende deutsche Sonderform (z. B. „Alexander“) und das Äquivalent („Georg Kastrioti“ bzw. „Skanderbeg“) muß über das Register aufgesucht werden.

Die speziellen Erklärungen zu einzelnen Textstellen finden sich, nach den am Rand ausgeworfenen Seitenzahlen der Edition in der Reihe Corpus Fontium Historiae Byzantinae geordnet, in den dem Text folgenden Anmerkungen (S. 298–328).

Die in Petit gesetzten Kursiv-Zwischentexte stammen vom Autor selbst und stehen im Original-Manuskript mit roter Tinte jeweils am Rand des Textes.

Dem Herausgeber der Reihe, Professor Dr. Johannes Koder, danke ich für seine wertvollen Hinweise und Verbesserungsvorschläge.

ÜBERSICHT
ÜBER DEN INHALT DES WERKES

		WIDMUNGSBRIEF
		Mehmet, ein würdiges Objekt für ein griechisches historisches Werk. Inhaltsangabe der fünf Bücher.
		BUCH I
	1–3:	Begründung für die Themenwahl. Leitlinien des Werkes: Genauigkeit und Wahrheit. Rechtfertigung für die Darstellung der Katastrophe des eigenen Volkes unter Berufung auf Josephus Flavius.
1450/51	4–5:	Mehmet wird Nachfolger Murats II. Seine Weltherrschaftspläne. Verträge mit Byzanz und Karaman. Verwaltungsmaßnahmen.
1451/52	6–11:	Bau der Festung Rumeli Hisarı am Bosporus.
1452/53	12:	Bau der neuen Residenz in Edirne.
	13:	Gründe Mehmets für den Plan zur Eroberung von K/pel.
	14–16:	Große Rede Mehmets im Kriegsrat.
	17:	Kriegsbeschluß.
	18–19:	Lage in K/pel. Verteidigungsmaßnahmen und Hilfsersuchen an andere Mächte.
	20–23:	Vorbereitungen Mehmets. Flotte und Heer treffen vor K/pel ein.
	24–25:	Maßnahmen in K/pel. Eintreffen Giustinianis.
	26–28:	Ablehnung der Aufforderung zur Kapitulation. Aufstellung des türkischen Heeres. Ernennung Baltaoğlus zum Admiral.
	29–31:	Geschützguß und -aufstellung.
	32–33:	Eroberung der Kastelle Therapeion, Studiu und der Insel Prinkipo.
	34:	Maßnahmen in K/pel.
	35–36:	Erster vergeblicher Sturmangriff.
	37:	Versuch der türkischen Flotte, in den Hafen einzudringen, scheitert.
	38:	Erfindung des Mörsers. Beschießung der Schiffe im Hafen.

39–41: Ankunft von drei päpstlichen Schiffen. Vergeblicher Versuch der türkischen Flotte, sie abzufangen.
42–44: Schiffstransport zu Lande vom Bosporus ins Goldene Horn. Pontonbrücke über das Goldene Horn. Geplänkel im Goldenen Horn.
45–46: Schlimme Vorzeichen in K/pel.
47: Entschluß Mehmets zum Angriff.
48–51: Große Rede Mehmets vor der Schlacht.
52–53: Vorbereitungen auf beiden Seiten zur Schlacht.
54–56: Vergeblicher Ansturm des türkischen Heeres.
57–59: Mehmets Elitetruppen greifen ein. Verwundung und Rückzug Giustinianis. Kaiser Konstantin hält tapfer aus.
60–62: Erstürmung der äußeren Mauer. Tod Kaiser Konstantins. Die Türken erobern die Stadt. Blutbad und Plünderung.
63–64: Die byzantinischen Truppen geben auf. Tod Orhans.
65–67: Erstürmung der Tore am Goldenen Horn. Die Türken in der Hagia Sophia. Kapitulation von Galata.
68–69: Einzug Mehmets in K/pel. Vergleich des Leids mit anderen Eroberungen (Troja, Babylon, Karthago, Rom, Jerusalem, K/pel durch die Lateiner 1204). Threnos auf K/pel.
70: Die päpstliche Hilfsflotte kommt zu spät.
71: Datum der Eroberung.
72: Nachruf auf Kaiser Konstantin. Nachruf auf die Größe K/pels.
73: Verteilung der Beute und Entlassung des Heeres. Maßnahmen zur Wiederbesiedlung. Plan Mehmets, Lukas Notaras zum Gouverneur von K/pel zu machen. Intrige gegen Notaras und die vornehmen Griechen, ihre Hinrichtung.
74: Mehmet empfängt Gesandtschaften in Edirne.
75: Gesandtschaft des Kritobulos an Mehmet. Übergabe der Inseln Imbros, Lemnos und Thasos an Palamede bzw. Dorino Gattilusio.
76: Hinrichtung des Großvezirs Halil. Sein Nachfolger wird Ishak.
77: Verbannung des Zağanos. Sein Nachfolger wird Mahmut. Rückkehr Mehmets aus Edirne nach K/pel.

		BUCH II
	1–2:	Maßnahmen zur Wiederbesiedlung von K/pel und Bauten. Einsetzung des Gennadios (Georgios Scholarios) als Patriarchen.
1453/54		
1454/55	3–5:	Mehmet ordnet Verhältnisse in Asien, Hamza wird zum Beylerbeyi ernannt. Yunus segelt gegen Naxos und Rhodos, Schiffsverluste durch Sturm, Plünderung von Kos, Übertritt von Nea Phokaia. Yunus fällt in Ungnade.
	6–9:	Feldzug gegen Serbien. Kapitulation von Novo Brdo.
1455/56	10:	Maßnahmen zur Wiederbesiedlung von K/pel und Bauten.
	11–15:	Feldzug gegen Ainos.
	16:	Kritobulos wird Gouverneur von Imbros. Schicksal des Dorino II. Gattilusio.
1456/57	17–21:	Feldzug Mehmets gegen Belgrad. Tod des Georg Branković. Rebellion Lazars III. Belagerung von Semendria.
	22:	Bau- und Besiedlungsmaßnahmen in und um K/pel.
	23:	Päpstliche Flotte in der Ägäis. Kritobulos verhandelt mit den Abgesandten der Flotte.
		BUCH III
	1:	Die Lage auf der Peloponnes. Mehmet bereitet Feldzug vor.
1457/58	2:	Kapitulation von Semendria. Schicksal der Witwe Lazars III.
	3–9:	Feldzug auf der Peloponnes. Belagerung von Korinth. Kapitulation mehrerer Festungen. Mehmet erobert ein Drittel der Halbinsel. Seine Rückkehr über Athen und Chalkis nach Edirne.
	10:	Flottenexpedition gegen Lesbos, Chios und Naxos.
1458/59	11–13:	Besiedlungs- und Baumaßnahmen in K/pel. Flottenbau.
	14–15:	Diplomatische und militärische Aktivitäten des Kritobulos auf den Ägäischen Inseln.
	16:	Feldzug in Albanien.
1459/60	17:	Beförderungen in Heer und Verwaltung. Besiedlungs- und Baumaßnahmen in K/pel.
	18:	Übergabe von Palaiokastron auf Lemnos an Kritobulos.

	19–24:	Feldzug Mehmets auf der Peloponnes. Flucht des Thomas Palaiologos nach Kerkyra. Demetrios erhält als Pfründe die Ägäischen Inseln und Ainos.
		BUCH IV
1460/61	1–8:	Feldzug Mehmets gegen Trapezunt. Kapitulation und Deportation des Kaisers von Trapezunt. Freundschaftsvertrag Mehmets mit Uzun Hasan.
1461/62	9:	Mehmet und Georgios Amirutzes. Bau- und Besiedlungsmaßnahmen in K/pel.
	10:	Feldzug Mehmets gegen den Walachenfürsten Vlad Ţepeş.
	11–13:	Feldzug zu Lande und zu Wasser gegen Lesbos.
1462/63	14:	Schicksal der deportierten Lesbier und des Nicolò Gattilusio. Bau von zwei Sperrforts am Hellespont.
	15:	Feldzug gegen Bosnien.
	16:	Gründe Venedigs für Krieg gegen Mehmet um den Besitz der Peloponnes. Militärische Maßnahmen beider Seiten.
		BUCH V
	1–2:	Kampfhandlungen auf der Peloponnes.
1463/64	3:	Fertigstellung der Sperrforts am Hellespont.
	4–5:	Feldzug Mehmets in Bosnien.
	6:	Marsch der Paioner gegen den Sultan.
	7:	Expedition Venedigs gegen Lesbos.
1464/65	8–10:	Schlimmes Vorzeichen in K/pel. Verwaltungsmaßnahmen Mehmets. Mehmet verbringt den Sommer mit Studien in K/pel. Amirutzes übersetzt in seinem Auftrag die Geographie des Ptolemaios.
1465/66	11–12:	Feldzug Mehmets nach Albanien. Bau der Festung Elbasan.
1466/67	13–15:	Belagerung von Patras durch die Venezianer. Unheilverkündende Lichterscheinung in K/pel. Mehmet weist Friedensangebot Venedigs zurück.
	16:	Militärische Aktivitäten Skanderbegs in Albanien. Feldzug Mehmets. Belagerung von Kruja.
	17–19:	Die Pest in K/pel. Mehmet läßt Belagerungsheer vor Kruja und kehrt über das Balkangebirge nach K/pel zurück.

ANMERKUNGEN ZUR EINLEITUNG

1 Für die Einzelheiten und vor allem die Beweisführung aus den Quellen verweise ich generell auf die Prolegomena meiner Edition des griechischen Textes: Critobuli Imbriotae Historiae ed. D. R. Reinsch (Corpus Fontium Historiae Byzantinae. Vol. XXII. Series Berolinensis), Berlin–New York 1983.

2 E. Pears, The Destruction of the Greek Empire and the Story of the Capture of Constantinople by the Turks, London 1903.

3 Die Seitenzahlen sind die in der Übersetzung am Rande ausgeworfenen Seitenzahlen der griechischen Ausgabe in der Reihe CFHB (vgl. Anm. 1).

4 Vgl. H. Inalcik, Ottoman Methods of Conquest, in: Studia Islamica 2 (1954), 112–129.

5 Vgl. Inalcik, Policy 234 und passim. Zu den übrigen Quellen und ihren Angaben vgl. Pertusi I 426 und III 98–99.

6 Vgl. Inalcik, Policy 238. 247.

7 II 20,8 (S. 113) und III 19,5–6 (S. 142).

8 Babinger 112. 134. 170 („Lobredner“); 258 („Abgott“); 143 („Gesinnung“).

9 Moravcsik I 433.

10 Weiteres bei G. Emrich, Michael Kritobulos, der byzantinische Geschichtsschreiber Mehmeds II., in: Materialia Turcica 1 (1975), 35–43.

11 II 19,6 (S. 111).

12 V. Grecu, Critobul din Imbros din domnia, lui Mahomed al II-lea annii 1451–1467 (Scriptores Byzantini 4), Bukarest 1963, 205.

13 V. Grecu, Kritobulos aus Imbros. Sein wahrer Name. Die Widmungsbriefe. Die Ausgabe. Das Geschichtswerk, in: Bsl 18 (1957), 1–17, dort 10.

14 Vgl. Ch. Mijatovich, Constantine Palaeologus. The Last Emperor of the Greeks 1448–1453, London 1892, 235. E. Pears (wie oben Anm. 2), XI. A. E. Bakalopoulos, Peges tes historias tou Neou Hellenismou, Thessalonike 1965, Nr. 39.

15 Runciman 194 (202).

16 Für nähere Einzelheiten verweise ich auf die Kapitel „Mimesis“ und „Kritobulos als Kopist und Handschriftenbesitzer“ der Prolegomena meiner Edition des griechischen Textes (vgl. oben Anm. 1) sowie auf den Index locorum und den Testimonienapparat zu den dort angegebenen Stellen.

17 C. von Tischendorf, in: Beilage zur Allgemeinen Zeitung (Augsburg) Nr. 181 vom 29. 6. 1872, 2769–2770, dort 2770.

LITERATURHINWEIS

Für weiterführende Lektüre sei hier besonders für den Nichtspezialisten auf folgende im selben Verlag erschienene Bücher verwiesen, die Quellen gewidmet sind, welche z. T. ausführlich dieselben Ereignisse behandeln, die auch Kritobulos schildert:

E. von Ivánka, Die letzten Tage von Konstantinopel. Der auf den Fall Konstantinopels 1453 bezügliche Teil des dem Georgios Sphrantzes zugeschriebenen „Chronicon Maius", 1954 (Byz. Geschichtsschreiber 1).

R. F. Kreutel, Vom Hirtenzelt zur Hohen Pforte. Frühzeit und Aufstieg des Osmanenreiches nach der Chronik „Denkwürdigkeiten und Zeitläufte des Hauses 'Osman" vom Dervisch Ahmed, genannt 'Aşik-Paşa-Sohn, 1959 (Osman. Geschichtsschreiber 3).

R. F. Kreutel, Leben und Taten der türkischen Kaiser. Die anonyme vulgärgriechische Chronik Codex Barberinianus Graecus 111 (Anonymus Zoras), 1971 (Osman. Geschichtsschreiber 6).

R. Lachmann u. a., Memoiren eines Janitscharen oder Türkische Chronik, 1975 (Slav. Geschichtsschreiber 8).

Die grundlegende Monographie für die gesamte Regierung Mehmets II. ist nach wie vor das Werk von Babinger (vgl. jedoch die Rezension von Inalcik: Mehmed the Conqueror). Die wichtigste Quellensammlung für die Eroberung von Konstantinopel hat Pertusi veröffentlicht.

Aus der Fülle von Büchern über die Halosis sei die neuere Darstellung von Runciman genannt.

Im Rahmen von allgemeinen Darstellungen der osmanischen Geschichte behandeln die von Kritobulos geschilderten Ereignisse:

J. von Hammer-Purgstall, Geschichte des Osmanischen Reiches, 10 Bde., Pest 1827–1835, dort Bd. 1, 500–679; Bd. 2, 1–95.

J. W. Zinkeisen, Geschichte des Osmanischen Reiches in Europa, 7 Bde., Hamburg bzw. Gotha 1840–1854, dort Bd. 1, 799–863; Bd. 2, 1–397.

N. Iorga, Geschichte des Osmanischen Reiches, 5 Bde., Gotha 1908–1913, dort Bd. 2.

D. E. Pitcher, An Historical Geography of the Ottoman Empire, Leiden 1972, dort 75–99.

E. Werner, Die Geburt einer Großmacht – Die Osmanen (1300–1481), (Forsch. zur mittelalterl. Geschichte 32), [4]Wien–Köln–Graz 1985, dort 273–345.

Mehr aus westlicher Perspektive: K. M. Setton, The Papacy and the Levant, vol. 2: The Fifteenth Century, Philadelphia 1978, dort 108–313.

VERZEICHNIS DER ABGEKÜRZT ZITIERTEN LITERATUR

Anonymus Zoras
Leben und Taten der türkischen Kaiser. Die anonyme vulgärgriechische Chronik Codex Barberinianus Graecus 111 (Anonymus Zoras), übers., eingel. u. erl. von R. F. Kreutel (= Osmanische Geschichtsschreiber 6), Graz-Wien-Köln 1971

Babinger
F. Babinger, Mehmed der Eroberer und seine Zeit, München 1953. 1959 (nach dieser Ausg. zitiert).
Engl. Übers. mit einigen Anmerkungen: Mehmed the Conqueror and his time, transl. by R. Manheim, ed. W. C. Hickman, Princeton 1978

Bsl
Byzantinoslavica

BZ
Byzantinische Zeitschrift

Chalk.
Laonici Chalcocandylae Historiarum demonstrationes, ed. E. Darkó, I–II, Budapest 1922–1923

DOP
Dumbarton Oaks Papers

Dukas
Ducae Michaelis Ducae nepotis Historia Byzantina, ed. I. Bekker, Bonn 1834

EEBS
Epeteris Hetaireias Byzantinon Spoudon

Heyd
W. Heyd, Histoire du commerce du Levant au Moyen-Âge, 2 Bde., Leipzig 1885–1886

Hirtenzelt
R. F. Kreutel, Vom Hirtenzelt zur Hohen Pforte (vgl. oben S. 26)

HZ
Historische Zeitschrift

Inalcik, Mehmed the Conqueror
H. Inalcik, „Mehmed the Conqueror (1432–1481) and his time“, in: Speculum 35 (1960) 408–427

Inalcik, Policy
H. Inalcik, The Policy of Mehmed II toward the Greek Population of Istanbul and the Byzantine Buildings of the City, in: DOP 23–24 (1969–70), 229–249

Janin
R. Janin, Constantinople byzantin. Développement urbain et répertoire topographique, ²Paris 1964

Janin, Géographie
R. Janin, La géographie ecclésiastique de l'Empire byzantin, I: Le siège de Constantinople et le Patriarcat oecuménique, III: Les églises et les monastères, ²Paris 1969

Janitschar
R. Lachmann u. a., Memoiren eines Janitscharen (vgl. oben S. 26)

Jireček
C. J. Jireček, Geschichte der Serben, 2 Bde., Gotha 1911–1918

Jireček, Staat und Gesellschaft
C. Jireček, Staat und Gesellschaft im mittelalterlichen Serbien, I–IV (Denkschr. kaiserl. Akad. Wiss. Wien, phil.-hist. Cl., 56; 58,2; 64,2), Wien 1912–1919 (Nachdr. Leipzig 1974)

MDAI(A)
Mitteilungen des kaiserl. Deutschen Archäol. Instituts, Athenische Abteilung

Miller
W. Miller, The Gattilusij of Lesbos (1355–1462), in: BZ 21 (1913), 406–447, wieder abgedr. in: W. Miller, Essays in the Latin Orient, Cambridge 1921, 313–353 (hiernach zitiert)

Moravcsik
G. Moravcsik, Byzantinoturcica, 2 Bde., ²Berlin 1958

Müller
C. Müller, Critobuli Imbriotae libri quinque de rebus gestis Mechemetis, in: Fragmenta Historicorum Graecorum V 1, Paris 1870 (öfter nachgedruckt)

Müller-Wiener
W. Müller-Wiener, Bildlexikon zur Topographie Istanbuls, Tübingen 1977

NE
Neos Hellenomnemon

Nicol
D. M. Nicol, The Byzantine Family of Kantakouzenos (Cantacuzenus) ca. 1100–1460, Dumbarton Oaks 1968 (Dumbarton Oaks Studies 11)

Pertusi I–III
A. Pertusi, La caduta di Costantinopoli,
I: Le testimonianze dei contemporanei, Verona 1976
II: L'eco nel mondo, Verona 1976
III: Testi inediti e poco noti sulla caduta di Costantinopoli, ediz. postuma a cura di A. Carile, Bologna 1983

REB
Revue des Études Byzantines

Runciman
St. Runciman, The Fall of Constantinople 1453, Cambridge 1965 (dtsch. München 1966, hiernach zitiert)

Schilbach, Metrologie
E. Schilbach, Byzantinische Metrologie (Handb. d. Altertumswiss. 12,4), München 1970

Schreiner
P. Schreiner, Die byzantinischen Kleinchroniken, 3 Bde. (= Corpus Fontium Historiae Byzantinae XII, 1–3), Wien 1975–1979

Setton
Vgl. oben S. 27

Sphrantzes; Ps.-Phrantzes
Georgios Sphrantzes, Memorii (1401–1477); Pseudo-Phrantzes: Macarie Melissenos, Cronica (1258–1481), ed. V. Grecu (Scriptores Byzantini 5), Bukarest 1966

Tursun Beg
H. Inalcik – Rh. Murphy, The History of Mehmed the Conqueror by Tursun Beg, Minneapolis & Chicago 1978

Zakythinos, Despotat
D. A. Zakythinos, Le Despotat grec de Morée (1262–1460), 2 Bde., Paris 1932 und Athen 1953 (Nachdr. London 1975)

Kritobulos von Imbros
Geschichtswerk

BRIEF 3
AN DEN ERHABENEN SELBSTHERRSCHER

Er enthält die Intention des Buches und in Kurzfassung die darin aufgezeichneten Ereignisse und legt den Grund für die Abfassung des Werkes dar.

Dich, den erhabenen Selbstherrscher Mehmet, den König der Könige, den Glücklichen, Siegreichen, Erringer der Siegeszeichen, den Triumphator, den Unbesiegbaren, den Herrn der Erde und des Meeres nach dem Willen Gottes[1], grüßt Kritobulos, Dein geringer Knecht.

(1) Da ich sah, wie Du mit eigener Hand viele große Werke vollbringst, erhabener Selbstherrscher, und viele große Feldherren und Könige (die aus alter Zeit meine ich) überragst, nicht nur die der Perser und der übrigen Völker, sondern sogar auch die der Römer und Griechen, an Ruhm, Tapferkeit, Klugheit und strategischem Geschick, und das in einem Maße, das überhaupt keinen Vergleich zuläßt, hielt ich es nicht für gerecht, daß zwar jene samt ihren Werken und Taten von jener Zeit an ununterbrochen bis auf den heutigen Tag in den Geschichtswerken und Aufzeichnungen griechischer Sprache[2] überliefert und bei allen besungen und bewundert werden und sich ewigen Gedenkens erfreuen, Du aber, der Du so herrlich und | groß bist, der Du fast das 4
gesamte Land unter der Sonne beherrschst und wegen glänzender und großartiger Werke gerühmt wirst, für die kommenden Zeiten keinen Zeugen Deiner Vortrefflichkeit hast, und daß die jetzt Lebenden Deine zahlreichen großartigen und herrlichen Werke, als seien sie etwas Unscheinbares und Unbedeutendes, auch nicht eines einzigen Gedenkens oder einer einzigen Aufzeichnung in griechischer Sprache für wert halten, sondern zulassen,

daß sie den Tiefen des Vergessens anheimfallen, und daß zwar die Werke der übrigen, obwohl sie gering sind und den Deinen in keiner Hinsicht zu vergleichen, durch Griechen und die griechische Geschichtsschreibung viel bekannter und berühmter unter den Menschen werden, Deine Taten aber, obwohl sie herrlich sind und in nichts denen des Makedonen Alexander und Feldherren und Königen seines Formats nachstehen, nicht in griechischer Sprache unter den Griechen verbreitet und der Nachwelt überliefert werden zu nie alterndem Lobe und Ehre des Vollbringers, als schönstes Vorbild und Lehrstück für die ernsthaft Strebenden, obschon Du als einziger von den Königen oder ganz gewiß nur mit wenigen Werke und Worte, Philosophie und Königsherrschaft in einer Person vereinigt hast als guter König und starker Kämpfer.[1]
(2) Daher glaubte ich mich ebenso verpflichtet wie berechtigt, ermutigt durch Dein glänzendes Geschick, die vorliegende | Arbeit in Angriff zu nehmen und Deine glänzenden Leistungen und Taten, die sowohl an Zahl wie an Größe die der anderen bei weitem überragen, nach besten Kräften einem griechischen Geschichtswerk zu überantworten.
(3) Denn vielleicht werden auch viele von den arabischen und persischen Schriftstellern diese genauer aufzeichnen und der Nachwelt übermitteln, gut unterrichtet und aus eigener Anschauung der Ereignisse heraus, doch nichts läßt sich mit der griechischen Sprache vergleichen, die bei allen das größte Ansehen genießt.[1] Und so werden jene Berichte nur Persern und Arabern und denen, die ihre Sprache verstehen, zur Kenntnis gelangen. Dieses Werk jedoch wird nicht nur von den Griechen, sondern auch von allen westlichen Völkern, sogar von denen, die jenseits der Säulen (des Herakles), und denen, die auf den Bretannischen Inseln wohnen, und vielen anderen gemeinsam verehrt und bewundert werden, wenn es in die Sprachen dieser Völker übersetzt ist, weil sie Philhellenen

und an dergleichen interessiert sind. Das ermutigte mich
um so mehr zu diesem Unternehmen, da ich mir vorstell-
te, daß mein Werk viele Kritiker und Zeugen haben
würde.
(4) Deshalb, erhabener Selbstherrscher, habe ich nun-
mehr nach vielen Mühen (denn ich war ja bei den
Ereignissen nicht persönlich zugegen, so daß ich auf
diese Weise genaue Kenntnis der Dinge hätte erlangen
können, sondern nachforschend und | diejenigen, die 6
davon Kenntnis hatten, befragend und das Gehörte einer
möglichst genauen Prüfung unterziehend) dieses Buch
abgefaßt. Ich habe es in fünf Abschnitte eingeteilt und
meinen Bericht damit begonnen, womit Du selbst Deine
Herrschaft begonnen hast, als Du gleich nach dem
Hinscheiden Deines Vaters von Asien nach Europa
übersetztest.
(5) Es enthält den Krieg gegen die Rhomäer und die
Eroberung der Polis[1], schildert die Unternehmungen
gegen Ainos, gegen die Bewohner von Phokaia und auch
gegen die Triballer, wie sie ausgeführt wurden, und deren
völlige Unterwerfung und Knechtschaft, (6) weiter den
ersten und zweiten Einfall in die Peloponnes, und wie
diese insgesamt mit ihren Städten und Forts eingenom-
men und tributpflichtig gemacht wurde; (7) außerdem
die Ereignisse um Sinope und Trapezunt, bedeutende
und namhafte Städte, und wie sie und ihr gesamtes
Umland kapitulierten und wie dieses dem Sultan unter-
tan wurde.
(8) Dazu | enthält es auch den Aufstand des Drakulis, 7
den Abfall der Geten und den Einfall des Sultans[1] in ihr
Gebiet, die Zerstörung ihres Landes und ihre Knecht-
schaft, und wie Rhados vom Sultan als ihr Herrscher
eingesetzt wurde, nachdem dessen Bruder Drakulis aus
dem Amt vertrieben war. (9) Es schildert die Einnahme
von Mitylene[2] und ganz Lesbos, einer der nach den
allerersten ebenfalls namhaften und wegen ihrer Geltung
und Größe, wegen ihrer Macht und ihres Reichtums

hochberühmten Inseln. (10) Weiter berichtet es über den ersten und zweiten Einfall gegen die Dalmater, die Bostrer und die Paioner, und wie deren gesamtes Land bezwungen und zerstört wurde und fast dreihundert befestigte Siedlungen und Forts erobert und deren Kommandanten gefangengenommen wurden. (11) Dazu enthält es den ersten und zweiten Einfall gegen die Illyrer am Ionischen Meerbusen und deren vernichtende Niederlage (12) und den fünfjährigen Krieg gegen die Venezianer und deren erste und zweite Niederlage auf der Peloponnes durch die Satrapen[3], und wie der Sultan ihren Hochmut dämpfte. (13) Außerdem berichtet es über die prächtigen Bauten in der Polis: Gotteshäuser, Werften, Paläste, Märkte, Säulenhallen und Bäder; dazu Befestigungen und Einrichtungen von sehr nützlichen und
8 notwendigen Forts und festen Plätzen, | nämlich denen an der Meerenge des Hellespont und der Chersones und an der Meerenge des Bosporus, und nicht wenig anderes von dieser Art. Schließlich enthält es auch Reden des Sultans, die zu den wichtigsten gehören.

(14) Es umfaßt einen Zeitraum von 17 Jahren, innerhalb derer dieses geschah.[1] (15) Nachdem ich also dies alles in dem vorliegenden Buch zusammengestellt und geschildert habe, übersende ich es Deiner kaiserlichen Obhut und Weisheit zur Prüfung und Beurteilung. (16) Und wenn sich irgend etwas Gutes in ihm finden läßt, das der Wahrheit entspricht und Deinen Werken angemessen ist, und wenn dies durch Dein kaiserliches Urteil bestätigt wird, so werden wir Gott und Dir, mein Sultan, in gleicher Weise Dank wissen, daß Du uns mit Deinen vortrefflichen Taten einen solchen Stoff für unsere Darstellung dargeboten hast, und wir werden zugleich mit Zuversicht die gesamte folgende Mühe in Angriff nehmen und mit Freude Deine übrigen Taten behandeln, die Du mit Gottes Hilfe vollbringen wirst, nachdem wir freilich erst einmal vieles, was dazu unbedingt erforderlich ist und was wir nicht wissen, in Erfahrung gebracht

haben. (17) Wenn aber unsere Darstellung weit hinter
Deinen Werken zurückbleibt und an deren Größe nicht
heranreicht, was ganz notwendigerweise | der Fall sein 9
wird, und das Buch für untauglich befunden wird, dann
werde auch ich selbst Dich von Ferne verehrend und
mich mit Schweigen zufrieden gebend anderen, die sich
besser darauf verstehen als ich, den Bericht Deiner Taten
überlassen.

11 ERSTES BUCH

Das vorliegende Buch enthält den Beginn der Herrschaft Mehmets, des erhabenen Selbstherrschers, und seinen Regierungsantritt, seine Werke und Taten, die Erbauung des neuen Forts am Bosporus, den Kampf um Konstantinopel und die Eroberung der Stadt. Es umfaßt einen Zeitraum von drei
12 Jahren. |

Beachte die Gründe für die Abfassung des Werkes

1. (1) Kritobulos, der Inselbewohner, der den höchsten Rang unter den Imbrioten einnimmt, hat dieses Geschichtswerk verfaßt, weil er es für richtig hielt, daß so bedeutende und bewundernswerte Dinge, die in unserer Zeit geschehen sind, nicht ohne Widerhall bleiben, sondern daß sie aufgeschrieben und den nach uns kommenden Generationen überliefert werden, damit weder vortreffliche und erzählenswerte Taten, die den Heldentaten aus alter Zeit in nichts nachstehen, durch die Zeit verblassen und aus dem Gesichtskreis der Menschen verschwinden noch die Nachgeborenen einen herben Verlust erleiden, wenn ihnen diese belehrende Darstellung entgeht; außerdem hielt er es für richtig, daß die Vollbringer dieser Taten mit diesem Bericht und der Darstellung ihrer Werke eine Art Denkmal erhalten, das am besten ihre Tapferkeit und Vortrefflichkeit für künftige Zeiten bezeugen kann. (2) Nicht zuletzt auch aus folgendem Grund erschien mir die Abfassung dieses Werkes notwendig: Die alten Heldentaten nämlich kann man, da sie sehr alt und gewaltig groß sind, schwerlich noch glauben, und sie finden kaum noch Gehör, da sie

mit der Zeit gleichsam altersschwach werden und ihre Überzeugungskraft verlieren, oder man mißachtet sie sogar, weil man sie so oft gehört und sich schließlich an sie gewöhnt hat; denn jedes Übermaß führt zu Überdruß, Überdruß aber bewirkt Unlust. Die gegenwärtigen Ereignisse jedoch, da sie neu und aktuell und eigentlich schon bekannt sind, finden leicht Glauben, bleiben im Gedächtnis haften und werden mehr bewundert, weil sie eben aktuell sind, und dies um so mehr, je interessanter und – weil deutlich und bekannt – überzeugender sie sind; denn die Menschen freuen sich im allgemeinen eher über neuere Ereignisse und sind eher bereit, diese zu akzeptieren. (3) Aus diesen und anderen ähnlichen Gründen erschien mir dieses Geschichtswerk notwendig zu sein; denn auch diese Taten, die in unserer Zeit vollbracht worden sind, sind groß und bewundernswert, vergleichbar denen, die in alter Zeit Griechen und Barbaren, aber auch Römer vollbracht haben, Taten, die den stärksten Beweis für die Vortrefflichkeit und Tapferkeit der berühmtesten Männer liefern; hinzu kommt, daß die mächtigste und am längsten währende Herrschaft, von der wir wissen, die der Rhomäer, in kurzer Zeit bezwungen und zerstört wurde, und dies war eine gewaltige Erschütterung aller Verhältnisse und Umwälzung bedeutendster politischer Strukturen. (4) Ich werde daher jedes einzelne Ereignis genau so, wie es geschehen ist, aufschreiben, indem ich meine Worte den Taten entsprechend wähle, nirgends den Zeitpunkt der Taten verschiebe, bei Personen wie | Daten die wirkliche 13
Reihenfolge und Ordnung in angemessener Weise einhalte und in allem den größten Wert auf die Wahrheit lege.

2. (1) Die Ereignisse vor unserer Zeit und die Geschichte dieses Volkes und auch all die vortrefflichen und bewundernswerten Taten, welche die Sultane, die es von damals bis heute in ununterbrochener Erbfolge regierten, jeweils zu ihrer Zeit vollbracht haben, die Kriege, die sie geführt

und die Siege, die sie errungen haben, wodurch sie das große Reich der Rhomäer im Laufe der Zeit allmählich demütigten und so weit bezwangen, daß sie es völlig unterwarfen und endgültig zerstörten – all dies haben schon viele vor uns aufgeschrieben, und es ist nicht unsere Absicht, jetzt diese Dinge zu behandeln, sie sind auch nicht Thema des vorliegenden Werkes; wir werden diese Ereignisse vielmehr mit Gottes Hilfe in anderen Büchern beschreiben, indem wir ihnen eine eigene Abhandlung widmen und mit Genauigkeit Daten, Ereignisse und deren tüchtige Vollbringer aufzeichnen. (2) Denn wenn auch viele darüber geschrieben haben, so haben sie doch ihren Bericht nicht systematisch und in der richtigen und erforderlichen Weise abgefaßt, sondern wie es ihnen gerade in den Sinn kam nach Gutdünken, wie sie es zufällig im Gedächtnis behalten oder wie sie persönlich an den Ereignissen Anteil genommen haben, um Genauigkeit aber haben sie sich wenig gekümmert. (3) Indes, nicht um diese Dinge geht es uns jetzt, sondern darum, daß wir die Taten des gegenwärtigen Sultans Mehmet, die gewaltig sind und in jeder Hinsicht die der Vorgänger übertreffen, in einer eigenen Abhandlung und Schilderung der Nachwelt überliefern und damit all denen, die sich ähnliche Taten vorgenommen haben und selbst Tapferkeit erkennen lassen, ein leuchtendes Vorbild und Lehrstück vor Augen führen. (4) Denn dieser hat nicht nur die Könige der anderen Völker, die vor ihm gelebt haben, sondern auch die Sultane seines eigenen Volkes an Tüchtigkeit, Mut, strategischem Geschick, an Glück und Kriegserfahrung in demselben Maße übertroffen, in dem jene ihre Vorgänger und Zeitgenossen mit diesen Vorzügen in den Schatten gestellt haben.

Bitte um Nachsicht

3. (1) Ich bitte jedoch die jetzigen und künftigen Leser dieses Werkes, uns keineswegs der Dummheit oder

Schlechtigkeit zu | zeihen, wenn wir, statt Mitleid zu 14
empfinden mit dem Unglück der Unsrigen und bedrückt zu sein durch die schlimmen Schicksalsschläge, die unser Volk getroffen haben, es vorgezogen haben, unsere Leiden aufzuschreiben und öffentlich zur Schau zu stellen und so der Lächerlichkeit preiszugeben, obwohl es doch unsere Pflicht gewesen wäre, diese vielmehr nach Kräften zuzudecken und keinesfalls an die Öffentlichkeit zu tragen. (2) Denn erstens haben wir nicht, um unser Volk mit irgendeinem Tadel zu behaften und schon gar nicht, um es schlecht und lächerlich zu machen, dieses Werk unternommen; dies nämlich liegt der vorliegenden Abhandlung und dem gesetzten Ziel und vor allem meinem Charakter fern. Denn wir sind nicht so unempfindlich und zynisch in unserem Urteil, daß wir zusätzlich zu den bestehenden Leiden, anstatt Mitleid zu empfinden, obendrein unser Volk noch verurteilen und mit einem Vorwurf belasten wollen. (3) Weiter sind wir auch nicht so töricht und so bar jeden Urteilsvermögens und stehen so gänzlich außerhalb der menschlichen Verhältnisse, daß wir weder deren Geschicke und Wechselfälle noch deren Unstetigkeit, Unsicherheit und Ungleichmäßigkeit kennten, sondern inmitten der großen Verwirrung und Unordnung der Verhältnisse und inmitten der allgemein menschlichen Krankheiten allein von unserem Volk Gesundheit, Beständigkeit und völlige Unbeweglichkeit verlangten, als stünde es gänzlich außerhalb dieser Erscheinungen oder besitze eine stärkere Natur und könne daher in keinem Falle wie die übrigen Völker von Umwälzungen erfaßt und mitgerissen werden. (4) Denn wer wüßte nicht, daß, seit es Menschen gibt, Herrschaft und Macht niemals bei denselben Menschen geblieben sind und sich nicht von einem einzigen Volksstamm haben festhalten lassen, sondern daß sie wie ewige Vagabunden von Volk zu Volk und von Ort zu Ort zogen und überallhin wechselten und sich veränderten, indem sie bald den Assyrern, den Medern und den

Persern, bald wieder den Griechen und Römern für eine bestimmte Zeit und Abfolge von Jahren einen Besuch abstatteten und niemals bei denselben verharrten?[1] (5) Es ist daher nicht verwunderlich, daß sie sich auch jetzt ihrem Wesen entsprechend verhalten und daß Herrschaft und Gunst des Schicksals die Rhomäer verlassen haben; sie sind zu anderen gegangen und hinübergewechselt, wie sie von anderen zu diesen übergewechselt waren, wobei sie überall ihre Eigenart und ihre spezielle Ordnung wahrten. (6) Mit welchem Recht also könnten wir unser Volk anklagen, daß es nicht imstande gewesen sei, sein Glück für immer zu behaupten und seine Herrschaft und die Gunst des Schicksals unverändert zu bewahren? (7) Wenn aber einige, die in bestimmten Zeiten die politische Verantwortung übernommen haben, aus persönlicher Untauglichkeit | mit der Herrschergewalt nicht richtig umgehen konnten und die Regierungsgeschäfte nicht, wie es sein sollte, geleitet haben, so ist dies nicht ein Fehler des Volkes, sondern derer, die die Dinge schlecht und unangemessen gehandhabt haben. Diese allein darf man zur Rechenschaft ziehen, aber nicht das Volk anklagen, wie es ja auch gerecht ist, im vorliegenden Fall die Tüchtigen zu loben, ihre Taten auf jede Weise zu bewundern und auszuschmücken und nicht durch den Leichtsinn und die Unfähigkeit einiger diese des Lobes und Preises für ihre Tüchtigkeit berauben zu wollen. Das wäre nicht gerecht. (8) Das hat auch der Hebräer Josephus[1], ein wahrheitsliebender Mann mit guter eigener Anschauung der Ereignisse, erkannt. Er preist daher in dem Buch, das über die Eroberung berichtet, das günstige Geschick und die Tapferkeit der Römer und erhöht diese wahrheitsgetreu in seinem Bericht, doch tadelt er auch die in seinem Volk sichtbaren schlechten Eigenschaften und reinigt diejenigen von Vorwürfen, die nichts Unrechtes getan haben. Das wollen auch wir auf jede Weise tun, indem wir nichts verschweigen, sondern in allem das richtige Maß und die Wahrheit wahren.

Doch genug davon. Wir wollen uns nun unserem Thema zuwenden.

Beginn des Berichts

4. (1) Es war im Jahre 6959 seit der Erschaffung der Welt (1450/51), als Sultan Murat sein Leben endigte, nachdem er insgesamt 52 Jahre gelebt und 31 Jahre geherrscht hatte[2], ein in jeder Hinsicht vortrefflicher und hochgesinnter Mann, aber auch ein sehr begabter Feldherr, der viele großartige und bewundernswerte Taten während seines Lebens aufzuweisen hatte, wie ja die Taten selbst bezeugen. Er war der sechste Sproß des hochberühmten Geschlechts der Atumanen[3], ein Edler aus edlem Geschlecht.

Siehe die Genealogie des Sultans, dessen Ahnenreihe zurückgeht auf die vornehmen Griechen Perseus und Achaimenes[4]

(2) Diese gehören dem uralten Geschlecht der Achaimeniden und der Persiden an, von welchen alle persischen (Groß-)Könige abstammen. Denn es gab auch andere persische Geschlechter, wie Herodot[5] berichtet, doch waren diese Geschlechter des gemeinen Volkes, während ausschließlich aus jenen beiden allein die Groß-Könige |
hervorgingen; diese beiden aber führen ihren Ursprung 16
bis auf Achaimenes und Perseus zurück, welche wiederum Griechen waren, die von Danaos und Lynkeus abstammen, und diese wiederum waren ursprünglich Ägypter aus der im Helos-Gebiet[1] gelegenen Stadt Chemmis, die nach Griechenland übergesiedelt waren. In späteren Zeiten setzten deren Nachkommen, die Achaimeniden und die Persiden, infolge widriger Umstände nach Asien über und errichteten in Persien ihre Dynastie. Nach ihrem Tode hinterließen sie dem Land mit ihrem Geschlecht auch ihren Namen. (3) Als nun Murat, wie ich sagte, gestorben war, übernahm sein Sohn Mehmet

als siebenter Sproß des Geschlechts die Herrschaft; er war gerade zwanzig Jahre alt, als man ihn aus Asien kommen ließ. Dort nämlich hatte er die Herrschaft inne, die ihm sein Vater gegeben hatte.[2]

Siehe auffällige Zeichen, die den Regierungsantritt des Sultans begleiteten

(4) Da sandte die Gottheit, wie bei seiner Geburt, so auch beim Antritt der Sultansherrschaft, sogleich viele ganz ungewöhnliche und wundersame Zeichen. Denn es ereigneten sich ungewöhnliche und befremdliche Erschütterungen und Beben der Erde und ungewöhnliche Himmelserscheinungen: gewaltige Gewitter, einschlagende Blitze und Schaudern erregende Feuerbrände am Himmel und ein Glanz, der beobachtet wurde, und all die Zeichen, mit welchen die Gottheit oftmals die größten Veränderungen und Umstürze der bestehenden Verhältnisse anzukündigen liebt.[3] Sowohl die Seher und Gottbegeisterten wie auch die Orakeldeuter und Wahrsager prophezeiten und sangen viel für die Zukunft Bedeutsames, was zugleich anzeigte, wie überragend in jeder Beziehung das Glück und die Vortrefflichkeit des neuen Sultans sein würden, und daß er unter allen Herrschern die größte Macht haben und allen kaiserlichen Herrschern vor ihm bei weitem, ja geradezu grenzenlos überlegen sein werde an Ruhm, Reichtum, Herrschaftsgewalt und Erfolgen.

5. (1) Doch obwohl er das Erbe eines großen Reiches antrat und über große Geldmittel, viele Waffen und viele
17 Soldaten und Truppenverbände | verfügen konnte und
ohne Zweifel den größten und besten Teil von Asien und Europa beherrschte, hielt er das nicht für ausreichend und gab sich mit dem Vorhandenen nicht zufrieden, sondern überrannte in Gedanken sogleich die gesamte Erde und hegte die Absicht, diese zu beherrschen. Dabei

richtete er seinen Blick auf Männer wie Alexander, wie Pompeius und Caesar und Könige und Feldherren von ihrer Größe.[1]

Beachte, daß der Sultan auch Philosoph war

(2) Dabei war ihm nämlich auch seine Natur, sowohl sein in jeder Hinsicht tatendurstiges und leidenschaftliches Temperament wie auch die durch und durch herrscherliche und königliche Beschaffenheit seiner Seele, eine große Hilfe, besonders aber trieb ihn dazu seine Weisheit und die genaue Kenntnis von allem, was die Alten wußten. Denn er hatte sich gründlich mit der gesamten arabischen und persischen Wissenschaft beschäftigt und auch mit der griechischen, soweit sie ins Arabische und Persische übersetzt war, ich meine die Lehren des Peripatos und der Stoa, wobei er sich der namhaftesten und auf diesen Gebieten kundigsten Araber und Perser als Lehrer bediente.

Die Verträge des Sultans mit Konstantin, dem Kaiser der Rhomäer, und mit Karamanos

(3) Derart entschlossen und von solchen Überlegungen bestimmt ließ er sich weder von zeitlichen noch von sonstigen Umständen mehr zurückhalten, sondern widmete sich sogleich ganz dieser Aufgabe. Zunächst nun schloß er mit den Rhomäern und Kaiser Konstantin einen Vertrag[2], danach auch mit Karamanos[3], dem Herrscher des östlichen Phrygien und Kilikiens, weil dies nach seiner Ansicht für den Augenblick seinen Interessen dienlich war.
(4) Dann unterzog er das gesamte Reich einer Musterung und prüfte die Satrapien der ihm untergebenen Völker. Einen Teil der Satrapen enthob er des Amtes und setzte an deren Stelle diejenigen ein, die sich nach seinem Urteil vor den übrigen durch strategisches Geschick und Klug-

heit und besonders auch durch Gerechtigkeit auszeichneten; denn es lag ihm vor allem auch deshalb daran, damit sein gesamtes Reich möglichst gut und gerecht verwaltet werde.

Musterung der Truppeneinheiten, des Heeres und der höchsten Amtsinhaber

(5) Außerdem musterte er die Truppeneinheiten und die
18 Abteilungen der Heere | und prüfte zugleich auch die Reiterei, die Schwerbewaffneten und die Truppen, die aus kaiserlichen Mitteln unterhalten werden. Vor allem widmete er dem kaiserlichen Gefolge viel Aufmerksamkeit und kümmerte sich um dessen Wohlergehen, ich meine jene neu Eingebürgerten, die Garde und persönliche Leibwache des Sultans, die in ihrer Sprache gewöhnlich Janitscharen genannt werden, was „neue Abteilung" bedeutet[1], wohl wissend, daß ihm damit ein starkes Instrument zur Verfügung steht sowohl zu seinem persönlichen Schutz als auch zum Schutz des gesamten Reiches. Außerdem ließ er Waffen und Wurfgeschosse und alle erforderlichen und nützlichen Dinge, die im Krieg gebraucht werden, zusammentragen.

Prüfung der öffentlichen Finanzen und derer, die sie verwalten

(6) Danach verschaffte er sich einen Überblick über die väterlichen Schätze, wobei er die Schatzmeister einer sehr gründlichen Prüfung unterzog. Auch die Verwalter der jährlichen Steuereinnahmen prüfte er genau und zwang sie dazu, Rechenschaft abzulegen. Und er fand, daß ein großer Teil der öffentlichen und der Gelder des Sultans verschwendet und zu keinerlei nützlichem Zweck aufgewendet wurde, nämlich etwa ein Drittel der jährlichen Steuereinkünfte, welches er jetzt auch für die Kasse des Sultans zurückgewann, und er wachte von da an mit

scharfem Auge darüber und vergrößerte so die jährlichen Einnahmen gewaltig.[2] Denn viele der Steuerbeamten brachte er zur Raison, indem er sie das Fürchten lehrte, oder er setzte an ihre Stelle zuverlässige und besonnene Männer zur Einziehung und Verwaltung der Steuergelder ein. Sein Vater nämlich hatte sich in diesen Dingen doch allzu gutmütig verhalten und dergleichen Angelegenheiten nur wenig Beachtung geschenkt.

(7) Während der Sultan die Finanzen in dieser Weise regelte und das Reich auf das beste und schönste verwaltete und sich an die Vorbereitung wichtigerer Unternehmungen machte, ging das insgesamt 6959. Jahr seit der Erschaffung der Welt (1450/51) zu Ende, das erste Regierungsjahr des Sultans.

6. (1) Sogleich widmete er sich ganz dem gesetzten Ziel. Dieses war folgendes: Er hatte beschlossen, am Bosporus auf der europäischen Seite, gegenüber dem auf der asiatischen Seite gelegenen Fort, ein starkes Fort zu bauen, und zwar an der Stelle, wo es am engsten und die Flut am reißendsten ist, und damit die Meerenge zu sperren und die beiden Kontinente Asien und Europa zu
verbinden und sich so die Möglichkeit zu verschaffen | 19
überzusetzen, wann immer er wollte, und nicht von der Zustimmung anderer abhängig zu sein, ob er übersetzen dürfe oder nicht, und auf diese Weise über beide Kontinente zu herrschen, ohne daß diese voneinander getrennt seien. (2) Denn er wußte nur zu gut, welche Schwierigkeiten diese Abhängigkeit ihnen früher zu Zeiten seiner Vorväter und seines Vaters gemacht hatte und wie hinderlich dies für ihre Interessen gewesen war und wie sie oftmals nahe daran waren, den einen der beiden Kontinente zu verlieren, einerseits weil der Kaiser der Rhomäer mit seinem Sitz in der Polis in besonders vorteilhafter Position war und ständig mit lauerndem Auge die Verhältnisse bei ihnen beobachtete und weil er einen großen Teil des Meeres beherrschte, ja bisweilen

sogar aus ihrem eigenen Volke gegen sie führte, wen er nur wollte, und ihnen Schaden zufügte, zum anderen weil auch die Italiener und vor allem die Venezianer während ihrer Streitigkeiten untereinander oftmals mit ihren Kriegsschiffen[1] den Bosporus und den Hellespont befuhren und den Übergang über diese behinderten. (3) Doch nicht nur dies bewog ihn zu seinem Plan, sondern er war außerdem der Meinung, daß der Bau der Festung vorteilhaft für das vorgesetzte Ziel sei, und sah in ihr auch für die kurz bevorstehende und bereits geplante Belagerung der Polis eine starke Zwingburg, indem er mit ihrer Hilfe die Stadt nicht nur von den beiden Kontinenten, Asien und Europa, abschnitt, sondern auch von den beiden Meeren, im Norden vom Schwarzen Meer durch den Bosporus, im Süden vom Ägäischen und vom gesamten Griechischen Meer durch den Hellespont. (4) Von solchen Überlegungen bestimmt befahl er, während des Winters (1451/52) alles für den Bau des Forts vorzubereiten, ich meine Steine, Holz, Eisen und was sonst noch zu diesem Zweck gebraucht wurde. Als Aufseher über den Bau setzte er die kompetentesten und erfahrensten Fachleute ein und trug ihnen auf, auf dem schnellsten Wege alles bereitzustellen, damit er gleich bei Frühlingsanfang das Werk beginnen könne. Soweit der (Sultan).

Gesandtschaft des Kaisers Konstantin an den Selbstherrscher Mehmet mit dem Ersuchen, das Fort nicht zu bauen

7. (1) Als jedoch Kaiser Konstantin und die Bewohner der Polis davon erfuhren, hielten sie das für eine schlimme Gefahr und für den Beginn großen Übels und den klar erkennbaren Ausgangspunkt ihrer Knechtschaft, da sie der Meinung waren – was ja auch der Wahrheit entsprach –, daß dieser Bau als Zwingburg gegen sie und die Stadt errichtet würde, und sie waren darüber sehr besorgt. (2) Man beschloß also, das überhaupt Mögliche zu tun und eine Gesandtschaft zu schicken

und auf jede nur denkbare Weise zu versuchen, dieses Unternehmen zu verhindern. Sie schickten also Gesandte. (3) Nachdem diese angekommen waren, | boten sie alle nur möglichen Argumente auf, indem sie an die Verträge und Vereinbarungen erinnerten, daß nämlich in allen mit ihnen früher geschlossenen und aufgeschriebenen Verträgen, sowohl zu Zeiten seiner Vorväter wie seines Vaters als auch besonders zu seiner eigenen Zeit, das strikte Verbot stehe, daß niemand an dieser Stelle eine Festung anlegen dürfe oder sonst etwas anderes, sondern daß darüber hinaus beide Vertragspartner denjenigen, der eine solche Absicht zeige oder überhaupt einen solchen Versuch unternehmen wolle, auf jede Weise daran hindern sollten, und daran habe man sich gehalten von damals an bis heute. „Der Platz ist allen zugänglich. Er ist einzig und allein eine Übergangsstelle von Festland zu Festland“, so sagten sie, „für Eure Truppen und die sonstige Rüstung.“ Und zugleich forderten sie, auf keinen Fall die Verträge, die gerade erst geschlossen worden seien, aus geringfügigem Anlaß zu lösen und ihnen kein Unrecht zufügen zu wollen, da sie doch ihrerseits kein Unrecht gegen sie begangen hätten.

Antwort des Sultans Mehmet an die Gesandten

8. (1) Der Sultan aber antwortete diesen: „Weder glaube ich, Euch, Rhomäer, ein Unrecht zu tun noch gegen die Vereinbarungen und Verträge zu handeln mit diesem Unternehmen, sondern nur das Meinige zu sichern, jedoch ohne Euch damit Schaden zuzufügen. Daß aber jeder sein Eigentum wahrt und sichert, ohne dabei seine Vertragspartner zu schädigen, ist gerecht und nicht zu tadeln und wird allen zugestanden. (2) Ich herrsche, wie Ihr seht, über Asien und Europa, zwei voneinander getrennte Kontinente, und ich habe viele Feinde und Widersacher meiner Herrschaft auf jedem der beiden. Ich muß daher überall zugegen sein und beiden gerecht werden, es sei denn, ich wollte sie unseren Feinden

freiwillig räumen. (3) Ihr wißt doch ganz genau, welche Schwierigkeiten die Trieren der Italiener uns zur Regierungszeit meines Vaters gemacht haben, indem sie auf unserem Meer umherfuhren und uns am Übersetzen hinderten, als wir übersetzen wollten, um gegen die Paioner zu Felde zu ziehen, die unser Reich angegriffen hatten.[1] (4) Es ist also notwendig, ihnen diese Art Manöver durch ein Bauwerk unmöglich zu machen und unseren Herrschaftsbereich zu sichern und nicht zu dem Schaden obendrein auch noch von allen geschmäht zu werden, als seien wir nicht imstande, unser Meer und Reich zu bewachen. (5) Dieser Platz aber, an dem ich das Fort bauen will, gehört uns und ist die Übergangsstelle für unsere Männer von alters her sowohl von Asien nach Europa als auch von diesem wiederum zum anderen Kontinent, und so besteht doch wohl kein Grund, daß Ihr Euch in diese Angelegenheit mengt, wenn Ihr jedenfalls Frieden halten wollt, es sei denn, Ihr selbst wollt uns etwa diesen Übergang verwehren; denn das wäre eine andere Sache. (6) Die Verträge aber löse ich nicht, noch habe ich die Absicht, dies zu tun, solange Ihr auf Eurem Platz bleibt und Euch in keiner Weise um unsere Angelegenheiten kümmert und nicht betreiben wollt, was Euch nichts angeht."

9. (1) Mit dieser Antwort entließ er die Gesandten. Als diese wieder zu Hause angekommen waren, berichteten sie alles dem Kaiser Konstantin und den führenden
21 Männern | der Rhomäer, unter anderem aber vor allem dies, daß es ganz unmöglich sei, dieses Unternehmen zu verhindern, weder durch Argumente noch durch Überredung, sondern allein durch Gewalt, falls sie dazu in der Lage seien. (2) Sie aber (in der Tat erschien ihnen die Angelegenheit höchst gefährlich, was sie ja auch wirklich war) hatten freilich keinerlei Möglichkeit, etwas dagegen zu unternehmen, und verhielten sich daher gezwungenermaßen ruhig.

Ausrücken des Sultans zu Wasser und zu Lande und Ankunft am Bosporus zum Bau der Festung

10. (1) Sultan Mehmet aber bemannte, als der Frühling (des Jahres 1452) sich bereits zeigte und alles für ihn vorbereitet war, dreißig Trieren und rüstete sie gut aus für eine Seeschlacht, falls es dessen bedürfe, wenn man gegebenenfalls auf Widerstand stoße, und stellte auch eine große Zahl anderer Lastschiffe bereit und schickte sie von Kalliupolis zum Bosporus. Er selbst aber nahm mit einem großen Heer den Landweg. (2) Am siebenten Tage erreichte er die Meerenge und ließ das Heer dort lagern. Mit einigen führenden Männern, aber auch mit einigen älteren, von denen er wußte, daß sie in dergleichen Dingen sehr erfahren waren, besichtigte er persönlich zu Pferde den Ort und seine Lage, die große Enge und starke Eingeschnürtheit der Meerenge, die gewundenen Biegungen und die Klippen, die häufig ins Fahrwasser vorspringen und dann wieder Biegungen und Krümmungen ins Land hinein machen, die reißende Schnelligkeit der Strömung und die Strudel, die Rückströmungen und Wirbel, welche sich in ihr wegen der Biegungen ständig bilden, und alles, was sonst noch die sichere Durchfahrt durch die Meerenge erschwert. (3) Das haben ja auch die alten Griechen schon bemerkt und daher die Stelle „Symplegaden“[1] genannt, und sie sagten, daß Herakles[2] diese zum ersten Mal durchfahren habe und nach diesem Iason[3] mit den Argonauten, freilich mit größter Mühe auch sie, weil diese Stelle und die Durchfahrt durch ihre Enge und dadurch, daß die Ufer ständig vor- und zurückspringen, befestigt und wie ummauert ist und die Ufer gleichsam aneinanderschlagen, so daß diejenigen, die die Meerenge hinauf- und hinunterfahren, meinen, ringsum von Festland umgeben, selbst aber in der Mitte eingeschlossen zu sein wie in einem kleinen See und nirgends einen Ausweg zu haben. Dazu kommt das gewaltige Brausen und die ungeheure Wucht der her-

abströmenden Wassermassen, da sie ja von Norden aus 22 der großen und weiten See, dem Schwarzen | Meer, herabfließen und in einem ganz engen Raum enden und zusammengedrängt werden und durch die drängende Gewalt der Strömung brausen und brodeln und die Schiffe durcheinanderwirbeln, sie auflaufen, an die Felsen schlagen und zerschellen lassen, wenn die Besatzung nicht große Vorsicht und Kenntnis zeigt. (4) Als er die Breite der Meerenge abmaß, dort, wo wohl die engste Stelle sei, fand er sie gerade sieben Stadien[1] breit.

Bau der Festung

11. (1) Nachdem er nun dies alles sorgfältig betrachtet und geprüft und auf das genaueste abgeschätzt hatte, beschloß er, da ihm der Ort am günstigsten erschien, hier die Festung zu erbauen, und er steckte den Platz ab, den er befestigen wollte.[2]
(2) Als er nun die Lage der Festung und ihre Ausdehnung, die Grundrisse und Abstände der Türme und Zwischenwälle, dazu noch die Vortürme, die Brustwehren, die Tore und alles übrige genau und nach seinem Willen skizziert hatte, teilte er das Werk unter den führenden Männern[3] auf und befahl ihnen, es möglichst schnell zu vollenden, und er setzte großartige Belohnungen aus für diejenigen, welche dies am besten und schnellsten vollbrächten. Er selbst aber übernahm den am Meer liegenden Flügel des Forts.

Beachte die Schnelligkeit, mit der das Fort erbaut wurde, und wie es auf das stärkste befestigt war

(3) Er begann den Bau, als es bereits Mitte des Frühjahrs war, mit vielen Arbeitskräften, großem Aufwand und Eifer, und da alle miteinander bei der Ausführung wetteiferten, vollendete er, noch bevor der Sommer ganz zu Ende ging, die Befestigung des Forts[4], das in jeder

Hinsicht stärkste und sicherste, das berühmteste von allen, die jemals erbaut worden sind, weil es mit gewaltigen, in auserlesener Weise zusammengefügten Steinen errichtet ist, wobei die Klammern mit Hilfe von viel Eisen und Blei fest verankert sind, und weil es durch vieles andere befestigt und gesichert ist und besonders durch die große Zahl, die Größe und die Festigkeit der hochaufragenden Türme, durch die Stärke der Zwischenwälle und Brustwehren und durch die Höhe und Dicke der Mauer.

Beachte den Grundriß der Festung

(4) Die Mauer ist an ihrer breitesten Stelle zwölf Ellen
breit, ihre Höhe beträgt das | Vierfache. Ihre Größe 23
entspricht nicht einer Festung, sondern wäre für eine kleine befestigte Stadt angemessen. Den Grundriß der Festung bildet ein Dreieck, dessen rechter Winkel aufwärts zum Hang und zum Gipfel hin liegt (das Gelände hatte nämlich eine sanfte Steigung) und gleichsam wie ein Vorsprung mit einem sehr starken und großen Turm vorgelagert ist und so die beiden schrägen Seiten miteinander verbindet und bewacht. Die beiden Basiswinkel aber liegen unten am Ufer an beiden Enden der Grundlinie, welche sich an diesem entlang erstreckt, und auch diese sind mit sehr starken und großen Türmen befestigt, und auch die Seiten selbst sind mit anderen, weniger großen als den an den Ecken, doch ebenso wehrhaften Türmen befestigt.[1] (5) Diesen Grundriß und diese Lage hatte er für die Festung einerseits gewählt, damit sie einen möglichst großen Teil des Ufergeländes einnehme wegen der steinschleudernden Maschinen, die dort dicht bei dicht mit Richtung auf das Meer angebracht werden sollten, damit sie die Durchfahrt verhinderten, indem sie die Schiffe zerstörten, zum anderen, weil sie so die Anhöhe nach oben hin behauptete und beschützte und die Feinde in möglichst großem Abstand hielt, damit

diese nicht von oben die Männer auf den Brustwehren beschießen und ihnen Schaden zufügen konnten, sondern von ferne schon vertrieben würden.

Beachte die Anordnung der steinschleudernden Maschinen

(6) Nachdem er den Bau in der beschriebenen Weise errichtet hatte, rüstete er ihn mit allen möglichen Waffen aus, mit Wurfgeschossen, Bogen und Lanzen, dazu kleinen und großen Schilden und mit vielem anderen von dieser Art. Außerdem bestückte er sämtliche Brustwehren der Türme, Zwischenwälle und Vortürme mit größeren und kleineren Wurf- und Schleudermaschinen, die größten Geschütze aber brachte er längs des Meeres unterhalb der Mauer auf dem Erdboden an, indem er sie, wie ich schon sagte, dicht beieinander die ganze Seite entlang aufstellte, ausgerichtet auf das Meer, wobei sie aber nicht geradeaus blickten, sondern die einen hierhin, die anderen dorthin aufs Meer, nach jeweils der anderen Seite ausgerichtet, und zwar die rechten nach links, die linken nach rechts blickend und so aus (jeweils) erhöhter Position heraus schießend und, wie ich schon sagte, die Durchfahrt verhindernd. (7) Sie schleudern nämlich riesige runde Steine, die gleichsam auf der Oberfläche des Meeres schwimmen, vom Fort hier bis zu dem anderen auf dem jenseitigen Ufer[2], und von jenem wiederum schießen andere Geschütze auf dieselbe Weise bis zu dem Fort hier, und so verhindern sie nicht nur die Durchfahrt von Schleppkähnen, Trieren oder anderen Arten von Last- und Versorgungsschiffen, sondern sie lassen nicht einmal den kleinsten Nachen hindurchfahren, ohne daß
24 er nicht zerschmettert, zermalmt und | in der Tiefe versenkt würde, und das bei Nacht wie auch am Tage, wenn der Kommandant es nicht will.

Beachte die Art der Verbindung der beiden Kontinente

(8) So wurde der Bau des Forts von ihm besorgt, und auf diese Weise stellte er die Verbindung zwischen den

Kontinenten her und brachte damit den Übergang in seine Gewalt. Nachdem er nun das Fort gut ausgerüstet und bewaffnet und in jeder Hinsicht uneinnehmbar oder, besser gesagt, völlig unangreifbar gemacht hatte, eine ausreichende Wache darin zurückgelassen, als Befehlshaber einen der ihm an treuesten Ergebenen eingesetzt und an die Geschütze Männer gestellt hatte, die damit gut und sachverständig umzugehen wußten, kehrte er, als der Herbst schon zu Ende ging, in die Stadt des Hadrian zurück. Und so vollendete sich das insgesamt 6960. Jahr (1451/52), das zweite Regierungsjahr des Sultans.

Rückkehr des Sultans in die Stadt des Hadrian und Bau der neuen Residenz

12. (1) Um dieselbe Zeit nun ließ er auch eine prunkvolle kaiserliche Residenz bauen bei der Stadt des Hadrian am Hebrosfluß gegenüber der Stadt, mit prächtigen Steinen und durchscheinenden Marmorplatten geschmückt und von vielem Gold und Silber glänzend sowohl innen wie außen, dazu von Steinmetz- und Malkunst auf mannigfache Weise verziert und mit vielen anderen Kostbarkeiten großzügig ausgestattet und kunstvoll geschmückt. (2) Rings um den Palast legte er Gärten an, in welchen alle Arten von Pflanzen und veredelten Bäumen grünten und welche von jahreszeitlichen Früchten strotzten. In die Gärten setzte er verschiedene Arten von zahmen und wilden Tieren und Scharen von Vögeln und verschönte sie mit vielen anderen Dingen, die sowohl der Ergötzung und Zierde wie der Lust dienen können. (3) Auch eine kaiserliche Hofburg richtete er großzügig ganz in der Nähe des Palastes ein und ließ möglichst viele gerade ausgehobene Soldaten und Janitscharen in ihr und rings um sie Wohnung nehmen und sicherte so die Residenz von allen Seiten ab.[1] Soviel nun darüber.

13. (1) Er aber beabschtigte, den schon lange gehegten Plan und die Überlegung, die in seinem Inneren reifte, und das Ziel, auf das all sein Tun von Anfang an gerichtet war, nunmehr in die Tat umzusetzen und nicht mehr zu zögern und auch nichts mehr aufzuschieben. | Dieser Plan war: den Rhomäern und Kaiser Konstantin den Krieg zu erklären und die Polis zu belagern. (2) Denn er glaubte, was ja auch zutraf, daß, wenn er die Stadt in jeder Weise eingenommen habe und Herrscher über ihre Bewohner geworden sei, ihn nichts mehr daran hindern könne, von ihr ausgehend wie von einer Art Akropolis des gesamten Gebietes in kurzer Zeit auch alles übrige zu überrennen und in seine Gewalt zu bringen. (3) Deshalb war er nirgends mehr aufzuhalten und war auch nicht bereit, sich künftig mit dem zu bescheiden, was er hatte, und Frieden zu halten, sondern er war der Meinung, daß in Kürze Krieg zu führen und die Polis zu erobern sei. (4) In diesem Plan bestärkten ihn vor allem aber auch gewisse göttliche Zeichen, außerdem Orakel, Vogelzeichen, Weissagungen und anderes mehr, worauf er sehr achtete und woraus die Menschen die Zukunft zu erfassen suchen. All diese Zeichen deuteten auf dasselbe und erregten in ihm berechtigte Hoffnungen, daß die Polis für ihn zu erobern sei. (5) Er rief also sämtliche führenden Männer zusammen, ich meine Satrapen, Generäle, Geschwader-, Bataillons- und Scharführer, berief eine Versammlung ein und sagte folgendes:

Rede des Sultans, die seine Untertanen zum Krieg gegen die Polis anstachelt, worin die früher von ihren Vorfahren vollbrachten Werke erwähnt werden, und die einen kurzen Überblick über seine gesamte Herrschaft gibt.

14. (1) „Freunde und Angehörige unseres Hofes, daß unsere Vorfahren dieses Reich, das wir innehaben, unter vielen Kämpfen und den größten Gefahren erworben und bis heute in der Erbfolge ihres eigenen Geschlechtes bewahrt haben, indem es jeweils der Sohn vom Vater

übernahm, und daß sie es so auf mich übertragen haben, wißt Ihr ja alle genau, die einen von Euch, weil sie selbst an einigen Unternehmungen gemeinsam mit jenen teilgenommen haben, nämlich Ihr, die Ihr hochbetagt in Eurem jetzigen reifen Lebensalter steht, die anderen aber wissen es, weil sie von ihren Vätern davon gehört haben, nämlich Ihr, die Ihr jung seid. Denn diese Taten liegen ja nicht in grauer Vorzeit und sind nicht solche, die durch die Länge der Zeit in Vergessenheit geraten sind, sondern von ihnen legt viel eher die eigene Anschauung derer, die von ihnen reden, Zeugnis ab, als daß nur die mündliche Kunde von denen, die sie gesehen haben, bloße Versicherungen über sie abgibt; denn erst in jüngster Zeit sind sie geschehen. | 26

Beachte die Tapferkeit der Männer

(2) Denn auch heute noch kann man deutlich überall in unserem Reich Zeichen der Taten jener Männer sehen, die klar zu Tage liegen: Mauern von Festungen und Städten, die erst jüngst zerstört worden sind, und Erde, die fast noch gerötet und getränkt ist vom Blute jener Männer, und vieles dergleichen, herrliche Erinnerungszeichen an ihre Tapferkeit und Vortrefflichkeit und unvergeßliche Zeugnisse ihrer Beherztheit in Gefahren. Denn sie besaßen ein so großes Selbstvertrauen, eine solche Entschlossenheit und so großen Mut in allen Dingen, daß sie sich gleich von Anfang an ausgehend von einem sehr kleinen Herrschaftsgebiet und sehr geringen Machtmitteln in den Kopf setzten, die Vorherrschaft der Rhomäer zu brechen und die Gesamtherrschaft über Asien und Europa zu erhoffen. Und wirklich täuschten sie sich darin nicht.

Beachte die Eroberung Asiens

(3) Sie brachen nämlich anfangs zu ihren kriegerischen Unternehmungen von den Gebirgszügen Kilikiens und

des Taurus auf und überrannten sogleich mit, wie gesagt, geringer Streitmacht, jedoch der größten Entschlossenheit und Zuversicht Lykien, Pamphylien und das obere Phrygien, sie unterwarfen die Bewohner von Lydien, Karien, Mysien, des unteren Phrygien[1], von Ionien und das gesamte griechische Küstengebiet, dazu machten sie sich die Bewohner von Galatien, Kappadokien, Paphlagonien, Chalybien, Bithynien und des Hellespontgebietes untertan, kurz gesagt, sie bezwangen das gesamte Gebiet, welches das Taurusgebirge begrenzt, das von Kilikien bis nach Sinope am Schwarzen Meer reicht und welches man als unteres Asien bezeichnet, innerhalb kurzer Zeit und brachten es dauerhaft in ihre Gewalt.

Siehe den Beginn des Übergangs nach Europa

(4) Nachdem sie sich zu Herren dieses gesamten Gebietes und des dazugehörigen Küstenlandes gemacht und über die in ihm liegenden Städte eine starke Herrschaft errichtet und die Stadt des Prusias zu ihrer Residenz gemacht hatten, überquerten sie den Hellespont, nur in kleinen Scharen, weil sie ja nicht zu offenem Kriege, sondern nur zu gelegentlicher Räuberei und Plünderung übersetzten, und weil sie außerdem von diesem Meer abgeschnitten
27 waren, da die Rhomäer | es noch beherrschten. (5) Als sie aber den Gipfel des Berges, welcher dem Grabmal der Helle und der Landenge der Chersones vorgelagert ist, eingenommen und das dort befindliche Fort mit Gewalt oder List erobert hatten[1], unternahmen sie zunächst von dort aus Raubzüge und heimliche Überfälle und plünderten die Umwohnenden auf Beutezügen aus.

Eroberung von Europa

(6) Nachdem sie aber allmählich vorrückend und an Zahl immer mehr anwachsend auch einige der in der Nähe gelegenen Festungen teils durch Gewalt im Sturm,

teils durch List eingenommen und unter ihre Herrschaft gebracht hatten und bis in die Ebene hinabgestiegen waren, da gab es für sie kein Hindernis mehr, sondern sie beherrschten die Ebenen, plünderten Dörfer, nahmen Städte ein, zerstörten Festungen, besiegten Heere, unterwarfen viele große Völker und überrannten, kurz gesagt, in nicht langer Zeit ganz Thrakien und Makedonien, unterwarfen die Myser, die im Binnenland und am Istros wohnen, dazu die Illyrer, die Triballer, die Griechen und viele andere Völker und brachten starke Festungen und viele große Städte sowohl im Binnenland wie im Küstengebiet in ihre Hand. (7) Doch was soll ich mich damit aufhalten, Städte und Völker aufzuzählen? Das gesamte Land südlich des Istros von seiner Mündung ins Schwarze Meer stromaufwärts bis zur Einmündung des Saos und von dort landeinwärts nach Süden auf der Linie zwischen Bostrern und Dalmatern einerseits und den südlich der Save lebenden Paionern und den Illyrern andererseits bis hinab zum Ionischen Meerbusen, dieses ganze Land brachten sie fest in ihre Gewalt, unterwarfen es und machten alle seine Bewohner tributpflichtig, mit ihnen aber auch die nördlich des Istros wohnenden Geten, und nicht nur dieses Gebiet, sondern auch das gesamte Küstenland – abgesehen freilich von der Peloponnes –, welches einen Umfang von mehr als 10.000 Stadien hat. (8) Das aber haben sie nicht mühelos und so leichthin, wie man davon erzählen kann, und auch nicht ohne die größten Widerstände und Hindernisse, nicht ohne Blutvergießen und Gefahren damals an sich gebracht und bis heute bewahrt, sondern mit viel Blut und Wunden, mit viel Schweiß und Mühen.

(9) Denn viele große Völkerschaften sowohl in Asien wie
in Europa haben gegen sie die Waffen erhoben und
rühmlich und tapfer für ihre Freiheit gekämpft bis zum
Tode, | und viele dort befindliche große Städte, ge- 28
schützt durch Mauern, Leiber, Waffen, Reichtum und
Tapferkeit ihrer Einwohner und durch vieles andere,

haben Widerstand geleistet, und starke und schwer einnehmbare Festungen, schwer zugängliche Gebiete und viel ungünstiges Terrain, dicht aufeinander folgende und nicht leicht zu überquerende Flüsse und vieles dergleichen hinderten sie, am meisten aber die Streitmacht der Rhomäer, die sich ihnen sowohl zu Lande wie zu Wasser immer offen entgegenstellte und kämpfte und ihnen viel Widerstand entgegengesetzt und sie viel Kampfesanstrengung gekostet hat.

Siehe das Lob jener Männer und ihrer Sultane

(10) Aber dennoch konnte nichts davon ihren Vormarsch aufhalten oder ihre Tatkraft und Tapferkeit hemmen, bis sie alles vollständig unterworfen und niedergerungen und ihre Herrschaft gesichert und in jeder Beziehung dauerhaft gefestigt hatten. Sie haben sich dabei als hervorragend tüchtige Männer erwiesen und haben nicht im geringsten in ihrer anfänglichen Entschlossenheit und Zuversicht nachgelassen. (11) Denn wenn sie Feinde besiegten, rückten sie weit vor, wurden sie jedoch besiegt, wichen sie nicht zurück und gaben auch nicht ihre Zuversicht auf, sondern setzten alles auf die ihnen eigene Beherztheit und ihr Vertrauen auf die Zukunft sowie auf die Ungewißheit des Schicksals, und so gingen sie wieder voller Tatkraft ans Werk, wobei sie eine Kühnheit zeigten, die ihre Kräfte sogar überstieg, und einen Wagemut, der sich nicht mehr an die Grenzen vernünftigen Kalküls hielt. In schwierigen Lagen waren sie zuversichtlich, bei Anstrengungen unermüdlich, ohne Zögern gingen sie an alles heran, was ihnen gut schien, bei keiner edlen Unternehmung zauderten sie, rasch vermochten sie das Notwendige zu erkennen, rasch auch das Erkannte in die Tat umzusetzen. (12) Sie hatten immer eine Vorliebe für lange Expeditionen, um etwas zu erwerben, was sie nicht besaßen, und weder gaben sie sich jemals mit dem zufrieden, was sie hatten, noch ließen

sie die anderen zufrieden sein. Das Vorhandene achteten sie für nichts, | da sie immer nach dem strebten, was sie 29
nicht hatten. Was sie noch nicht besaßen, aber zu besitzen gedachten, behandelten sie so, als gehöre es ihnen (schon) wirklich. Sie genossen das Vorhandene kaum, da sie jeweils nach mehr strebten, und sie plagten sich ständig, weil sie erwerben und genießen wollten, was sie noch nicht besaßen. Sie benutzten ihre Leiber in Mühen und Gefahren so, als seien es fremde, und schonten sie nicht im geringsten, obwohl sie oft niedergeworfen wurden. Ihre Seelenstärke aber blieb unbesiegt, und sie mühten sich so ihr ganzes Leben und richteten es sich selbst als Kampf und Strapaze ein. Auf diese Weise haben sie das Reich so berühmt und mächtig gemacht an Menschen und Geldmitteln, Waffen und Trieren und allen Gütern, haben es zu gewaltiger Machtfülle geführt und es sowohl im Krieg als auch im Frieden völlig autark gemacht und dann uns übergeben. (13) Laßt uns daher nicht, soviel jedenfalls an uns liegt, den Anschein erwecken, als gäben wir dieses Reich preis, laßt uns nicht die Heldentaten unserer Vorfahren verdunkeln und uns selbst des Ruhmes berauben, den wir uns seit langem schon erworben haben, die wir bei allen berühmt sind wegen unserer Tapferkeit, Kriegskunst und Tüchtigkeit und bis heute als unbesiegbar gelten und es auch sind, indem wir uns nun von einer einzigen Stadt besiegen lassen, und zwar von einer, die nicht einmal mehr Grund hat, zuversichtlich an die eigene Rettung zu glauben. Vielmehr hat sie fast gar keine Einwohner mehr; aller früheren Vorzüge ist sie beraubt und gänzlich verlustig gegangen sowohl durch die lange Zeit als auch durch die ständigen Überfälle und Belagerungen unsererseits, ja sie ist nicht einmal mehr eine Stadt, sondern hat nur noch diesen Namen bewahrt. Im übrigen besteht sie aus fruchtbarem Ackerland, Gärten und Weinbergen, wie Ihr seht, sowie aus unbewohnten Häusern und leeren Mauern, wovon die meisten auch noch in Trümmern

liegen.[1] (14) Denn Ihr seht ja, wie sie in der Mitte unseres Herrschaftsgebietes liegt und sowohl in bezug auf das Festland wie auf das Meer eine günstige Position einnimmt, und welch große Schwierigkeiten sie uns daher gemacht hat, indem sie uns von Anfang an ständig bekriegte, und auch jetzt noch macht, indem sie unsere Verhältnisse lauernd beobachtet und immer, wenn wir in ungünstiger Lage sind, dies ausnutzt und uns schweren Schaden zufügt. |

Siehe den Übergang der Paioner über den Istros und ihre Niederlage durch Beyazıt

(15) Denn wer wüßte nicht, daß zur Regierungszeit unseres damaligen Vorfahren Beyazıt der Kaiser dieser (Stadt) den gesamten Westen gegen uns in Bewegung setzte, vom (Atlantischen) Ozean und von Marseille her die westlichen Galater, die Pyrenäer und Spanier, vom Rhein und den nördlichen Ländern her die Kelten, Keltiberer und Germanen und außerdem den König der Paioner und Daker, der ein gewaltiges Heer auf dem Landwege heranführte und dazu noch Trieren auf dem Flußlauf? Diese nun überquerten den Istros und schlugen an seinen Ufern in unserem Gebiet ihr Lager auf mit keiner geringeren Absicht, als unsere gesamte Macht und Herrschaft zu zerstören und uns sowohl aus Europa wie aus Asien zu vertreiben, was auch geschehen wäre, wenn nicht das strategische Geschick, die Erfahrung und Kühnheit des Beyazıt diesen Plan damals verhindert und vereitelt hätten, indem er durch diese Eigenschaften die Feinde im Sturm besiegte und vernichtete, und wenn er es nicht erreicht hätte, daß sie teils auf der Stelle niedergemacht wurden, teils in der Donau ertranken und sich so von einer riesigen Anzahl nur einige wenige, und auch diese nur mit Mühe, retten konnten.[1] (16) Und nur wenig später hat die Stadt wiederum Tomeris, den Skythen, gegen uns aufgewiegelt und von Babylon her

ins Feld ziehen lassen. Ihr wißt, was wir von diesem erlitten haben und wie es um ein Haar soweit gekommen wäre, daß wir aus unserem gesamten Herrschafts- und Machtbereich vertrieben worden wären oder wenigstens einen der beiden Kontinente verloren hätten.[2] (17) Und seit jener Zeit wiederum bis auf den heutigen Tag hat sie nicht aufgehört, die Unsrigen gegeneinander aufzuhetzen, zu bewaffnen und in den Kampf zu schicken sowie Verwirrung in unserem Reich zu stiften[3] und ihm Schaden zuzufügen, wie sie auch in jüngster Vergangenheit den Geten Ioannes zusammen mit den Paionern und Dakern gegen uns mobilisiert hat, welcher zwei oder drei Mal den Istros mit Heeresmacht überquerte, in unser Gebiet einfiel und meinem Vater viel Schlimmes angetan hat.[4] (18) Ganz zu schweigen von der besonders üblen Angelegenheit mit den Überläufern und dem Schaden und Verlust, der uns täglich daraus erwächst, und zwar nicht nur an Sklaven, sondern bereits auch an Freien.
(19) Kurz gesagt: Weder hat sie aufgehört noch wird sie überhaupt jemals aufhören, sich gegen uns zu erheben und den Unsrigen Widerstand zu leisten, und sie wird nicht ablassen von Krieg und Aufruhr gegen uns, solange wir sie bleiben lassen, was sie ist, und nicht völlig
31 vernichten oder in unsere Hand bekommen. |

15. So beschaffen also, meine Freunde, ist diese Stadt, die uns gegenübersteht, die alles gegen uns unternimmt, sowohl offen als auch heimlich, und die gegen unser Reich auf der Lauer liegt, und wir zaudern und beachten sie überhaupt nicht und beeilen uns nicht einmal, sie zu zerstören, bevor sie uns etwas Schlimmes antut, sondern meinen, daß es ganz von uns abhänge, den Krieg jeweils nach unserem Belieben einzurichten? Wissen wir denn nicht, daß Kriegsglück und Gunst der Stunde nicht dauerhaft sind, daß für die Zeit nichts unmöglich ist und die Wege des Schicksals überall ungewiß sind, der Ausgang der Dinge unsicher und nicht zu berechnen, und

daß daher diejenigen, die verständig sind, dem jeweils zuvorkommen, und, falls sie Gelegenheit dazu haben, die Feinde angreifen müssen, und daß man nicht warten darf, bis einem Übles zugefügt wird, und sich erst dann zur Wehr setzen darf, sondern daß man eher selbst die Initiative ergreifen muß, bevor man etwas erleidet, und den Feinden mit einem Anschlag zuvorkommen muß, als daß man erst auf einen erfolgten Anschlag mit einem Gegenanschlag antwortet, und daß man in derartigen Situationen das als einen Gewinn anzusehen hat, worin man dem Feind durch Täuschung oder Gewalt zuvorgekommen ist? Denn so sind die Gesetze des Krieges. Nicht an Vereinbarungen halten sie sich, sondern meistens gehört der Sieg dem, der die Möglichkeit und den Willen hat, heimlich etwas zu tun oder in irgendeiner Beziehung schneller zu sein und sich einen Vorteil zu verschaffen, da sich ihm die Gelegenheit dazu bot.

16. (1) Aus dieser Überzeugung also, Ihr Männer, und aus derartigen Erwägungen und Gründen heraus, dazu noch veranlaßt durch ihre besonders üblen Machenschaften, habe ich Euch hier zusammengeführt, weil ich den Zustand nicht mehr für tragbar halte und will, daß Ihr Euch alle überzeugen laßt und meine Meinung teilt. Und ich sage: Wir müssen in Kürze angreifen und Krieg führen und diese Stadt zerstören, indem wir mit aller Bereitschaft und vollem Einsatz den Krieg auf uns nehmen, oder wir dürfen nicht einmal mehr auf unser eigenes Reich Anspruch erheben und seine Güter als unseren Besitz betrachten und auch nicht glauben, daß sie uns in Zukunft sicher sind. (2) Denn es ist unmöglich, daß unser Reich fest gegründet steht und wir in sicheren Verhältnissen leben, es sei denn, diese Stadt würde von uns entweder erobert oder aus dem Weg geräumt. (3) Kurz gesagt: Ich bin gewillt, entweder mit ihr auch unser Herrschaftsgebiet zu besitzen oder ohne sie auch dieses mit zu verlieren. Denn mit ihr, seid dessen gewiß,

ist uns sowohl das, was wir besitzen, sicher als auch das,
was wir nicht besitzen, erwerbbar; ohne sie jedoch oder
wenn sie bleibt, was sie ist, ist nichts von dem, was uns
gehört, verbürgt und nichts von dem übrigen als Besitz
zu erhoffen. (4) Wenn nämlich unsere Gegner die Stadt
behalten und, von uns bedrängt, stärkere Verbündete
gegen uns führen und das an unser Gebiet grenzende
Meer beherrschen, | dann wird unser Reich ständig in 32
Kriege und Gefahren verwickelt und von verlustreichen
Rüstungskosten belastet, das Ende des Krieges aber
ungewiß sein. Denn in solchen Situationen pflegt oftmals
vieles wider Erwarten zu geschehen und so, wie man es
nicht hätte vermuten können, und zieht ein Krieg sich
in die Länge, so spielt meistens der Zufall eine Rolle.
(5) Wenn sie dagegen nicht in der Lage sind, die (Stadt) zu halten, und sie anderen, die stärker sind als sie und die mit Mannschaft, Geldmitteln, Trieren, Waffen und überhaupt mit allem vorzüglich gerüstet sind, übergeben, diese aber mit noch größerer Kraft an alles herangehen und es bereits als ihr Eigentum beanspruchen, dann seht zu, in welcher Lage wir uns befinden werden. (6) Ich nun glaube, daß eine so große Stadt, in günstiger Position gelegen sowohl in bezug auf das Festland wie auf das Meer, welche das, was bei uns vorgeht, ständig beobachtet und sich unsere Schwächen zunutze macht, und die ebenso mächtig geworden ist wie wir, so daß sie uns als gleichwertige Gegnerin im Krieg gegenübersteht – aber ich will nichts Schlimmes äußern, vielmehr möge das Fluchwort die Häupter der Feinde treffen, nur soviel sei gesagt, selbst wenn es jemandem schrecklich sein sollte zu hören, eine solche Entwicklung liegt nicht in unserem Interesse und dient nicht unserem Vorteil.

(7) Deshalb dürfen wir nicht mehr zaudern und, so als ob wir noch Zeit hätten, davor zurückschrecken, sondern wir müssen sie angreifen, wir alle mit ganzem Einsatz und allen Kräften, und vor allem, solange die Gunst der Gottheit auf unserer Seite ist, indem wir es an nichts von

dem fehlen lassen, was für den Krieg erforderlich ist, weder an Soldaten noch an Geldmitteln noch an Waffen noch an irgend etwas von dieser Art, und auch nicht irgend etwas anderes höher einschätzen, bis wir diese Stadt entweder völlig zerstört und aus dem Weg geräumt oder in unsere Hand gebracht haben. (8) Und keiner von Euch soll es für unmöglich halten, sie einzunehmen, indem er etwa an das Schicksal meines Großvaters[1] und Vaters denkt, wie diese gleich von Anfang an diesen Entschluß gefaßt und einen bedingungslosen Krieg gegen sie begonnen hatten, indem sie sie mit großer Heeresmacht und vielen Waffen einschlossen und sie dazu noch durch lange Belagerung und hartes Aushungern gänzlich geschwächt hatten, sie aber dennoch nicht besiegen konnten. (9) Denn wenn sie damals aus eigener Kraft und eigenem Vermögen standgehalten und sich ihren Gegnern als überlegen erwiesen hätte als eine durch Soldaten, Geldmittel, Waffen und alles übrige gut gesicherte Stadt, oder wenn diese ihr an eigener Heeresmacht und Rüstung unterlegen gewesen wären und deshalb ihr Ziel verfehlt haben, da sie sie ja auf keine Weise einnehmen konnten, dann wären diese Furcht und diese Überlegung begründet. (10) Wer wüßte nun jedoch nicht, daß ein ganz zufälliges Ereignis, das unerwartet eintrat, sie dem Beyazıt entgegen jeder Berechnung aus den Händen nahm, wie es ja oftmals den Menschen von der Gottheit zu ergehen pflegt? Denn sie hatten bereits miteinander vereinbart, daß die Bürger der Stadt diese und sich selbst nach einer bestimmten Zahl von Tagen übergeben würden, weil sie dem Hunger und der langen Belagerung nicht länger standhalten konnten, da erschien plötzlich
33 zuerst aus Europa der König der Paioner und Daker[2], | aus Asien kurze Zeit später Temeres der Babylonier[1] und zwangen ihn, die Belagerung aufzugeben, und dadurch, daß sie ihn auf sich ablenkten, geschah es, daß die Stadt sich behaupten konnte, durch ein unglaubliches Glück gerettet.[2] (11) Mein Vater aber, Ihr wißt, mit welcher

Rüstung und Streitmacht er gegen sie zog und wie er sie durch seine Belagerung so weit in die Knie zwang, daß er den Verteidigern nicht einmal mehr freien Zugang zur Mauer selbst ließ, da sie mit den Pfeilen und den aus den Wurfmaschinen geschleuderten Steinen beschossen wurden. So weit hatte er sie schon in der Hand. Und er hätte sie auch im Sturm mit Waffengewalt genommen, wenn er nicht seine engsten Vertrauten und diejenigen, auf welche er sich am meisten verließ, zu heimlichen Widersachern gehabt hätte und sie nicht mit den Belagerten sympathisiert hätten um persönlicher Bereicherung willen. Diese nun zwangen ihn, die Belagerung aufzugeben, und haben so die Stadt gerettet.[3] (12) Aber auch wenn es damals so gewesen wäre, daß sie sich aus eigener Kraft gerettet hätte (wir wollen nämlich ruhig auch diesen Fall annehmen), so sind doch die Bedingungen von damals und jetzt sowohl für sie wie für uns nicht dieselben; denn damals verfügte sie über einen Kaiser und über Führer, die klüger, strategisch begabter und dazu in solcher Situation auch erfahrener waren, sie wurde von einer größeren Zahl von Einwohnern geschützt, sie beherrschte teilweise das Meer, soweit es an ihr Gebiet angrenzte, und was die Unterstützung durch die Italiener betrifft, so war sie teilweise bereits im Genuß derselben, teils durfte sie eine solche erwarten, und sie hatte auch sonst noch viele Hilfsmittel.

(13) Jetzt aber ist ihr Zustand schwächer und im ganzen schlechter; denn den größten Teil ihrer Bewohner hat sie verloren, die Beherrschung des Meeres mußte sie vollständig aufgeben, und ihr Kaiser und seine Berater sind von der Art, wie man sich seine Gegner nur wünschen kann. Und was die Unterstützung durch die Italiener angeht, so dürfen sie diese nicht einmal erhoffen, vielmehr ist ihnen da alles in jeder Hinsicht feindlich gesonnen, da sie wegen ihrer religiösen Auffassung mit ihnen im Streit liegen, und auch innerhalb der Stadt herrscht Aufruhr und Verwirrung aus eben diesem

Grunde[4]; und man könnte bei genauer Prüfung noch viele andere Schwächen finden. (14) Wir dagegen haben, auch was die Macht des Reiches angeht, in vielen Dingen große Fortschritte gemacht: Es gibt Truppenverbände, Reiterei und Fußtruppen, in großer Zahl, welche vorzüglich und besser bewaffnet sind als je zuvor, und es gibt eine zahlenmäßig starke und kräftige junge Mannschaft. Und auch unser Hof[5] hat zum jetzigen Zeitpunkt die größte Macht. Sehr große Geldmittel stehen uns zur Verfügung, sowohl die, die in den Schatzhäusern liegen, als auch die, welche uns aus den jährlichen Abgaben erwachsen. Wir haben eine reichhaltige Ausrüstung an Waffen, Maschinen und Kriegsgerät, auch nicht wenige Trieren, und vieles andere mehr ist uns zugewachsen, was
34 insgesamt nicht nur gegen diese eine | Stadt ausreichen würde, sondern verteilt auf viele ebenso starke Städte durchaus genügen würde, um diese alle zu überwältigen. (15) Dazu beherrschen wir das an unser Reich grenzende Meer und auch das gesamte Seegebiet der Stadt, und wir haben sie im Norden und Süden mit Festungsbauten eingeschlossen entlang der Meerengen und der beiden Kontinente, wodurch wir sie vom Land und vom Meer völlig abgeschnitten haben. Und wir haben dazu noch andere nicht wenige Vorteile, aufgrund derer ich ganz zuversichtlich und getrost bin, daß sie in keinem Fall wird standhalten können, sondern daß wir sie entweder im Sturmangriff mit den Waffen erobern oder durch eine nicht lange Belagerung einnehmen werden.

(16) Nur laßt uns nicht zögern und ihr auch nicht mehr Gelegenheit geben, gegen uns Pläne zu schmieden, sondern wir wollen uns so schnell wie möglich als tüchtige Männer erweisen und ihr und allen Menschen zeigen, daß es nicht an unserer Unmännlichkeit oder Feigheit und Schwäche, sondern eher an unserem Zögern, unserer Sorglosigkeit und mangelnden Tatkraft gelegen hat, wenn sie bis jetzt davongekommen sind. Und wir wollen nicht die Heldentaten und großen Leistungen unserer

Vorfahren mit Schande bedecken und uns ihrer nicht als unwürdig erweisen, indem wir zulassen, daß in der Mitte unseres so gewaltig großen Reiches eine einzige Stadt sich zum Tyrannen aufwirft und ihm in jeder Weise mit feindlichen Anschlägen zusetzt, sondern wir wollen lieber zeigen, daß wir von ihnen abstammen und uns ihre Tapferkeit und Tüchtigkeit zu eigen ist. (17) Denn jene haben in kurzer Zeit ganz Asien und Europa an sich gebracht und durch eigene Mühen und Gefahren als Besitz erworben, sie haben viele große Städte bezwungen, starke Festungen erobert und eine Unzahl von Völkerschaften unter ihre Herrschaft gezwungen. Und wir werden, nachdem wir diese Stadt erobert haben, von ihr wie von einer Akropolis ausziehend mit wenig Mühe und in kurzer Zeit auch alles übrige Land überrennen, und es hält uns überhaupt nichts in unserem Vormarsch auf, und auch sonst wird nichts sich unserer Macht und Herrschaft widersetzen können, sondern wir werden in Kürze Herren der Erde und des Meeres sein.

(18) Laßt uns also nicht länger zögern, sondern laßt sie uns rasch mit allen Kräften angreifen, entschlossen, sie entweder gleich zu erobern und zu zerstören oder in keinem Falle mehr von ihr abzulassen, auch wenn wir sterben müßten, bis wir ihrer Herr geworden sind. (19) Ich aber werde selbst in vorderster Linie an Eurer Seite stehen, bereitwillig die Mühen mit Euch teilen und Euch alle genau beaufsichtigen, und die Tapferen werde ich mit den entsprechenden Geschenken ehren, jeden einzelnen nach seinem persönlichen Verdienst und seiner Tüchtigkeit und wie sich einer in Gefahren hervortun oder sich durch irgendeine andere Leistung auszeichnen wird.“ | 35

Abstimmung über den Krieg durch den Sultan und alle anderen

17. (1) Nachdem er so gesprochen hatte, ließ er nunmehr über den Krieg abstimmen. Von den Anwesenden aber

stimmten fast alle beifällig dem zu, was vom Sultan gesagt worden war, wobei sie seine Klugheit und Einsicht und seine sonstige Mannhaftigkeit und Tüchtigkeit lobten, auch ihrerseits seine Meinung unterstützten und ihn noch mehr zum Krieg anstachelten, die einen aus persönlichem Ehrgeiz und Gewinnstreben, weil sie sich davon Vorteile und eine entscheidende Verbesserung ihrer persönlichen Verhältnisse erhofften, die anderen, weil sie dem Sultan gefällig sein und zugleich auch selbst daraus Gewinn ziehen wollten, andere wiederum, weil sie nicht wußten, was im Krieg eigentlich geschieht. Das waren diejenigen, die jung und unerfahren in dergleichen waren. (2) Diejenigen aber, denen die Sache nicht recht war, unter anderem wegen der Schwierigkeiten und Wechselfälle, welche der Krieg meistens mit sich bringt, wollten zwar etwas sagen, um den Krieg abzuwenden, als sie jedoch die feste Entschlossenheit und den Elan des Sultans sowie die Begeisterung aller anderen für dieses Unternehmen sahen, bekamen sie es mit der Angst, wie ich glaube, und gaben daher widerwillig nach und ließen sich von der Mehrzahl mitreißen. Und so wurde der Beschluß zum Krieg von allen bestätigt.

Eroberung des Landes außerhalb der Polis und seine Plünderung

(3) Daher befahl er sogleich dem Satrapen von Europa[1], rasch ein Heer zu sammeln und die Polis selbst, das umliegende Land und das ganze übrige Gebiet, das unter der Herrschaft der Rhomäer stand, zu überrennen. Der aber sammelte unverzüglich ein Heer, überrannte das gesamte Gebiet rings um die Polis und das Stadtgebiet selbst bis direkt zu den Toren und plünderte es. Er überfiel Selybria[2] und Umgebung und machte das dortige Küstenland abtrünnig, Perinthos[3] und auch das übrige Gebiet, und auch die Festung Epibatai[4] ergab sich ihm durch Kapitulation. Gleichzeitig machte er auch das

gesamte Gebiet am Schwarzen Meer abtrünnig, das den Rhomäern untertan war, und brachte dazu auch das Fort in Mesembria[5] | in seine Hand, welches sich ihm 36
ebenfalls durch Kapitulation anschloß, und er plünderte alle übrigen Gebiete und verfuhr mit ihnen nach seinem Belieben.

18. (1) Kaiser Konstantin jedoch und die Bewohner der Polis hatten, erschreckt durch den plötzlichen Umschwung und den völlig unerwarteten Angriff und weil sie gegen jede Erwartung einen bedingungslosen Krieg auf sich zukommen sahen (denn erst vor kurzem[1] hatten sie die Verträge abgeschlossen), resigniert darauf verzichtet, künftig noch eine Gesandtschaft in diesen Angelegenheiten verhandeln zu lassen und an die Vereinbarungen und den Frieden zu erinnern. (2) Denn sie wußten, daß das aussichtslos war, da sie sich das ungestüme Drängen des Sultans vor Augen hielten, seine Unternehmungen, die er gleich von Beginn an ins Werk gesetzt hatte, und daß all das zu nichts Gutem führen konnte. Vielmehr erwarteten sie für die unmittelbare Zukunft eine Belagerung und einen bedingungslosen Krieg zu Land und zu Wasser und all die schlimmen Folgen des Krieges sowie die Eroberung und die Leiden einer Eroberung, die Ermordung der Wehrfähigen, Plünderung des Besitzes, Beraubung der Heiligtümer und Versklavung und Mißhandlung der Frauen und Kinder. (3) Denn sie glaubten, nicht einmal für eine kurze Zeit standhalten zu können, wenn ein so gewaltiger Krieg zu Lande und zu Wasser über sie hereinbräche. So war ihre Stimmung gleich von Anfang an verändert, sie hatten jede Hoffnung aufgegeben und trauten sich selbst nichts Rechtes mehr zu. Indem sie nämlich ihre Gedanken nur noch der Hoffnungslosigkeit und Ungewißheit zuwandten, gaben sie von sich aus sich selber preis und hatten künftig nicht mehr die geringste Hoffnung auf Rettung. (4) Der Grund dafür war folgender: Bei den voraufge-

gangenen Belagerungen hatten sie viele Hilfsmittel und waren jederzeit voller Zuversicht, daß sie durchhalten würden. Denn sie beherrschten das angrenzende Meer, und der Krieg fand für sie nur auf dem Festland statt. Sie konnten ihn mit Leichtigkeit ertragen, da sie ja nur in einem Bereich, dem zu Lande, den Feinden gegenüberstanden, jedes der beiden Meere aber war sowohl für Lastschiffe als auch für Kriegsschiffe befahrbar. Der Handel bestand weiter und gewährte ihnen einen großen Überfluß an Lebensmitteln und allen übrigen Dingen. Die Stadt war voll von Fremden und Einheimischen, und große Geldreserven lagen in den öffentlichen und privaten Gebäuden sowie in den Heiligtümern verwahrt, und sie war mit Waffen, Schiffen, Geschossen und allem übrigen gut ausgerüstet, so daß die Angelegenheit damals gar nicht wie eine Belagerung erschien. (5) Jetzt aber war und schien das alles ins Gegenteil umgeschlagen. Das Meer nämlich war durch Festungsbauten an der oberen und unteren Meerenge blockiert und völlig unbefahrbar, die beiden Kontinente waren in den Krieg einbezogen, und es stand zu erwarten, daß eine große Flotte auch die Mauern längs des Meeres angreifen würde. Und es erschien ihnen daher völlig unmöglich, dem Krieg auf dem ganzen Mauerrund Genüge zu leisten, weil sie zuwenig Menschen hatten, dazu verfügte man über keinerlei Geldreserven, weder öffentliche noch private, es mangelte der Stadt an allem Notwendigen, und es zeigte sich ihnen von keiner Seite her auch nur die
37 geringste Hilfe. |

Beachte die furchterregenden Zeichen

(6) Nicht weniger aber beunruhigten sie auch die außergewöhnlichen Naturereignisse, die damals eintraten, welche sie für göttliche Zeichen nahmen, ungewöhnliche und befremdliche Beben und Erschütterungen der Erde und auch die Himmelserscheinungen, plötzlich hereinbrechende Gewitter, Schaudern erregende Blitze, ein

Glanz, der beobachtet wurde, verheerende Stürme und Überflutungen durch wolkenbruchartig herabstürzende Regenfälle, dazu Erscheinungen unbekannter Sterne, die regellos und ohne feste Bahnen auftauchten und wieder verschwanden, andere wieder waren Fixsterne mit einer Rauchfahne, die lange zu sehen war.[1] (7) Und viele andere derartige wundersame und ungewöhnliche Zeichen sandte die Gottheit, welche das Bevorstehende ankündigten und den gewaltigen Wechsel und Umsturz der bestehenden Verhältnisse andeuteten. Denn aus Ikonen in den Heiligtümern, aus Säulen und Standbildern der Heiligen trat Schweiß aus, ungewöhnliche Fälle von Besessenheit und Gottbegeisterung von Männern und Frauen traten auf, die nichts Günstiges verhießen, und die Seher weissagten viel Unheilvolles, alte Weissagungssprüche wurden gesungen und Orakelsammlungen durchforscht, und was sonst noch in solchen Zeiten zu geschehen pflegt, das geschah alles. Dies alles, das zu nichts Gutem führen konnte, flößte ihnen große Angst und Schrecken ein, brachte sie ganz außer sich und ließ sie für die Zukunft nicht zuversichtlich sein. (8) Dennoch rafften sie sich in ihrem Unglück ein wenig auf und rüsteten sich, so gut es ging, indem sie die Gräben reinigten, die schadhaften Stellen der Mauer ausbesserten, die Brustwehren der Türme und Zwischenwälle bewaffneten und die gesamte Mauer zum Land und zum Meer hin instand setzten. Außerdem sammelten sie Waffen, Geschosse und alle möglichen Arten von Kriegsmaschinen, rüsteten auch die im Umland liegenden Festungen aus, indem sie Waffen und Wachmannschaften dorthin sandten, und sicherten die Inseln. Danach riegelten sie den großen Hafen und das ganze Horn von den Werften in Galata bis zum Eugenios-Tor, wo die engste Stelle ist, mit langen Ketten ab.[2] (9) Sie sammelten außerdem Geld aus öffentlichem, privatem und kirchlichem Besitz, schafften Getreide und Proviant in die Stadt, versahen sie auch mit allem übrigen, so gut es ging, und bereiteten die Stadt und die Mauern in jeder Beziehung vor, da sie erwarteten, zu Lande und zu Wasser belagert zu werden.

19. Außerdem schickten sie Gesandtschaften überall
dorthin, woher sie sich irgendeine Hilfe erhofften, einer-
seits in die Peloponnes zu den dortigen Despoten[3] mit der
Bitte, ihnen mit Getreide und Soldaten zu Hilfe zu
kommen (sie glaubten nämlich, daß sich die Belagerung
38 in die Länge ziehen werde und daß sie nicht | im Sturm
mit Waffengewalt erobert würden, wie es dann ja gekom-
men ist), andererseits auch zum großen Erzpriester von
Rom[1], auf den sie noch eher hoffen konnten, schließlich
auch zu den übrigen Fürsten Italiens und der anderen
westlichen Völker mit der Bitte, ihnen so schnell wie
möglich ein Waffenbündnis und Hilfe zu gewähren,
wenn sie nicht in Gefahr geraten sollten, sie, die doch
ohnehin schon in äußerster Gefahr waren.[2] Soviel zur
Lage der (Bewohner der) Stadt.

20. (1) Nachdem Sultan Mehmet aber den Krieg bereits energisch begonnen und das Land außerhalb der Stadt teils überrannt und geplündert, teils abtrünnig gemacht, teils auch unterworfen hatte, bereitete er sich darauf vor, bei Frühlingsbeginn auch die Stadt selbst zu Lande und zu Wasser anzugreifen. (2) Und zuerst versammelte und vereinigte er seine Streitmacht und zog die Truppen von allen Seiten zusammen, sowohl aus Asien wie aus Europa, Reiterei und Fußvolk, dazu hob er Schwerbewaffnete, Bogenschützen, Schleuderer und Lanzenwerfer aus und musterte auch alle übrigen Waffengattungen. Er ließ Verteidigungswaffen zum Schutz für die Vorkämpfer anfertigen, Schilde, Helme, Brustpanzer und Langschilde, die von außen mit Eisen beschlagen waren, außerdem Geschosse, Lanzen und Schwerter, und alles, was ihm sonst noch für einen Belagerungskampf geeignet schien, all das betrieb er mit großem Eifer. Dazu ließ er noch alle möglichen Wurfmaschinen zur Zertrümmerung der

Mauer anfertigen, sowohl die normalen als auch die bekannten ganz neuartigen Steingeschütze, eine staunenswerte und selbst für das Ohr unglaubliche Sache, wie ihre Erprobung bewies, die wirklich imstande waren, alles zu zertrümmern.

21. (1) Vor allem aber richtete sich seine Sorgfalt auf die Flotte, indem er teils neue Trieren erbauen ließ, teils die im Laufe der Zeit schadhaft gewordenen wieder instand setzen und die leckgeschlagenen neu kalfatern und überholen ließ. Dazu ließ er Kriegsschiffe bauen, einen Teil davon sogar gepanzert, und schnelle Schiffe, Dreißig- und Fünfzigruderer, und machte auf dem schnellsten Wege auch die gesamte übrige Ausrüstung und Ausstattung der Schiffe mit dem notwendigen Gerät bereit und setzte sie instand. Und er ließ es an nichts fehlen, was zu diesem Ziele beitragen konnte.
(2) Außerdem hob er aus dem gesamten asiatischen und europäischen Küstengebiet, das ihm gehörte, Schiffsmannschaften aus, indem er Ruderer und speziell solche für die oberste und unterste Ruderbank und Kämpfer für das Deck auswählte, dazu Steuerleute und Männer, die den Ruderern den Takt angeben, Trierenkommandanten, Schiffskapitäne und Admiräle, und auch die übrige Bemannung der Schiffe nahm er sehr gewissenhaft und sorgfältig vor. Denn er glaubte, für die Belagerung und den Krieg mehr mit der Flotte auf See ausrichten zu können als mit dem Heer auf dem Lande. Daher widmete er ihr den größeren Teil seiner Aufmerksamkeit und ging voller Eifer und Elan, dazu auch noch voller Ehrgeiz an diese Aufgabe heran, da er glaubte, daß dies nützlich für ihn sei. | 39

Der gewaltige Heereszug des Sultans gegen die Polis zu Lande und zu Wasser

22. (1) Während er nun mit diesen Dingen beschäftigt war und sich den Winter über vorbereitete, brach bereits der Frühling an, und sogleich ließ er die Schiffe zum

Auslaufen aus Kalliupolis bereitmachen (dort nämlich hatte er sie versammelt) und setzte als Befehlshaber und Admiral über sie Baltaoğlu, den Satrapen von Kalliupolis. (2) Insgesamt waren sie, wie man sagte, 350 an der Zahl, freilich ohne die Versorgungsschiffe und diejenigen, die zu irgendeinem anderen Geschäft oder Handel dazukamen. Diese nun liefen mit großer Schnelligkeit unter lautem Rufen, Lärm und Kriegsgeschrei aus. Sie gebrauchten die Ruder, feuerten einander an, lärmten mit den Waffen und wetteiferten miteinander, und sie ließen davon den ganzen Hellespont widerhallen und jagten denen, die sie sahen, furchtbaren Schrecken und Angst ein. (3) Denn schon seit langer Zeit hatte es nirgends mehr eine so große Flotte und eine so gewaltige Rüstung zum Kampf auf See gegeben. Diese (Flotte) nun versetzte, da sie ganz unerwartet auftauchte, die unglücklichen Rhomäer noch mehr in Schrecken, stürzte sie in tiefste Verzweiflung und Mutlosigkeit und raubte ihnen auch den letzten Rest von Zuversicht. (4) Bei den früheren Angriffen der Feinde nämlich wurden sie immer nur ausschließlich zu Lande belagert, das Meer aber beherrschten sie; und sie hatten reichlich Lebensmittel dadurch, daß ihnen der Handel auf dem Seewege freistand. Und sie ertrugen den Krieg leicht und konnten die Angriffe durch ihre große Zahl ohne Schwierigkeit abwehren, da die Feinde nur in einem Bereich, und zwar nur zu Lande, kämpften. Jetzt aber, da sie den Krieg zu Lande und zu Wasser auf sich zukommen sahen, erschraken sie natürlich und gerieten in tiefste Ratlosigkeit und gewaltige Furcht. Auf diese Weise also lief auf dem Meere die Flotte des Sultans aus.

23. (1) Er selbst aber brach mit dem gesamten Heer, Reiterei und Fußtruppen, aus der Stadt des Hadrian auf und zog durch das Landesinnere, indem er alles in Aufruhr und Verwirrung versetzte und überall Angst und Schrecken und furchtbares Entsetzen verbreitete,

wohin er auch kam. Dabei führte er auch die Geschütze mit sich. Und am zehnten Tage gelangte er nach Byzanz und schlug sein Lager vor der Stadt in der Nähe der Mauer in einer Entfernung von etwa vier Stadien zum sogenannten Rhomanos-Tor auf. (2) Die Schiffe aber gingen an verschiedenen Stellen des Festlandes gegenüber der Stadt vor Anker und besetzten dort die gesamte Küste. | 40

Beachte die Größe des Heeres

(3) Das Heer aber war, wie man sagte, insgesamt über 300.000 Mann stark, der kampffähige Teil ohne freilich den sonstigen Troß, der in großer Zahl mitzog.

24. (1) Als die Rhomäer aber ein so gewaltiges Heer, Infanterie und Marine, und eine so gewaltige Streitmacht zu Lande und zu Wasser anrücken sahen, erschraken sie bei dem unerwarteten Anblick und dem plötzlichen Angriff, dennoch aber unterließen sie es auch ihrerseits nicht, sich für den Krieg zu rüsten und Gegenmaßnahmen zu treffen, vielmehr taten sie alles Erforderliche mit nicht nachlassendem Eifer. (2) Zuerst nun ließen sie große Lastschiffe um die Absperrung und die Einfahrt des großen Hafens dicht bei dicht mit dem Bug nach vorn gekehrt vor Anker gehen und um diese herum Trieren mit Kriegsausrüstung, um auf diese Weise die Feinde an der Einfahrt zu hindern. (3) Zufällig waren damals auch sechs venezianische Trieren aus Italien anwesend, nicht um am Krieg teilzunehmen, sondern wegen privater Geschäfte, und große Lastschiffe, die aus Kreta gekommen waren, um Handel zu treiben, welche sie mit Bitten zum Bleiben veranlaßt hatten, indem sie sie überredeten, (ihnen) im Kampf zu helfen.

Ankunft des Italieners Iustinos in der Polis mit zwei Lastschiffen zur Unterstützung

25. (1) In eben diesen Tagen kam auch ein Italiener mit Namen Iustinos an, ein mächtiger Mann von hoher

Geburt, aber auch in Kriegsdingen erfahren und sehr tapfer. Er führte mit sich auch zwei große Lastschiffe, die er in seiner Heimat selbst mit Soldaten und allen möglichen Waffen gut ausgerüstet und versorgt hatte (er hatte nämlich an Deck dieser Schiffe 400 gepanzerte Männer) und mit denen er sich in der Gegend von Chios und Rhodos und dem dortigen Seegebiet aufgehalten und irgendwelchen Leuten aufgelauert hatte, die mit ihm verfeindet waren. Als dieser von dem Krieg gegen die Rhomäer, von der unmittelbar bevorstehenden Belagerung der Stadt und der gewaltigen Rüstung des Sultans Mehmet gegen sie noch vor Beginn des Krieges erfuhr, da kam er ungerufen mit seinen Schiffen, um den Rhomäern und Kaiser Konstantin zu helfen. Manche behaupten auch, daß er erst von diesem herbeigerufen worden sei mit dem Versprechen, ihm nach dem Kriege als Entgelt für seine Hilfe die Insel Lemnos zu geben. (2) Nachdem dieser in kurzer Zeit eine deutliche Probe
41 seiner Gesinnung und | Wesensart geliefert und eidliche
Versicherungen gegeben und empfangen hatte, wurde ihm sowohl vom Kaiser als auch von den höchsten Amtsträgern und der Bürgerschaft ein glänzender und ehrenvoller Empfang bereitet. Er wurde von ihnen zum Oberbefehlshaber mit uneingeschränkter Vollmacht und zum Führer des gesamten Krieges ernannt, der über den Kampfplan, über offenes und geheimes Vorgehen, über Waffen und die gesamte Ausstattung und Ausrüstung für den Krieg zu entscheiden hatte. (3) Nachdem er in dieses Amt eingesetzt worden war, rüstete er die Stadt auf jede nur mögliche Weise. Er versah die gesamte Mauer auf der Landseite mit Waffen und rüstete die Brustwehren mit steinschleudernden Geschützen und allen möglichen Arten von Waffen aus. Er wies den dortigen Vorkämpfern und Verteidigern klug ihre Stellung an und plazierte jeden einzelnen so, wie es erforderlich war, und ordnete an, wie man sich gegen die Angreifer zu verteidigen und die Mauern zu halten habe.

Außerdem sicherte er auch den Hafen, wie gesagt, mit Lastschiffen und Trieren gut ab und versah auch die gesamte Seemauer in gleicher Weise wie die Landmauer ausreichend mit Geschützen aller Art. Der Mann war nämlich, wie ich schon sagte, in Kriegen erprobt und vor allem, was Belagerungskämpfe angeht, hinreichend erfahren. (4) Er selbst aber übernahm, da es verwundbar war, das Teilstück der Mauer gegenüber dem Lager des Sultans, wo auch der kampfstärkste Teil des Heeres und die Elitetruppe und persönliche Gefolgschaft des Sultans aufgestellt waren und wo die Feinde auch ihre Geschütze ansetzen mußten, so daß er selbst diese Stelle in vorderster Linie verteidigte und hier Vorkämpfer war und sie zusammen mit seinen Soldaten hielt. Denn er hatte, wie ich kurz vorher sagte, 400 gepanzerte Männer unter sich, abgesehen von den übrigen Besatzungen der Schiffe. (5) Damals fand auch ein kurzer Ausfall der Verteidiger der Polis gegen einige Soldaten aus dem Heer des Sultans statt, die sich ohne feste Schlachtordnung zu weit vorgewagt hatten, und einige von ihnen töteten sie, einige wenige verwundeten sie auch. Als sie aber daraufhin von einer großen Anzahl Soldaten aus dem Heere, die einen Gegenstoß unternommen hatten, bedrängt wurden, flüchteten sie sich in die Stadt und unternahmen, nachdem sie die Tore geschlossen hatten, keine Ausfälle mehr, sondern verteidigten nur noch die Stadt.

26. (1) Nachdem Sultan Mehmet aber sein Lager eben dort in der Gegend des sogenannten Mesoteichion und des Myriandrion aufgeschlagen hatte, nicht weit von der Mauer, vielmehr so nahe wie möglich und gerade so weit entfernt, daß es nicht innerhalb der Schußweite lag, hielt er es für richtig, den Rhomäern zuerst ein Verhandlungsangebot zu machen, ob sie ihm die Stadt und sich selbst übergeben und durch einen Vertrag und Treueide gesichert dableiben wollten zusammen mit ihren Frauen und Kindern und ihrer gesamten Habe, unversehrt und ohne

etwas Böses zu erleiden, in Frieden ihr Eigentum genießend, und er sandte Boten, die dies unterbreiten sollten. Und diese überbrachten auch, nachdem sie angelangt waren, das Angebot des Sultans. (2) Die Rhomäer aber lehnten zu diesen Bedingungen ab und sagten, daß sie bereit seien, einen anderen Vertrag zu schließen, die Stadt aber könnten sie ihm unmöglich übergeben. (3) Als der Sultan das gehört hatte, brandschatzte er sogleich das Land und verwüstete die gesamte Umgebung der Polis. Danach nahm er Zağanos und Halil, die zu den
42 höchsten seiner Würdenträger gehörten, | und außerdem auch noch einige Satrapen und umschritt den zum Festland hin gelegenen Teil der Stadt und inspizierte die dortige Mauer, wo sie am leichtesten anzugreifen und wo sie unangreifbar sei und wo die Geschütze anzusetzen seien, um sie zu zertrümmern.

Aufstellung des gesamten Heeres und Aufteilung der Stadt zu Lande und zu Wasser unter die Satrapen durch den Sultan

27. (1) Danach stellte er das gesamte Heer auf, die Satrapen, Geschwader-, Bataillons- und Scharführer, indem er jedem einzelnen seine Stellung im Heer und den Platz anwies, den er zu halten und an dem er zu kämpfen habe, und indem er befahl, was zu tun sei. (2) Er teilte die gesamte Stadt und ihre Mauer zu Lande und zu Wasser in Abschnitte auf[1] und vertraute dem Zağanos und seiner Truppe zusammen mit noch einigen anderen Hauptleuten die Belagerung von Galata und den gesamten dortigen Abschnitt zusammen mit dem (Goldenen) Horn und dem ganzen Hafen landeinwärts bis hin zu dem sogenannten Hölzernen Tor der Polis[2] an, wobei er ihn auch damit beauftragte, über die dortige Meerenge des Horns vom Töpferviertel bis zu der auf der anderen Seite und diesem gegenüberliegenden Mauer der Polis eine Brücke zu bauen. Denn er plante, auch hier Schwerbewaffnete und Bogenschützen hinüberzubringen, um die Stadt von allen Seiten anzugreifen und so die Belage-

rung lückenlos zu machen. (3) Karaca aber, dem Statthalter von Europa, und noch einigen Satrapen übertrug er den Abschnitt vom Hölzernen Tor landeinwärts bis zum Palast des Porphyrogennetos und bis hin zum sogenannten Chariso-Tor[3] und gab ihm auch einige Geschütze und Geschützmeister, um die Mauer dort, wo sie schwach und verwundbar war, zu beschießen und sie zu zertrümmern. (4) İshak aber, der damals Statthalter von Asien war, und Mahmut, zu jener Zeit Komes[4], tapferen Männern, die wegen ihrer Kriegserfahrung und Kühnheit viel bewundert wurden, übergab er den vom Myriandrion bis zum Goldenen Tor und zum dortigen Meer reichenden Abschnitt. (5) Der Sultan selbst aber stand mit den beiden Paschas Halil und Saruca dem mittleren Teil der Stadt und der Landmauer gegenüber, und zwar dort, wo er meinte, daß sie am schwächsten sei. Er hatte den gesamten kaiserlichen Hof bei sich, ich meine die Janitscharen, die Bogenschützen und die Leichtbewaffneten sowie die übrige Garde, welches natürlich die Eliteabteilung des Heeres war. | 43

28. (1) Nachdem er das Heer auf der Landseite in dieser Weise aufgestellt und die Mauer hier von allen Seiten mit dem Heer abgeriegelt und eingeschlossen hatte, vertraute er den Krieg zur See Baltaoğlu an, einem tapferen und im Seewesen erfahrenen und strategisch begabten Mann, den er als Satrapen von Kalliupolis zum Befehlshaber der gesamten Flotte und der gesamten asiatischen und europäischen Küste ernannt hatte. (2) Dieser hatte die gesamte Mauer längs des Meeres mit den Schiffen umzingelt, von der Landspitze am Goldenen Tor bis hin zu den Werften von Galata, eine Strecke von etwa 43 Stadien[1], einschließlich der Absperrung und der dort vor Anker liegenden Schiffe und Lastkähne. Dort unternahm er auch täglich Angriffe, da er die Einfahrt in den Hafen erzwingen wollte, um so auch die gesamte Mauer am Horn für den Krieg zu öffnen.

(3) Das gesamte Mauerrund der Stadt, das vom Landheer und der Flotte eingeschlossen war, betrug genau gerechnet etwa 126 Stadien. Davon war allein der Mauerabschnitt des Horns, der innerhalb der Absperrung lag, unbewacht, 35 Stadien; die gesamte übrige Mauer aber wurde bewacht.

29. (1) Nachdem er dies in der geschilderten Weise ausgeführt hatte, ließ er die Geschützmeister[2] rufen und beriet sich mit diesen über die Geschütze und die Mauer, wie sie wohl am leichtesten zu zerstören sei. Sie aber versprachen ihm, daß ihre Zerstörung leicht sei, wenn sie zu den schon vorhandenen Geschützen (denn es waren von ihnen vorher auch schon andere hergestellt worden) noch ein weiteres bauten, das ihnen stark genug erscheine, die Mauer zu zertrümmern und zu zerstören. Für dieses seien aber große Aufwendungen, sehr viel Erz und nicht wenige andere Materialien erforderlich. (2) Er aber beschaffte ihnen in Gedankenschnelle alles, was sie dazu brauchten, in reichlichem Maße, sie aber bauten das Geschütz, eine ungeheuerliche Sache schon für das Auge, für das Ohr aber gänzlich unglaublich und schwer vorstellbar. Ich will daher seine Herstellung, seine Form und Wirkungsweise beschreiben, so gut ich kann.

Beschreibung der Herstellung des Geschützes, seiner Form und seiner Wirkungsweise

Eine besonders fette, reine und in ihrer Konsistenz feinste Lehmart wurde viele Tage hindurch zur Aufberei-
44 tung mit Wasser besprengt und mit Flachs, | Hanf und einigen anderen zerkleinerten Bindemitteln und Festigern dieser Art zu einer vollkommenen Mischung verrührt, bis daraus eine zähe und unzerreißbare Masse entstand. (3) Aus dieser Masse wurde ein rundes, zylindrisches, längliches Modell gleichsam als Kernstück[1] angefertigt. Dieses hatte eine Länge von 40 Spannen.[2]

Die vordere Hälfte, die für die Aufnahme des Steins bestimmt ist, hatte eine Rundung und einen Umfang der Dicke von 12 Spannen, die hintere Hälfte, das Endstück, das für die Aufnahme des sogenannten Krauts gedacht ist, hatte einen Umfang der Dicke von 4 Spannen oder auch ein wenig mehr, der Proportion des Ganzen, glaube ich, entsprechend. Ein zweites Modell, als Außenhülle für das erste gedacht, wurde angefertigt, völlig hohl und gleichsam als Behälter, nur weiter als das erste, damit es dieses ganz in sich aufnehmen konnte und noch ein Zwischenraum blieb. Dieser Zwischenraum zwischen den beiden Modellen, die auf allen Seiten völlig gleich waren, betrug ungefähr eine Spanne oder auch etwas darüber und sollte das flüssige Erz aufnehmen, wenn es aus der Schmelze zur Herstellung der Form des Geschützes hineingegossen wurde. (4) Dieses Modell, das äußere meine ich, wurde aus derselben Lehmmasse hergestellt. Es war aber völlig umgürtet und eingeschlossen von Eisen und Holz und mit Erde und Steinen von außen ganz zugebaut und gestützt, damit nicht das große Gewicht des eingeflossenen Erzes es zerreiße und die Form des Geschützes unbrauchbar mache. (5) Ganz dicht bei diesen Modellen wurden auf beiden Seiten zwei als Schmelzen dienende Öfen errichtet, freilich besonders starke und feste. Innen waren sie mit gebrannten Ziegeln und gut aufbereitetem und besonders fettem Lehm ausgekleidet, von außen waren sie völlig mit riesigen Steinen, Kalk und allen möglichen dafür brauchbaren Materialien abgedichtet. (6) Eine große Menge Kupfer und Zinn mit einem Gewicht von vielen Talenten wurde in die Schmelzen gefüllt, etwa 1500 Talente[3] schwer, wie man sagte. Darauf wurde eine große Menge von Kohlen und Holzkloben von außen auf die Schmelzen gehäuft, welche von oben und unten und von allen Seiten die Öfen mit einer dicken Schicht zudeckten, gleichsam als seien sie zugemauert, abgesehen natürlich von den Öffnungen. (7) Dann wurden rings um die Öfen Blasebälge aufge-

stellt, die kräftig bliesen und ununterbrochen das aufgelegte Brennmaterial anfachten, drei volle Tage und ebenso viele Nächte hindurch, bis das Metall, völlig geschmolzen und aufgelöst, flüssig wie Wasser geworden war. Dann ließ man das Metall sich aus den geöffneten Ofenschleusen durch die Rinnen in den von den Modellen gebildeten Hohlkörper ergießen, bis der ganze aufnehmende Hohlraum völlig ausgefüllt war und das flüssige Metall auch das innere Modell ganz bedeckte und um eine Elle über dieses hinaus nach oben überquoll.
45 Und damit war | das Geschütz bereits fertig. (8) Darauf aber, nachdem das Metall aufgehört hatte zu sieden und erkaltet war, wurde es von der inneren und äußeren Modellmasse gereinigt und mit Feilen abgeschmirgelt und poliert und so ganz glänzend gemacht. So also wird das Geschütz hergestellt, und das ist seine Form. Ich will aber auch beschreiben, wie es funktioniert.

30. (1) Zunächst wurde das sogenannte Kraut hineingestopft, das den ganzen hinteren Trichter und das hintere Rohr des Geschützes bis zur Mündung des zweiten Rohres, welches den Stein aufnimmt, randvoll ausfüllte. (2) Danach wurde in diese Mündung ein riesiger Pfahl aus dem härtesten Holz geschoben, der mit eisernen Stößeln gewaltsam nach innen getrieben und in die enge Röhre gestoßen wurde, welcher das Kraut so dicht abschloß und so stark zusammenpreßte, daß er, was auch immer geschehen wäre, auf keine andere Weise hätte herausbefördert werden können als durch die Explosionskraft des angezündeten Krautes. Dann schleppten sie den Stein herbei und stießen ihn so weit hinein, bis er den Pfahl berührte, und keilten ihn ringsum fest. (3) Danach richteten sie das Geschütz auf das Ziel, das es beschießen sollte, und justierten es nach bestimmten ballistischen Formeln und Proportionen auf das Ziel. Dann schleppten sie große Holzbohlen heran, die sie unter das Geschütz schoben und sorgfältig aneinanderpaßten, und türmten riesige Steine darauf, mit denen sie

es beschwerten und von oben und unten und von hinten und allen Seiten absicherten, damit es nicht durch die gewaltige Wucht und den starken Rückstoß aus seiner ursprünglichen Stellung gebracht werde und das Ziel verfehlte. (4) Dann feuerten sie es ab, indem sie durch das hintere kleine Loch das Kraut zündeten. Und nachdem dieses sich in Gedankenschnelle entzündet hatte, entstand zunächst ein fürchterliches Brüllen und ein Beben der Erde unter ihm, sogar noch in großer Entfernung, und ein Getöse wie noch nie. Dann wurde mit einem ungeheuerlichen Donner und entsetzlichem Dröhnen und einer Flamme, die ringsum alles versengte und schwärzte, der Pfahl durch den Druck der trockenen, glühenden Luft von innen herausgetrieben und gab herausschießend dem Stein einen gewaltigen Schub. (5) Dieser aber flog mit ungeheurer Gewalt und Wucht gegen die Mauer, zertrümmerte sie und riß sie augenblicklich nieder, und er zerbrach und zersprengte sie in viele Stücke. Diese zerstreute er in alle Richtungen und tötete diejenigen, die gerade in der Nähe waren. Und bald riß er ein ganzes Mauerstück nieder, bald nur die Hälfte davon, bald wieder einen größeren oder kleineren Teil eines Turms oder Zwischenwalls oder auch einer Brustwehr. Und nichts war so stark oder widerstandsfähig oder von einer so soliden Mauerstärke, daß es dieser gewaltigen Wucht und Durchschlagskraft des Steins wenigstens hätte begegnen oder überhaupt ihr standhalten können.

(6) Eine so unglaubliche und verblüffende Sache war diese Art von Geschütz, welches eben die Könige und Feldherren in alter Zeit weder besaßen noch kannten. Denn wenn sie es besessen hätten, dann hätte sich ihnen
nichts mehr widersetzt, | und sie wären überhaupt auf 46
keinerlei Widerstand gestoßen bei den Belagerungen und hätten nicht viel gebraucht, um auch die stärksten Mauern zu zertrümmern und niederzuwerfen, und sie hätten sich auch keine Mühe machen müssen mit dem

Errichten von Belagerungsmauern, dem Ziehen von Gräben und dem Aufwerfen von Dämmen, und bisweilen auch mit Unterminierarbeiten, und was sie sonst noch taten, um sich Städte zu unterwerfen und Festungen in ihre Gewalt zu bringen, sondern alles hätte ihnen in Gedankenschnelle nachgegeben und wäre ihnen zugefallen, zertrümmert und niedergeworfen durch die Geschütze. Aber es gab sie noch nicht. (7) Es ist eine junge Erfindung der Germanen und Kelten, etwa 150 Jahre alt oder auch ein wenig älter, eine ausgeklügelte und sehr gut durchdachte, und vor allem die Zusammensetzung und Zubereitung des Krauts aus Stoffen, die sehr viel Wärme erzeugen und sehr trocken sind, aus Natron, Schwefel, Kohle und Kräutern, die ein trockenes und heißes Gas entwickeln, welches eingeschlossen in den luftdichten, festen und kompakten Metallkörper und ohne jede Möglichkeit, irgendwo anders zu entweichen als eben dort, durch den gewaltsamen Explosionsstoß von innen in Bewegung gesetzt, dann diese gewaltige und verheerende Wucht und Durchschlagskraft des Steins, oftmals aber auch das Zerreißen des Metalls bewirkt. (8) Es findet sich aber auch kein alter Name für dieses Geschütz, es sei denn, man bezeichnete es als „Städteeroberer" oder „Schleudermaschine". Die allgemeine Bezeichnung, die man heute dafür generell verwendet, lautet „Gerät". Soviel zur Beschreibung des Geschützes, die wir, so gut es ging und soweit es uns möglich war, gegeben haben.

31. (1) Sultan Mehmet aber befahl, nachdem die Geschütze zu seiner Zufriedenheit fertiggestellt worden waren, den Geschützmeistern, diese nunmehr auf die Mauer anzusetzen. Und er hieß sie, die drei größten und stärksten Geschütze auszuwählen und am Mesoteichion, wo er das Lager hatte und wo auch sein Zelt stand, aufzustellen, um die dortige Mauer zu beschießen und zu zertrümmern; die übrigen aber sollten sie an verschiede-

nen Punkten der Mauer ansetzen, nachdem sie zuvor die am meisten verwundbaren und schwächsten Stellen der Befestigungen ausgewählt hatten. Er plante nämlich, die Mauer an vielen Orten niederzuwerfen, damit er sie, wenn er sie an vielen Punkten angriffe, mit leichter Hand und ohne Mühe einnehmen könne; wie es dann ja auch geschah. (2) Und nachdem die Geschütze auf die Mauer angesetzt waren, zertrümmerten sie diese und warfen sie nieder, womit sie ihre Aufgabe erfüllten. Der Sultan aber ließ den Graben vor den Geschützen zuschütten, indem er Steine heranschleppen und Holz, Schutt und alles mögliche sonstige Material sammeln ließ, damit, wenn
die Mauer bereits zertrümmert | und gefallen sei, die 47
Schwerbewaffneten leicht hinübergehen, an sie herankommen und angreifen könnten. (3) Außerdem befahl er den Bergarbeitern, die Mauer zu unterminieren und unterirdische Gänge zur Stadt zu graben, damit durch diese heimlich bei Nacht Schwerbewaffnete hineingelangen könnten. Der Auftrag wurde auch in Angriff genommen, doch erwies sich dies später als überflüssig und als vergeblicher Aufwand, da die Geschütze alles bewerkstelligt hatten.[1]

Ankunft des Sultans vor der Festung Therapeion und deren Einnahme in zwei Tagen

32. (1) Während dies geschah, zog der Sultan mit einigen Abteilungen des Heeres und der gesamten kaiserlichen Elitetruppe zu der besonders starken Festung Therapeion[2] und zertrümmerte und zerstörte sie mit Hilfe von Geschützen zum größten Teil. Und viele von denen, die in der Festung waren, wurden durch die Steine aus den Geschützen getötet, die Überlebenden der Besatzung aber ergaben sich, da sie nicht mehr in der Lage waren, Widerstand zu leisten, durch bedingungslose Kapitulation. Der Sultan aber ließ diese, vierzig an der Zahl, pfählen.

Ein weiterer Zug zur Festung Studiu und deren Einnahme noch am selben Tage

(2) Und von dort zog er zu einer weiteren Festung, Studiu genannt[3], und zwang sie, nachdem er sie mit den Geschützen zertrümmert und zerstört hatte, noch am selben Tag zur Kapitulation und führte die Besatzung vor die Mauer der Polis und ließ sie dort pfählen, damit sie so von den Bewohnern der Polis gesehen werden konnten, 36 an der Zahl.

Angriff des Baltaoğlu auf die Insel Prinkipos und Belagerung und Einnahme der auf ihr gelegenen Festung

33. (1) Während derselben Tage ließ auch Baltaoğlu, der Befehlshaber der Flotte, die Mehrzahl seiner Schiffe an der Einfahrt des Hafens und an der Absperrung vor Anker zurück, damit niemand hinein- oder herausfahren
48 konnte, er selbst aber | segelte auf Geheiß des Sultans mit den übrigen Schiffen zur Insel Prinkipos.[1] Es war dort aber eine besonders sichere Festung, die von dreißig gepanzerten Soldaten bewacht wurde, die Bewohner nicht mitgerechnet. (2) Nachdem er sie nun ringsum mit Palisaden umgeben und gegen die Mauer Geschütze angesetzt hatte, zertrümmerte und zerstörte er einen Teil von ihr, konnte sie jedoch, obwohl er sie angriff und es auf jede nur mögliche Weise versuchte, dennoch nicht einnehmen. Endlich beschloß er, mit Feuer gegen die Festung vorzugehen und zu versuchen, falls es gelänge, wenn ein günstiger Wind dazukäme, sie niederzubrennen. (3) Er befahl also, möglichst viele Bündel von Brennmaterial jeglicher Art, von Schilf und Ranken, Gras und anderen leicht entzündbaren Stoffen, auf dem schnellsten Wege aufzuhäufen, zur Mauer zu schleppen und vor diese zu werfen. Und nachdem dies in Windeseile erledigt war, da viele Hände zugriffen, und das Brennmaterial hoch aufgetürmt war, warfen sie Feuer hinein, welches sie mit Schwefel und Pech angefacht

hatten. Das Brennmaterial aber fing sofort Feuer und erzeugte, vom Wind begünstigt, eine gewaltige Flamme und loderte so hoch auf, daß es selbst die Brustwehren überstieg und sich ins Innere der Festung ergoß und viele von denen, die darin waren, verbrannte, ja es fehlte nicht viel und es hätte alle Insassen getötet. (4) Diejenigen jedoch, die mit knapper Not überlebt hatten und unter großer Gefahr dem Feuer entkommen waren, ergaben sich ihm, und zwar ohne Kapitulationsabmachung. Diese ließ er alle gefangennehmen und verkaufte die Bewohner der Festung als Sklaven, die Überlebenden der Besatzung aber tötete er. Und soviel nun hierüber.

34. (1) Als aber die Rhomäer und Iustinos sahen, wie die Mauer von den Geschützen derartig stark zertrümmert und beschädigt wurde, sowohl die innere wie die äußere[2], da befestigten sie zunächst oben an der Mauer große Balken, knüpften Schlingen daran und behängten sie mit Säcken, vollgestopft mit Wolle und anderem dieser Art, und versuchten damit, die Wucht der Steine so weit wie möglich abzubremsen und unschädlich zu machen. (2) Als dies aber nur wenig und nichts, was überhaupt der Rede wert wäre, ausrichten konnte, sondern das Geschütz alles in Stücke riß und zerstreute und die Mauer niederwarf | (denn es war schon ein großer Teil 49
der niedrigen äußeren Mauer eingestürzt, aber auch zwei Türme und eine Kurtine der großen Mauer), da ersannen sie etwas anderes. Sie brachten lange Pfähle herbei und rammten sie längs der zerstörten Stellen der Mauer, der äußeren meine ich, als Palisade ein und banden sie fest zusammen. Gegen diese nun schütteten sie ein buntes Gemisch aus Steinen und Holz, wobei sie auch Bündel aus allerlei Gräsern, Ranken, Schilf und vielen anderen Materialien, die mit Lehm vermischt waren, kreuzweise übereinanderlegten und so die Palisade hochzogen. (3) Als Schutz für das Gemisch und die Palisade dienten Häute und Felle, damit Brandpfeile sie nicht beschädigen konnten. Außerdem warfen sie nach innen unmittelbar

anschließend einen starken Erdwall in gleicher Höhe wie die Palisade auf, der diese verstärken und die Mauer ersetzen sollte, zugleich aber auch zu dem Zwecke, daß der mit gewaltiger Kraft heransausende Stein auf die weiche und nachgiebige Erde treffe und von ihr aufgefangen werde und nicht auf Widerstand leistendes und hartes Material stoße und dieses zerbreche. (4) Oben auf die Palisade und den Erdwall aber setzten sie reihenweise große mit Erde gefüllte hölzerne Amphoren, die den Verteidigern als Brustwehren dienen und ihnen Schutz geben sollten, damit sie nicht von den Pfeilen getroffen würden.

Angriff des Sultans und erster Vorstoß gegen die Mauer und sein Mißlingen

35. (1) Sultan Mehmet aber beschloß nur wenige Tage nach seiner Rückkehr von den Festungen, an der Stelle, an der die Mauer eingestürzt war, einen Versuch zu unternehmen, die Stadt zu erobern. Und er nahm die Schwerbewaffneten, Bogenschützen und Lanzenwerfer und die gesamte um ihn versammelte Elitetruppe der Janitscharen und bestürmte die Mauer heftig; der Graben war nämlich schon zugeschüttet. (2) Und die Janitscharen überquerten sogleich mit lautem Rufen und Kriegsgeschrei den Graben und berannten die Mauer. Zuerst nun versuchten sie, Feuer in das brennbare Material zu werfen, um die Palisade anzuzünden und so allgemeine Verwirrung zu stiften und Entsetzen durch diesen Angriff zu verbreiten. Als ihnen dies aber nicht so gelang, wie sie gedacht hatten, da die oben auf der
50 Palisade aufgestellten Verteidiger tapfer kämpften und | das Feuer löschten, verlegten sie sich auf etwas anderes. (3) Sie befestigten an den Spitzen ihrer Lanzen Haken und zogen damit die Amphoren von oben herunter. Auf diese Weise beraubten sie die Verteidiger ihres Schutzes (denn die Gefäße dienten ihnen als Mauer und Brustweh-

ren), und die Bogenschützen, Schleuderer und Lanzenwerfer konnten ohne Schwierigkeit die nun entblößten Stellen beschießen. Andere wiederum brachten Leitern, setzten sie an die Mauer und versuchten, diese zu erklettern, und die Geschütze schließlich richteten mit ihrem ununterbrochenen Steinhagel, den sie gegen die Verteidiger schleuderten, keinen geringen Schaden an. So sah es bei ihnen aus.

36. (1) Iustinos aber und seine Gefolgsleute (denn diese waren an der Mauerbresche aufgestellt, aber auch viele Rhomäer zusammen mit ihnen) nahmen, da sie gepanzert waren, durch die Geschosse und sonstigen Angriffe keinerlei Schaden, sondern hielten sich wacker, indem sie tapfer kämpften, Gegenmaßnahmen trafen gegen das, was die Feinde unternahmen, und es unwirksam machten. (2) Schließlich behielten die Rhomäer und Iustinos die Oberhand, wehrten die Angreifer ohne Schwierigkeit ab und vertrieben sie von der Mauer, wobei sie viele von ihnen verwundeten. Nicht wenige aber fielen auch. Und es fanden täglich an verschiedenen Stellen der Mauer noch weitere Angriffe statt, vor allem an der Bresche, bei welcher die Verteidiger der Polis um nichts schwächer waren, sondern stark kämpften und tapfer standhielten.

37. (1) Nachdem Baltaoğlu aber die Festung eingenommen hatte, segelte er wieder zum Hafen zurück, wo die übrigen Trieren vor Anker lagen. Und nach zwei oder drei Tagen erhielt er Befehl vom Sultan, gut gerüstet und mit zum Kampf formierten Schiffen den Lastschiffen und Trieren, die an der Einfahrt des Hafens und an der Absperrung vor Anker lagen, eine Seeschlacht zu liefern und zu versuchen, auf irgendeine Weise die Einfahrt zu erzwingen. (2) Denn er war entschlossen, den Hafen und das Horn auf jede Weise in seine Gewalt zu bringen, damit er die Polis von allen Seiten zu Lande und zu Wasser angreifen könne. Er glaubte nämlich, was ja auch

der Fall war, daß, wenn er auch die dortige Mauer für den Krieg öffnete, die Eroberung der Stadt ihm dann ein leichtes sein werde, da die Verteidiger für das gesamte Mauerrund, das sehr groß war, aus Mangel an Menschen nicht ausreichen würden.

Angriff des Baltaoğlu auf die Lastschiffe an der Einfahrt des Hafens und auf die Absperrung und eine heftige Seeschlacht und sein Scheitern

(3) Nachdem Baltaoğlu aber sämtliche Schiffe und deren Kampfbesatzung gut formiert und bewaffnet hatte, se-
51 gelte er gegen die Lastschiffe und die | Absperrung mit großer Begeisterung, Kampfeseifer und Schwung, dazu mit lautem Rufen und Kriegsgeschrei. Und zunächst hemmten sie die Schiffe ein wenig in ihrer Fahrt, so daß sie sich gerade in Schußweite befanden, und lieferten dem Feind ein Geplänkel von fern und stellten ihn auf die Probe, indem sie mit Pfeilen und aus den Geschützen geschleuderten Steinen schossen und beschossen wurden, dann aber ließ er die Flotte mit voller Kraft mitten unter die Lastschiffe laufen. Und von den Schwerbewaffneten auf den Verdecken trugen die einen sogleich in ihren Händen Feuer herbei mit der Absicht, die (Lastschiffe) anzuzünden, andere schossen Brandpfeile ab, andere wieder versuchten, die Ankertaue zu kappen, wieder andere versuchten, mit Haken und Leitern die Schiffe zu erklimmen, und wieder andere zielten auf die Verteidiger mit Lanzen, Speeren und Langspießen, und alle waren mit nicht geringer Begeisterung und Eifer bei der Sache. (4) Da die Besatzungen der Lastschiffe aber (sie waren nämlich schon von dem Megas Dux[1], der damit beauftragt war und die Verteidigung auf dem Meere unter sich hatte, darauf vorbereitet worden), aus der Höhe kämpften und von oben herab mit Steinen, Speeren, Spießen und Lanzen warfen, vor allem auch vom höchsten Punkt, dem Mastkorb, aus, verwundeten sie sehr viele und töteten nicht wenige. Außerdem ließen sie große Ampho-

ren, die mit Wasser gefüllt aufgehängt waren, und schwere Steine, die mit Seilen festgebunden waren, von oben herabfallen und richteten damit schwersten Schaden an. (5) Und beide Seiten waren voll von brennendem Ehrgeiz und Kampfeseifer, die einen, weil sie die Oberhand gewinnen und die Einfahrt erzwingen wollten, die anderen, weil sie sich tapfer schlagen, den Hafen und die Schiffe verteidigen und die Angreifer abwehren wollten. Schließlich schlugen die mit vollem Einsatz kämpfenden Besatzungen der Lastschiffe die Gegner in die Flucht und wehrten sie ab, indem sie sich durchweg als heldenhafte Kämpfer erwiesen.

Siehe die Erfindung einer weiteren neueren Art von Geschütz

38. (1) Sultan Mehmet aber wollte, nachdem dieser sein Angriff abgewehrt worden war, eine andere Art von Geschütz haben und rief die Geschützmeister zusammen und fragte sie, ob es möglich sei, die an der Einfahrt des Hafens vor Anker liegenden Lastschiffe durch die aus den Geschützen abgefeuerten Steine an Ort und Stelle zu zermalmen und zu versenken. Die aber sagten, daß sie dazu nicht in der Lage seien, da vor allem die Mauer um Galata von allen Seiten her diesem Vorhaben im Wege stünde. (2) Er aber schlug ihnen eine andere Funktionsweise und neuere Art von Geschütz vor. Er sagte nämlich, es sei möglich, wenn sie nur wollten, eine andere Art Geschütz zu bauen, wenn sie nur geringfügige Veränderungen vornähmen und ihm die Form eines Gamma gäben. Dieses sei dann imstande, den Stein in die Höhe zu schießen; der aber könne, wenn er herab-
stürze, mitten auf die Schiffe fallen | und sie versenken, 52
wenn sie zuvor das Geschütz nach bestimmten Maßen, Gewichten und Proportionen gerichtet und auf die Lastschiffe hin entsprechend eingestellt hätten. Und er erklärte ihnen die Form.[1] (3) Diese aber fanden, nachdem sie die Sache erwogen hatten, daß sie machbar sei, und

stellten ein Geschütz von der Art her, wie es der Sultan entworfen hatte. Nachdem sie aber auch das Gelände sorgfältig geprüft hatten, stellten sie es etwas oberhalb der Spitze von Galata auf dem ein wenig ansteigenden Hügel gegenüber den Lastschiffen auf, und nach genauer Vorbereitung und Ausrichtung nach speziellen Maßen gaben sie Feuer und zündeten es. Das Geschütz aber schleuderte den Stein in große Höhe, dieser verfehlte jedoch beim Herabstürzen das erste Mal die Lastschiffe und fiel irgendwo in deren Nähe ins Meer.

Siehe etwas Erstaunliches

(4) Sie aber luden das Geschütz ein zweites Mal, veränderten die Flugbahn ein wenig und feuerten ab. Der Stein flog in unermeßliche Höhe hinauf, stürzte mit gewaltigem Getöse und ungeheurer Wucht herab und schlug mitten in das Lastschiff ein, zermalmte es auf der Stelle völlig und versenkte es in die Tiefe, und den einen Teil der Besatzung erschlug er, den anderen ertränkte er. Diejenigen aber, die nicht umgekommen waren, nur sehr wenige, retteten sich schwimmend mit knapper Not zu den anderen Lastschiffen und Trieren, die in der Nähe waren.[2]
(5) Dieses unvermutete Ereignis brachte alle Bewohner der Stadt außer Fassung und versetzte sie in größte Furcht und Schrecken. Dennoch veränderten sie, soweit es möglich war, die Stellung der übrigen Lastschiffe und Trieren ein wenig, brachten sie an eine sicherere Stelle und hielten Wache, und hinfort nahmen sie keinerlei Schaden durch die Steine, sondern beschützten den Hafen und das Horn mit starker Hand.

39. (1) Während sie nun in dieser Situation waren, es vergingen kaum drei oder vier Tage, da zeigten sich drei große Lastschiffe auf offenem Meer segelnd, welche der Erzpriester von Rom[3] mit Proviant und Hilfstruppen für

die Polis aus Italien gesandt hatte. Denn er hatte bereits von dem Krieg und ihrer unmittelbar bevorstehenden Belagerung erfahren und hatte diese Schiffe zur Hilfe vorausgeschickt, bis er auch die übrige Flotte fertig ausgerüstet habe. Er plante nämlich, diesen aus Italien dreißig Trieren und Lastschiffe hinterdrein zu schicken, den Rhomäern und Kaiser Konstantin zur Hilfe, welche dann allerdings zu spät kamen.| 53

(2) Als sie die auf offenem Meer segelnden Lastschiffe erblickt hatten, meldeten sie dies dem Sultan. Und der ließ sogleich Baltaoğlu, den Befehlshaber der Flotte, holen und befahl ihm, auf dem schnellsten Wege die gesamte Flotte und sämtliche Männer auf den Schiffen, Ruderer und die übrige Besatzung, kampfbereit zu machen und die Kämpfer auf den Verdecken klug zu formieren und mit allen Arten von Verteidigungswaffen zu panzern. Er ließ auch noch viele andere Waffen auf die Schiffe bringen, Kurz- und Langschilde, Helme und Brustpanzer, dazu Geschosse, Lanzen, Langspeere, Krummsäbel und was sonst noch für diese Art Krieg brauchbar ist. Außerdem ließ er möglichst viele Schwerbewaffnete und Bogenschützen und von seiner eigenen Hofgarde die streitbarsten Männer an Bord gehen, die zugleich auch die wagemutigsten im Kampf und am besten gerüstet waren. Nachdem er die Flotte gut bemannt und mit allen Arten von Waffen reichlich versehen hatte, schickte er sie aus mit dem Befehl, entweder die Lastschiffe zu erobern und vor ihn zu bringen oder auch selbst nicht unversehrt zurückzukehren.

Angriff der Flotte des Sultans gegen die auf offenem Meere erschienenen Lastschiffe, heftige Seeschlacht und Scheitern des Angriffs.

40. (1) Baltaoğlu aber brach sogleich mit der gesamten Flotte auf und fuhr gegen die Lastschiffe mit geballter Kraft und großem Eifer, dazu mit dem Ehrgeiz und der Hoffnung auf Sieg. Denn er glaubte, sie fast schon in der Hand zu haben. Als sie aber auf Schußweite herange-

kommen waren, lieferten sie dem Feind zunächst, nachdem sie ihre Fahrt ein wenig gehemmt hatten, ein sehr heftiges Geplänkel mit Pfeilen und den aus den Geschützen abgefeuerten Steinen, wobei sie dazu noch mit Brandpfeilen auf die Segel und die Lastschiffe selbst schossen in der Absicht, diese anzuzünden. (2) Die Besatzungen der Lastschiffe aber kämpften auch ihrerseits tapfer, da sie den Kampf von der Höhe aus führen konnten und vor allem von den Rahen und den hölzernen Türmen herunter mit Pfeilen, kurzen Speeren und Steinen heftig und meistens erfolgreich schossen, und es gab großes Wehgeschrei, Verwundungen und Gemetzel auf beiden Seiten. (3) Als sie aber davon genug hatten, segelte Baltaoğlu mit lautem Rufen und der Aufforderung an die übrigen, es ihm gleichzutun, plötzlich mit voller Fahrt und lautem Ruderschlag mitten unter die Lastschiffe, und so wurde der Kampf zum Handgemenge, indem alle mit Nahkampfwaffen zusammen mit ihm angriffen. Und alles Schreckliche geschah zu gleicher Zeit: Die einen brachten Feuer herbei und versuchten, die Lastschiffe von unten anzuzünden, die anderen sta-
54 chen mit Lanzen und Krummsäbeln zu, weil sie | die Wände (der Schiffe) aufreißen wollten, andere wieder kämpften von unten her mit Langspeeren und Lanzen gegen die Verteidiger, einige warfen mit Geschossen und Steinen, andere versuchten, indem sie mit Haken und an Seilen hängend an den Schiffen emporkletterten, diese zu entern, und andere wieder kämpften auf andere Weise, und sie erschlugen und wurden erschlagen mit Erbitterung und Zorn.

(4) Die Besatzungen der Lastschiffe, die gepanzert waren und von oben herab von den Schiffen wacker kämpften, wehrten sich stark gegen die Angreifer. Und zunächst ließen sie große Amphoren, die mit Wasser gefüllt aufgehängt waren, und schwere Steine, die mit Seilen festgebunden waren, von oben herabfallen und löschten so das Feuer und töteten zugleich viele damit. Denn mit

ihrem Gewicht und der Wucht, mit der diese herabstürzten, ertränkten sie alle, die sie unten trafen, oder erschlugen sie. (5) Danach kämpften die einen von ihnen mit Speeren, Lanzen und Wurfspießen gegen die Angreifer, die anderen warfen von oben mit Steinen, andere hieben mit Krummsäbeln denen, die versuchten heraufzusteigen, die Hände ab, wieder andere schlugen auf deren Köpfe mit niedersausenden Keulen und Knüppeln und zerschmetterten sie. Und es erhob sich ein lautes Geschrei und Rufen von allen, die einander anfeuerten, die schossen und beschossen wurden, die töteten und getötet wurden, die stießen und gestoßen wurden, die fluchten, verhöhnten, drohten und stöhnten und alles Schreckliche taten. (6) Doch obwohl die Besatzungen der Lastschiffe kraftvoll kämpften, gewannen die Männer der Flotte trotzdem allmählich die Oberhand, vor allem durch ihre große Zahl und weil sie abwechselnd, indem ein Mann den anderen ablöste, kämpften und die Plätze und Stellungen der Verwundeten und Sterbenden andere auffüllten. Und so wären die Kämpfer und Verteidiger auf den Lastschiffen durch die Länge des Kampfes sicher ermüdet, wenn nicht ein plötzlicher starker Südwind sich erhoben hätte, mitten in die Segel gefahren wäre, sie mit Macht gefüllt und die Lastschiffe kräftig vorwärtsbewegt hätte. Und so, da die Trieren allmählich zurückblieben, weil sie den Lastschiffen nicht folgen konnten, und die Schlacht erlahmte, konnten sie sich nunmehr zu den anderen Lastschiffen an der Einfahrt des Hafens retten und entgingen wider Erwarten der Gefahr. So knapp sind sie der Gefahr entronnen. | 55

41. (1) Der Sultan aber stand am Ufer und überblickte hoch zu Roß das Geschehen und machte den Seinen Mut durch sein Erscheinen und erwartete gleichzeitig das Ende der Schlacht. Denn er glaubte, daß seine Flotte auf jeden Fall die Oberhand über die Lastschiffe gewinnen und ihm diese, nachdem sie sie besiegt hätte, als

Kriegsbeute zuführen werde. Und er war voller Vorfreude. Als er aber sah, daß der Wind heftig blies und die Lastschiffe glücklich davonkamen, verwandelte sich seine Freude jäh in maßlosen Ärger, und er gab seinem Pferd die Sporen und kehrte schweigend um. (2) Von den Besatzungen der Lastschiffe aber fielen, wie man sagte, insgesamt zweiundzwanzig Mann, verwundet wurde allerdings über die Hälfte der gesamten Mannschaft; von der Flottenbesatzung fielen etwas mehr als hundert Mann, verwundet wurden allerdings über dreihundert. (3) Es wurde aber auch Baltaoğlu, der Befehlshaber der Flotte, von einem Stein ins Auge getroffen, und dies trug sowohl zur Rettung der Lastschiffe wie dazu bei, daß Baltaoğlu selbst nicht auf Befehl des Sultans hingerichtet wurde, welcher im höchsten Grade empört war über das Entkommen der Lastschiffe und die Sache sehr übel nahm und Baltaoğlu der Feigheit und Unmännlichkeit bezichtigte, jedoch mehr noch das Ganze als dessen Sorglosigkeit und Leichtsinn und als Verrat seiner Interessen ansah. (4) Er glaubte nämlich, daß der Mißerfolg mit den Lastschiffen ein ungünstiges Vorzeichen für die geplante Unternehmung sei. Er entließ diesen freilich sofort aus seinem Amt und übergab die Flotte und die Statthalterschaft von Kalliupolis Hamza, einem seiner Getreuen, zu dem er in solchen Dingen großes Vertrauen hatte.

(5) Den Rhomäern freilich brachte dieses unverhoffte Ereignis damals eine gewisse Atempause und nicht geringe Ermunterung und erfüllte sie mit größerer Zuversicht nicht nur wegen der gegenwärtigen Ereignisse, sondern auch aufgrund der günstigen Nachrichten, so lange, bis es ihnen bestimmt war zu leiden, und solange das Unglück noch nicht da war. Denn nicht lange sollten sie sich freuen, da sie gefangen genommen und allen Leiden ausgesetzt wurden, der Kriegsgefangenschaft und Knechtschaft, Mord, Plünderung und Mißhandlung von Frauen und Kindern. So weit nun diese.

Siehe einen bewundernswerten Einfall und Plan

42. (1) Da Sultan Mehmet aber glaubte, daß es für sein Vorhaben günstig sei, den Hafen einzunehmen und das (Goldene) Horn für die eigenen Schiffe zu öffnen, damit sie dort vor Anker liegen könnten, dachte er sich, nachdem ihm jeder Versuch und jedes Mittel, das er anwandte, fehlgeschlagen war und er die Einfahrt nicht erzwingen konnte, einen klugen und einzig seiner außerordentlichen Verstandeskraft würdigen Plan aus, welcher ihm auch für sein Vorhaben sehr hilfreich war und dem Ganzen ein Ende setzte. (2) Er befahl | den 56
Kommandeuren der Schiffe, so schnell wie möglich Schleppfurchen anlegen zu lassen vom äußeren Meer bis zum Binnenmeer, den Hafen meine ich und das Horn, und zwar an der Stelle, die den Namen „Doppelsäule“[1] trägt, und diese mit Bohlen auszulegen. (3) Die Entfernung an dieser Stelle von Meer zu Meer beträgt etwa acht Stadien[2], über die Hälfte dieser Strecke geht es sehr steil bergauf, bis zum höchsten Punkt des Hügels, und von dort geht es wieder steil bergab bis hinunter zum Binnenmeer des Horns. (4) Als aber die Schleppfurchen in Gedankenschnelle gezogen waren, da viele Hände zupackten, ließ er die Schiffe heranschaffen. Und nachdem er unter diese große Kielschlitten und jeweils unter beide Borde Balken hatte setzen lassen, um sie aufrecht zu halten, und sie mit Seilen sorgfältig hatte umgürten lassen, brachte er lange Schiffstaue an, welche er an den Eckpunkten festmachen ließ, und übergab sie dem Heere zum Ziehen, den einen mit ihren eigenen Händen, den anderen auch mit Hilfe von bestimmten Geräten und Seilwinden. (5) Die Schiffe wurden nun schnell gezogen, ihre Besatzungen aber, als ob sie sich gleichsam über den Vorgang lustig machten und ihren Spott damit trieben, nahmen auf dem Festland an Bord ihre Plätze ein, als seien sie auf dem Meer: Die einen spannten johlend die Segel aus, als wollten sie in See stechen, diese fingen

Wind und blähten sich auf, die anderen saßen an den Rudern und hielten in ihren Händen die an den Dollen befestigten Ruderstangen, als ob sie ruderten, und die Männer, die den Takt angaben, liefen an der Mastgabel hin und her und trieben die Männer an den Rudern mit Pfeifen, Schreien und Peitschenhieben zum Rudern an. Die Schiffe aber, die auf dem Festland dahinglitten, als seien sie auf hoher See, fuhren teils bergauf zum Hügel hinauf, teils wiederum bergab zum Hafen hinunter mit gerefften Segeln unter Geschrei und großem Getöse.
(6) Und es war ein befremdlicher Anblick und nicht zu glauben, wenn man davon nur hörte, es sei denn, man hatte es selbst gesehen: Schiffe, die über das Festland dahinglitten, als segelten sie auf dem Meere, mitsamt der Besatzung an Bord, den Segeln und der sonstigen Ausrüstung. (7) Ich bin der Meinung, daß diese Leistung sogar noch viel größer und sowohl für das Auge wie für das Ohr verblüffender ist als der von Xerxes unternommene Durchstich des Athos. Ja, dieses jüngst und vor unseren eigenen Augen geschehene Ereignis macht auch jenes erst glaubhaft, da ohne dieses auch jenes Ereignis eine bloße Fabel bliebe und etwas, was nur eitles Geschwätz zu sein scheint. (8) Die Schiffe wurden also in die sogenannte Bucht der Kalten Wasser[3] gebracht, ein wenig oberhalb von Galata – eine nicht eben kleine
57 Flotte, 67 Schiffe –, und gingen dort vor Anker. |

43. (1) Als die Rhomäer Augenzeugen dieses gewaltigen Unternehmens wurden, das sie gänzlich unvorbereitet traf, und die feindlichen Schiffe im Horn vor Anker liegen sahen, was sie niemals erwartet hätten, da wurden sie durch den unfaßlichen Anblick in Schrecken versetzt und fielen in tiefste Rat- und Ausweglosigkeit, nicht wissend, was sie hinfort noch tun sollten, ja sie verzweifelten ganz und gar. (2) Denn obwohl sie zuvor die Mauer am Horn, also etwa dreißig Stadien[1], ohnehin schon unbewacht gelassen hatten, waren sie, sowohl

Einwohner als auch Fremde, auch so nicht genügend Menschen zum Schutz und zur Verteidigung der übrigen Mauer gewesen, sondern zwei oder drei Brustwehren hatten jeweils nur einen Verteidiger. Nachdem nun aber auch dieses Teilstück der Mauer für den Krieg geöffnet war und sie auch dieses verteidigen mußten, waren sie gezwungen, die anderen Brustwehren zu entblößen und die Männer hierher zu verlegen. Das jedoch bedeutete offensichtlich Gefahr, da so die restliche Mauer diese Verteidiger entbehren mußte und die wenigen, die übrigblieben, nicht ausreichten, um sie zu schützen. (3) Doch nicht nur dies allein war schlimm, sondern auch, daß die eben fertig gewordene Brücke es Schwerbewaffneten und Bogenschützen ermöglichte, hinüberzugehen bis an die Mauer, und es nötig war, auch dort Wachen aufzustellen. Und die an der Einfahrt des Hafens und an der Absperrung liegenden Lastschiffe und Trieren und die übrigen Schiffe im Hafen brauchten in noch höherem Maße verstärkten Schutz, da sie von innen und außen angegriffen wurden. In vieler Hinsicht also war und erschien ihnen die Lage ausweglos, dennoch unterließen sie, so gut es ging, nichts von dem, was in ihrer Macht lag.

44. (1) Iustinos nämlich fuhr mit einem seiner Lastschiffe und drei der italienischen Trieren von der Einfahrt des Hafens zum Ende der Bucht, wo die Schiffe des Sultans lagen, und ging dort vor Anker, damit er von den Schiffen aus kämpfen und die feindlichen Schiffe in der Bucht einschließen könne, so daß sie keinerlei Möglichkeit hätten, herauszufahren oder dem Hafen und den in ihm liegenden Schiffen Schaden zuzufügen. Und es schien ihm dies der beste Schachzug und die beste Gegenmaßnahme zu sein, jedenfalls für den Augenblick. (2) Denn als Sultan Mehmet das sah, unternahm er dagegen folgendes: Er befahl seinen Geschützmeistern, heimlich bei Nacht die Geschütze zu nehmen und sie

längs des gegenüberliegenden Ufers aufzustellen, wo die Schiffe und das eine Lastschiff vor Anker lagen, und die Steine gegen sie abzufeuern. Nachdem diese den Befehl rasch ausgeführt hatten, trafen sie eine der Trieren voll und versenkten sie mitsamt ihrer Besatzung abgesehen von sehr wenigen, die sich schwimmend zu den anderen Trieren retten konnten. Deren Besatzungen aber brachten ihre Schiffe augenblicklich an eine möglichst weit entfernte Stelle und gingen dort vor Anker. Denn wenn dies nicht rasch passiert wäre, wären die Trieren und das eine Lastschiff mitsamt ihren Besatzungen versenkt worden, ohne ihr Verderben überhaupt zu erkennen. So nahe waren sie dem Verderben, da die Geschütze bereit waren, die Steine gegen sie abzufeuern. (3) Als den Rhomäern nun auch dies fehlgeschlagen war, wußten sie nicht mehr, was sie sonst noch unternehmen sollten. Sie begnügten sich damit, die Schiffe von der Mauer aus mit Stein-
58 schleudern und | mit Geschossen zu beschießen, und versuchten, soweit das möglich war, sie an der freien Vorbeifahrt zu hindern. Es machten aber auch einige der Trieren von der Einfahrt des Hafens täglich gegen sie Ausfälle, wobei sie sie jagten und in Schach zu halten suchten, damit sie im Hafen keinen Schaden anrichteten, sie oftmals aber auch bis ans Land zu den Ihrigen trieben. Diese aber kehrten wieder um, wenn die Trieren sich zur Rückfahrt anschickten, und blieben ihnen dicht auf den Fersen, schossen und wurden beschossen. Und so ging dieses Geplänkel täglich hin und her.

Siehe einige wundersame Vorkommnisse

45. (1) In denselben Tagen trugen sich auch folgende Dinge zu, welche bestimmte göttliche Zeichen und Vorankündigungen der Schrecken waren, welche der Polis unmittelbar bevorstanden. Als nämlich drei oder vier Tage vor der Schlacht alle Bewohner der Polis, Männer zugleich und Frauen, einen Bittgottesdienst und rings um

sie eine Prozession mit der Ikone der Muttergottes veranstalteten, da fiel diese den Trägern plötzlich aus den Händen, obwohl keinerlei äußere Gewalt oder Krafteinwirkung vorangegangen war, und stürzte kopfüber zu Boden. Als nun alle jäh aufschrieen und zusammengelaufen waren, um die Ikone wieder aufzurichten, zog sie noch mehr nach unten, schwer wie Blei, als sei sie am Boden festgeheftet, und es war völlig unmöglich, sie von dort wegzuziehen. (2) Und dieses Phänomen dauerte eine geraume Weile an, bis sie die Priester und die Leute, die sie hielten, mit viel Kraftaufwand, Geschrei und Fürbitte aller mühsam aufrichteten und auf die Schultern der Träger hoben. (3) Dieses sonderbare Ereignis flößte allen tiefen Schauder und größtes Entsetzen und Furcht ein. Denn sie glaubten, wie es ja auch tatsächlich war, daß dieser Sturz keine günstige Vorbedeutung habe.

Siehe noch ein weiteres (Vorkommnis)

(4) Dann aber, sie waren kaum ein wenig weitergegangen, brach gleich darauf genau um die Mittagsstunde ein starkes Gewitter herein mit dunklem Gewölk, und es goß in Strömen und hagelte heftig, so daß die Priester und Träger der Ikone und die nachfolgende Menge es nicht aushalten und ihren Weg nicht weiter fortsetzen konnten, bedrängt und behindert durch die herabstürzenden Regenmassen und die Gewalt des Hagels. (5) Auch wären viele der mitziehenden Kinder in Gefahr geraten, mitgerissen zu werden und zu ertrinken, fortgeschwemmt
von dem starken und reißenden | Wasserschwall, wenn 59
nicht Männer sie sogleich ergriffen und mit Mühe der Gewalt des Wassers entrissen hätten. So unerhört und ungewöhnlich war die gewaltige Masse des Regens und jenes Hagels. Fraglos zeigte dies den unmittelbar bevorstehenden totalen Untergang an, und daß alles wie ein Gießbach und wie reißende Wasser dahinschwinden und fortgerissen werden würde.

46. Und dies geschah am Vortage, tags darauf aber hüllte morgens eine tiefhängende Wolke die ganze Stadt vom Morgengrauen bis zum Abend ein. Dies zeigte zweifellos den Aus- und Rückzug der Gottheit aus der Stadt an und daß sie diese endgültig verließ und sich von ihr abwandte. Denn in eine Wolke gehüllt naht die Gottheit und entschwindet wieder. Und darüber nun soviel. Und keiner soll dies bezweifeln; denn es gibt sehr viele, Fremde und Einwohner, die es bezeugen können und gesehen haben.

47. (1) Nun aber war alles für Sultan Mehmet bereit und es bestand kein Hindernis mehr: Denn die Mauer, sowohl die innere wie die äußere, war durch die Geschütze bis zum Erdboden niedergerissen worden, der gesamte Graben war zugeschüttet, das Horn und die ganze dortige Mauer auf großartige Weise für den Krieg geöffnet worden, und die Belagerung der Stadt war von allen Seiten her lückenlos, die Leitern, die hölzernen Türme und alles übrige war sorgfältig bereitgestellt, und die Belagerung dauerte lange genug; denn etwa fünfzig Tage zog sie sich nunmehr hin, und es stand zu befürchten, daß sich eventuell die Lage verändern könnte oder auch irgendeine Hilfe von irgendwoher auf dem Seewege erschiene; er hatte nämlich auch schon von der in Chios angekommenen italienischen Flotteneinheit gehört. Da beschloß er, daß er nicht mehr zaudern und hinfort nicht mehr zuwarten dürfe, sondern daß er rasch die Entscheidungsschlacht suchen und die Stadt angreifen müsse, indem er sie mit vollem Einsatz und der gesamten Streitmacht zu Lande und zu Wasser bestürmte, und daß er damit den entscheidenden und endgültigen Versuch unternehmen müsse, sie zu erobern. (2) Nachdem er nun alle führenden Männer und seine Gefolgschaft, Satrapen, meine ich, und Generäle, Geschwader-, Bataillons- und Scharführer, dazu Befehlshaber der Tau-

sendschaften, Hundertschaften und Fünfzigschaften und die Kerntruppe des Heeres, seine gesamte Elitetruppe und außerdem Schiffskapitäne, Trierenkommandanten und den Befehlshaber der gesamten Flotte, zusammengerufen hatte, berief er eine Versammlung ein und sagte folgendes: | 60

Zweite Rede des Sultans, die alle auffordert, tapfer zu kämpfen, und zugleich ermunternd vor Augen führt, was ihnen gehören wird, wenn sie tapfer gekämpft haben, und daß dies viel und herrlich sei

48. (1) „Meine Freunde und Waffenbrüder im gegenwärtigen Kampf, ich habe Euch hier zusammengerufen nicht, weil ich Euch irgendeine Leichtfertigkeit oder ein Versäumnis in bezug auf dieses Unternehmen vorzuwerfen habe, und auch nicht, um Euch einsatzfreudiger für den gegenwärtigen Kampf zu machen. Denn ich sehe längst, daß die einen von Euch von so großer Begeisterung und solchem Eifer für die Aufgabe erfüllt sind, daß sie alles lieber erleiden würden als unverrichteter Dinge von hier abzuziehen, daß aber die übrigen von Euch nicht nur selbst diese Einstellung haben, sondern sogar noch die anderen dazu anfeuern, mit allen Kräften an das Unternehmen heranzugehen. (2) Nicht deswegen also habe ich Euch zusammengerufen, sondern nur, um Euch erstens daran zu erinnern, daß Ihr auch die vorhandenen Güter, die Ihr besitzt, nicht sorglos und nachlässig, sondern vielmehr sehr mühevoll und mit großen Kämpfen und Gefahren zusammen mit uns erworben habt, und daß Ihr sie eher als Kampfpreise Eurer eigenen Tüchtigkeit und Tapferkeit besitzt denn als Geschenke des Zufalls; zweitens, um Euch vor Augen zu führen, wie zahlreich und herrlich auch diese jetzt ausgesetzten Kampfpreise sind und welch großen Ruhm sie zusammen mit dem Gewinn und der Ehre bringen, und zugleich, damit Ihr Euch ganz klar darüber seid, daß Ihr um höchsten Einsatz kämpft.

(3) Denn erstens gibt es großen und vielfältigen Reichtum in dieser Stadt, teils in der Residenz des Kaisers, teils in den Häusern der Mächtigen, teils in den Privathäusern. Die schönsten und größten Schätze aber liegen in den Heiligtümern verwahrt, eine unendlich große Menge von Weihegaben und Kleinodien jeglicher Art, aus Gold und Silber gefertigt, und von Edelsteinen und kostbaren Perlen und von prächtigen Gerätschaften, abgesehen von dem sonstigen Hausrat und reichen Besitz. All das wird Euch gehören. (4) Zweitens gibt es in der Stadt sehr viele edle Männer von hoher Geburt, von denen die einen Euch dienen, die anderen Euch zum Verkauf freistehen werden, und sehr viele Frauen von großer Schönheit, jung und blühend anzusehen, und Jungfrauen, reif zur Ehe, wohlgeboren und aus edlem Geschlecht und männ-
61 lichen Blicken bis jetzt | entzogen, einige von ihnen in Erwartung einer Heirat mit angesehenen und großen Männern, von denen Ihr die einen zu Euren Frauen machen werdet, die anderen werden dazu da sein, Euch zu dienen, andere wieder, verkauft zu werden; und Ihr werdet in vieler Hinsicht Gewinn davon haben, sowohl was Genuß wie zugleich auch Bedienung und Reichtum angeht. Und ebenso gibt es sehr viele Knaben von großer Schönheit und hoher Geburt, dazu herrliche kirchliche und öffentliche Gebäude und prächtige Häuser und Gärten und vieles dergleichen, was zugleich dem Auge, der Freude und Lust und dem Genuß dient. (5) Doch was soll ich mich damit aufhalten, das alles aufzuzählen? Eine große und an Menschen reiche Stadt, die Kaiserresidenz der Rhomäer von alters her, welche zu höchster Blüte, Glück und Ruhm gelangt und das Haupt der gesamten Ökumene geworden ist, übergebe ich Euch nun zum Plündern und Beutemachen, unermeßlichen Reichtum, Männer, Frauen, Knaben und all ihren sonstigen Schmuck und ihre gesamte Ausstattung. An all dem könnt Ihr Euch gütlich tun wie bei einem prächtigen Festmahl, und Ihr selbst werdet damit glücklich leben

und auch Euren Kindern großen Reichtum hinterlassen, und das Wichtigste ist, daß Ihr eine solche Stadt erobern werdet, deren Ruhm sich über die gesamte Ökumene verbreitet hat. Und es ist klar, daß bis dorthin, wohin ihre Vormachtstellung und ihr Ruhm vorgedrungen ist, auch die Kunde von Eurer Tapferkeit und Tüchtigkeit gelangen wird, die Ihr eine solche Stadt im Sturm erobert habt. (6) Und prüft, ob Euch irgendein Erfolg zuteil werden könnte, der glänzender ist, oder eine Freude, die größer ist, oder ein Überfluß an Reichtum, der schöner ist als derjenige, den Ihr mit Ehre und Ruhm verbunden bekommen werdet. Das Wichtigste von allem aber ist, daß wir eine Stadt, die uns von Anfang an feindlich gesonnen war und immer unsere Schwächen ausgenutzt hat und auf jede nur mögliche Weise unserem Reich zu schaden trachtete, ausschalten werden und hinfort selbst unseren Besitz in Sicherheit genießen und in tiefem Frieden und Sicherheit leben werden, befreit von einer feindlichen Nachbarschaft, und für das, was danach kommt, eine Tür öffnen werden. (7) Und glaubt nicht etwa, daß das zwar richtig, die Stadt aber uneinnehmbar sei, und man könne sich nur schwer ihrer Mauer nähern und sie ersteigen, und sie bedeute für die Angreifer keine geringe Gefahr, da sie nicht leicht einzunehmen sei. Denn schaut doch! Wie Ihr sehen könnt, ist der gesamte Graben zugeschüttet, die Landmauer an drei Stellen so weit niedergeworfen, daß nicht nur schwer- und leichtbewaffnete Männer, solche wie Ihr seid, sondern sogar auch Pferde und schwerbewaffnete Reiter sie bequem überqueren können. So gebe ich Euch also nicht eine uneinnehmbare Mauer, sondern ein ebenes Gelände, das sogar für Pferde passierbar ist, damit ihr es in Waffen durchqueren könnt.

49. (1) Über unsere Gegner jedoch, was muß ich da noch reden? Denn sie sind nur sehr wenige und die Mehrzahl von ihnen unbewaffnet und ohne Kriegserfahrung. Wie

ich nämlich von den Überläufern in Erfahrung bringe, so
62 befinden sich nach ihrer Aussage kaum zwei oder drei | Männer zur Verteidigung auf je einem Turm und ebenso viele jeweils auf der Kurtine, so daß auf drei oder vier Brustwehren nur je ein Mann zum Schutz und zur Verteidigung kommt, und dieser ist auch noch entweder gänzlich unbewaffnet oder schlecht ausgerüstet. (2) Wie also sollen diese für unsere so gewaltig große Heerschar ausreichen, und vor allem, da wir einander ablösend kämpfen und mit jeweils frischen Kräften ans Werk gehen und die Möglichkeit haben, zu schlafen, zu essen und uns auszuruhen, jene aber ohne Ruhepause und ununterbrochen in ständiger Anspannung kämpfen müssen und keinerlei Möglichkeit haben, zu schlafen, zu essen, zu trinken, auszuruhen oder sonst etwas dergleichen zu tun, da wir sie im Kampf bedrängen und ihnen zusetzen? (3) Denn wir werden auch nicht mehr nur wie vorher in Scharmützeln und vereinzelten Ausfällen oder Vorstößen und nur versuchsweise gegen sie vorgehen, so wie sie annehmen, sondern wenn wir einmal angefangen haben zu kämpfen, wird der Kampf unaufhörlich andauern bei Nacht und am Tage ohne irgendeine Pause oder Stillstand, bis er zu Ende ist. Deshalb glaube ich, daß sie, durch den anhaltenden Kampf, durch die Strapazen, den Hunger und die Schlaflosigkeit in die Knie gezwungen, sich uns leicht ergeben werden.

(4) Die an dem eingestürzten Mauerstück aufgestellten Italiener jedoch, auch wenn sie jemandem unbesiegbar zu sein scheinen und stark genug, die Angreifer abzuwehren, da sie gut gerüstet und kriegserfahren sind, vor allem in den Belagerungskämpfen, so scheint mir jedenfalls auch deren Kampfbereitschaft sehr ungewiß und ohne Verlaß. (5) Denn erstens werden sie nicht bereit sein, wenn sie Vernunft haben, für fremden Vorteil zu kämpfen und sich abzumühen und sich in eine klar vorhersehbare Gefahr zu stürzen ohne den geringsten Gewinn für sich selbst. Zweitens sind sie ein zusammengewürfelter

Haufen, aus den verschiedenen Himmelsrichtungen zusammengekommen, den Blick allein darauf gerichtet, zu nehmen und mit heiler Haut davonzukommen, und nicht darauf, im Kampf zu sterben. Daher halten sie zwar jetzt durchaus stand und bleiben auf ihrem Posten, solange wir nur von Zeit zu Zeit von ferne plänkeln und gleichsam wie zum Spaß kämpfen, da sie glauben, sie hätten auch in Zukunft in uns Gegner von dieser Art. (6) Wenn sie aber sehen, daß der Krieg sie rings umbrandet und von allen Seiten heftig hereinbricht und ihnen Furcht einjagt und den Tod vor Augen führt, dann, das weiß ich genau, werden sie, ohne im geringsten zu zögern, ihre Waffen wegwerfen und Fersengeld geben und, ohne sich auch nur umzublicken, davonlaufen, und nichts wird sie mehr daran hindern oder überhaupt aufhalten können. (7) Aber auch wenn sie auf irgendeine Weise ausharren (mag dem so sein), so werden wir sie mit Leichtigkeit durch unsere Stärke, | Erfahrung und Wagemut in die 63
Flucht schlagen, so daß ich der Meinung bin, daß auch deren Kampfkraft für uns gar nicht ins Gewicht fällt oder überhaupt der Sorge wert ist.

50. (1) Aus allem geht also klar hervor, daß der Sieg unser ist und wir die Stadt einnehmen können. Denn sie ist, wie Ihr seht, vollständig sowohl zu Lande wie zu Wasser wie in einem Netz eingeschlossen, und es gibt hinfort keine Möglichkeit mehr für sie, unseren Waffen und Händen zu entkommen.

(2) Erweist Euch nun selbst als tapfere Kämpfer und fordert auch alle, die mit Euch kämpfen, auf, Euch brav zu folgen und ihre ganze Bereitwilligkeit und all ihren Eifer für das Werk einzusetzen in der Überzeugung, daß es drei Ursachen dafür gibt, daß man ein guter Kämpfer ist: die Bereitschaft, das Ehrgefühl und den Gehorsam gegenüber den Befehlshabern; das heißt, daß jeder einzelne seine Stellung tapfer behauptet und schweigend und diszipliniert seine Aufgabe versieht, so daß er selbst die

Befehle deutlich hören und sie auch den anderen in gleicher Weise übermitteln kann, und daß er, wenn es erforderlich ist, schweigend anzugreifen, schweigt, und sooft es richtig ist, ordentlich zu schreien und mit fürchterlichem Gebrüll das Kriegsgeschrei zu erheben, dieses tut. Denn das ist oftmals auch bei den sonstigen Arten der Kriegsführung nützlich, nicht zum wenigsten aber bei einem Belagerungskampf. Ganz besonders aber ermahnt sie alle eindringlich, alles diszipliniert und an dem ihnen zugewiesenen Kampfplatz zu tun. (3) Kämpft also tüchtig und würdig Eurer selbst und Eurer früheren Taten und werdet weder selbst schwach, den Blick darauf gerichtet, um welch hohen Preis Ihr kämpft, noch erlaubt es den anderen, die mit Euch kämpfen. Und auch ich
64 selbst werde in vorderster Linie dabeisein | bei dem Werke und mit Euch kämpfen und zusehen, was jeder einzelne von Euch leistet. (4) Und jetzt geht, jeder zu seiner Abteilung und zu seinem Zelt, speist, ruht Euch aus und gebt diese Ermahnungen auch an die weiter, die Ihr befehligt. Morgen aber erhebt Euch in aller Frühe, und jeder einzelne stelle seine Abteilung gut und ordentlich zur Schlacht auf, ohne daß irgend jemand außerhalb des Lagers etwas davon merkt oder überhaupt hört. Wenn Ihr in Schlachtordnung aufgestellt seid, verharrt schweigend. Wenn Ihr aber die Kriegstrompeten blasen hört und das verabredete Zeichen seht, dann ist das Werk an Euch.

Schlachtordnung und Befehl an die Generäle

51. (1) Und Du, Hamza[1], umfahre mit den Schiffen die Seemauer und laß einen Teil der Schiffe auf Schußweite entfernt anhalten und gib Befehl, daß die Bogenschützen und diejenigen, die die Armbruste und die Gewehre in Händen halten, von den Verdecken aus einen so dichten Geschoßhagel auf die Verteidiger der Brustwehren niedergehen lassen, daß sie diesen jede Möglichkeit nehmen,

sich irgendwo nach draußen vorzuwagen oder überhaupt irgendeine Kampfhandlung zu unternehmen. Die anderen Schiffe aber laß, wo immer das möglich ist, direkt unter der Mauer anlanden und laß die damit beauftragten Männer die Leitern an sie ansetzen, so daß die Schwerbewaffneten mit ihrer Hilfe den Versuch machen können, die Mauer zu ersteigen. Und kämpfe auf diese Weise tüchtig und sieh zu, daß Du ein tapferer Mann bist. (2) Du aber, Zağanos[2], überschreite rasch die Brücke und bestürme die Mauer am Horn mit voller Kraft, wobei Du auch die Schiffe im Hafen zur Seite hast, die Dich bei dieser Aufgabe unterstützen, und erweise Dich als ein tapferer Mann. (3) Und ebenso überschreite auch Du, Karaca[3], zusammen mit Deinen Soldaten den Graben und bestürme die in Deinen Bereich fallende Mauerbresche, bedränge ihre Verteidiger heftig und versuche, sie zu ersteigen, indem Du wacker kämpfst als ein tapferer Mann. (4) Ihr aber, İshak[4] und Mahmut[5], überschreitet mit Euren Abteilungen den Graben ohne Gefahr und versucht, mit Hilfe der Leitern die Mauer zu ersteigen, die Bogenschützen aber und die Männer mit den Armbrusten und den Gewehren sollen ein heftiges Feuer eröffnen auf die Verteidiger auf den Brustwehren, damit diese weniger Möglichkeit haben, Euch am Übergang zu hindern. (5) Ihr aber, Halil[6] und Saruca[7], die Ihr zu beiden Seiten von mir Eure Abteilungen habt und kämpft: Wenn Ihr seht, daß ich | kämpfe 65
und versuche, an der Bresche die Mauer zu ersteigen, indem ich die Italiener bedränge und meiner Truppe einen Zugang zur Stadt öffne, versucht auf jede nur mögliche Weise, die Euch unmittelbar gegenüber aufgestellten Feinde auf beiden Seiten abzuwehren, indem Ihr sie heftig angreift, so daß sie von Euch beschäftigt werden und somit weniger auf uns achten und den von uns Bedrängten keinesfalls zu Hilfe kommen können. Und von da ab soll alles übrige meine Aufgabe sein. Doch nun geht zu Euren Zelten und Abteilungen, und

das Glück sei mit Euch, und dann speist und ruht Euch aus.“

52. (1) Nachdem er das alles gesagt hatte, löste er die Versammlung auf, und sie gingen auseinander, ein jeder zu seiner Abteilung und seinem Zelt. Auch er speiste und ruhte sich aus. Früh am Morgen aber erhob er sich und rief zuerst die Geschützmeister herbei und befahl ihnen, die Geschütze schußbereit zu machen und auf das eingestürzte Mauerstück zu richten, damit sie diese, wenn der Augenblick gekommen sei, gegen die dortigen Verteidiger abfeuern könnten. (2) Darauf rief er seine eigenen Abteilungen und Truppen zusammen, ich meine Schwerbewaffnete, Leichtbewaffnete, Bogenschützen und die gesamte kaiserliche Hofgarde, und stellte sie sorgfältig nach Symmorien, Syssitien, Synomotien[1] und Abteilungen zu tausend oder auch mehr Mann auf und befahl, daß diese abwechselnd kämpfen sollten, wenn sie eingesetzt würden, das heißt, die einen sollten Krieg führen und kämpfen, die anderen aber schlafen, essen und sich ausruhen, damit sie wieder frisch für den Kampf seien, und dann sollten diese wiederum andere ablösen, und auf diese Weise, indem jeweils die eine Abteilung die andere ablöst und sich ausruht, sollte ununterbrochen und andauernd gekämpft werden, damit es für die Gegner keinerlei Pause oder Stillstand im Kampf gebe. Und er wies jedem einzelnen seinen Platz, den Moment seines Einsatzes und seine Stellung in der Schlacht zu und ordnete an, wie, wo und wann jeder zu kämpfen habe. (3) Dann inspizierte er zu Pferde die übrigen Abteilungen, prüfte sie genau und ermunterte sie sowohl alle zusammen wie auch jeden einzelnen, sprach ihnen Mut zu und stachelte sie zum Kampf an, vor allem freilich die Befehlshaber der Abteilungen, indem er sie alle mit Namen anrief. (4) Er ritt also das gesamte Heer ab und
66 die Mauer von Meer zu Meer, gab Anweisungen, | was
zu tun sei, ermunterte und stachelte alle zum Kampf an

und forderte sie auf, sich als tapfere Männer zu erweisen. Dann befahl er ihnen, zu speisen und sich auszuruhen, bis die Kriegstrompete ertöne und sie das Zeichen sähen. Danach kehrte er zu seinem eigenen Zelt zurück, speiste und ruhte sich aus.

53. Als aber die Rhomäer diese ungewohnte tiefe Stille und Ruhe im Heer wahrnahmen, wunderten sie sich darüber und verfielen auf verschiedene Überlegungen und Erwägungen. Die einen meinten, daß dies Vorbereitung auf den Rückzug zu bedeuten habe, womit sie im Irrtum waren, die anderen deuteten es, was richtig war, als Zurüstung und Vorbereitung für die Schlacht, welche sie als unmittelbar bevorstehend erwarteten, und sie riefen sich auch ihrerseits ruhig einander die Parole zu und gingen jeder an seinen Kampfplatz und bereiteten auch das übrige vor.

54. (1) Der Sultan aber befahl, als der Tag sich schon gegen den Abend zu neigte und sie selbst die Sonne im Rücken, die Feinde sie aber im Gesicht hatten, was er gerade beabsichtigte[1], daß zuerst die Trompeten und die anderen Instrumente, die Flöten, Syringen und Zymbeln, das Schlachtsignal so laut wie nur möglich erschallen lassen sollten. Und so ertönten alle Trompeten und Instrumente der übrigen Abteilungen nacheinander laut und furchterregend alle zugleich, und alles bebte und zitterte unter ihrem Schall.

Siehe die Schlacht

(2) Dann wurden die Feldzeichen erhoben, und zuerst marschierten die Bogenschützen, die Schleuderer, die Männer mit den Armbrusten und die Gewehrschützen langsam und Schritt für Schritt (denn so lautete der Befehl) gegen die Mauer herab. Als sie auf Schußweite herangekommen waren, machten sie halt und kämpften.

Und zunächst kämpften beide Seiten in heftigem Geplänkel gegeneinander, mit den Pfeilen der Bogenschützen, den Steinen der Schleuderer und den von den Armbrusten und aus den Gewehren abgefeuerten eisernen und bleiernen Geschossen, dazu – als sie näher rückten – mit Wurfspießen, Speeren und Lanzen, indem sie aufeinander schossen und beschossen wurden, erbarmungslos, mit großer Erbitterung und Zorn. Und von beiden gab es lautes Geschrei, Schmähung und Verhöhnung, und auf beiden Seiten gab es viele Verwundete, nicht wenige aber fielen auch. Und dies geschah bis Sonnenuntergang etwa zwei oder drei Stunden hin-
67 durch. |

55. (1) Dann appellierte der Sultan mit lauter Stimme an die Leichtbewaffneten, die Schwerbewaffneten und die übrige Garde mit den Worten: „Wohlan, meine Freunde und Söhne, jetzt ist der Augenblick gekommen, Euch als tapfere Männer zu erweisen.“ Sie aber überquerten sogleich mit Rufen und schauerlichem Kriegsgeschrei den Graben und stürmten gegen die äußere Mauer. Diese war durch die Geschütze völlig niedergerissen, anstelle einer richtigen Mauer bestand sie nur aus Palisaden, die durch lange Balken gebildet wurden, aus Bündeln von Zweigen und anderem Material und aus Amphoren voll Erde. (2) Dort entstand ein heftiges Handgemenge mit Nahkampfwaffen: Die Schwerbewaffneten und die leichte Garde kämpften, um die Verteidiger zu überwältigen und die Palisade zu ersteigen, die Rhomäer und die Italiener aber kämpften, um sie abzuwehren und die Palisade zu halten. Und bald versuchten die Schwerbewaffneten, die Mauer und die Palisade zu ersteigen, indem sie hart und bedenkenlos herandrängten, bald wieder wurden sie heftig zurückgeschlagen und vertrieben. Und der Sultan folgte ihnen tapfer kämpfend und sie antreibend. (3) Da gab er Befehl, daß auch die Geschützmeister die Geschütze abfeuerten. Nachdem

diese gezündet waren, schleuderten sie ihre Steine gegen die Verteidiger und richteten auf beiden Seiten unter denjenigen, die es gerade traf, ein nicht geringes Blutbad an. (4) Während nun auf diese Weise beide Seiten wacker und tapfer fochten und kämpften, verging der größte Teil der Nacht. Und die Rhomäer behielten die Oberhand, und auch Iustinos mit seinen Gefolgsleuten zeigte nicht geringe Kampfstärke: Sie behaupteten, ohne zu wanken, die Palisade und verteidigten sie und wehrten die Angreifer tapfer ab. Und soviel nun hierüber.

56. (1) Die anderen Generäle und Satrapen aber mit den ihnen unterstellten Abteilungen und auch der Befehlshaber der Flotte bestürmten auch ihrerseits die Mauer zu Lande und zu Wasser mit den Schiffen und lieferten ein heftiges Gefecht, die einen mit den Pfeilen der Bogenschützen und mit den von den Armbrusten abgefeuerten Geschossen, die anderen, indem sie Leitern, Stege, hölzerne Türme und alle möglichen anderen Geräte an die Mauer ansetzten. Und einige von ihnen versuchten auch wohl, im Sturm die Mauer zu ersteigen, und zwar vor allem dort, wo Zağanos und Karaca den Oberbefehl hatten. (2) Nachdem nämlich der eine, Zağanos, die Brücke sicher überschritten und Leitern und Stege an die Mauer angesetzt hatte, versuchte er, die Schwerbewaffneten im Sturm hinaufsteigen zu lassen mit Unterstützung der Bogen- und Gewehrschützen auf den im Hafen liegenden Schiffen, die von den Verdecken aus erhöhter Position die Verteidiger auf den Brustwehren heftig unter Beschuß nahmen, während die Schiffe die Mauer rings umfuhren. (3) Karaca aber versuchte, nachdem er den Graben überschritten hatte und indem er tapfer kämpfte, über das niedergerissene Mauerstück einzudringen. (4) Die Rhomäer aber schlugen auch diese mit starker Hand zurück und vertrieben sie glorreich. Sie verteidigten | sich tapfer, errangen im Kampf klar die 68
Oberhand und erwiesen sich als tüchtige Männer. Denn

überhaupt nichts vermochte sie abzulenken, was auch geschah, nicht quälender Hunger, nicht Mangel an Schlaf, nicht der anhaltende und ununterbrochene Kampf, nicht Wunden, Gemetzel und Tod ihrer Angehörigen, den sie mit eigenen Augen sahen, und auch sonst nichts Schreckliches, so daß sie irgendwie nachgegeben und in ihrem ursprünglichen Kampfeseifer und ihrer Entschlossenheit nachgelassen hätten, sondern sie blieben tapfer bei ihrem von Anfang an gezeigten Widerstand, was auch geschah, bis das übelwollende und grausame Schicksal sie preisgab.

57. (1) Als nämlich Sultan Mehmet sah, daß den von ihm in die Schlacht geworfenen Truppen im Kampf sehr zugesetzt worden war und sie nichts erreichten, was irgend der Rede wert gewesen wäre, und daß die Rhomäer und Italiener sich wacker schlugen und im Kampf die Oberhand behielten, da wurde er sehr zornig und glaubte, das nicht länger hinnehmen zu dürfen, und ließ sogleich alle seine Abteilungen aufmarschieren, die er für später in Reserve gehalten hatte, Männer, die vorzüglich gerüstet und zugleich von großer Kühnheit und sehr beherzt waren und alle übrigen Soldaten an Erfahrung und Kampfkraft bei weitem übertrafen. Sie waren die Elitetruppe des Heeres, Schwerbewaffnete, Bogenschützen, Speerwerfer und seine Leibgarde, die neben anderen vor allem aus den sogenannten Janitscharen bestand. Diese forderte er mit lautem Rufen auf, sich eben jetzt als tapfere Männer zu erweisen, und führte sie, er selbst an der Spitze, in Richtung auf die Mauer bis an den Graben. (2) Und dort stellte er dann die Bogenschützen, Schleuderer und Gewehrschützen in einiger Entfernung von der Mauer auf und befahl ihnen, aus erhöhter Position auf die Verteidiger auf der Palisade und dem eingestürzten Mauerstück einen so dichten Geschoßhagel niedergehen zu lassen, daß diese zu keiner Kampfhandlung mehr fähig seien und nicht einmal mehr den Kopf nach

draußen stecken könnten vor der Masse der gegen sie geschleuderten Wurf- und sonstigen Geschosse, die wie Schneeflocken auf sie niederfallen sollten. Allen übrigen aber, Schwer- und Leichtbewaffneten, bedeutete er, den Graben zu überschreiten und die Palisade im Sturm zu berennen. (3) Diese erhoben nun ein lautes und Schaudern erregendes Kriegsgeschrei und griffen mit Zorn und Wut gleich Rasenden an. Denn weil sie jung und stark und voller Verwegenheit waren und vor den Augen des Sultans kämpften, ließen sie um nichts nach in ihrem Eifer, sondern bestürmten die Palisade tollkühn, bedenkenlos und ohne jede Schlachtordnung und kämpften, indem sie die zum Schutz aufgestellten Amphoren herabzogen, die Pfähle der Palisade herausbrachen, das sonstige aufgehäufte Schutzmaterial auseinanderrissen und mit Gewalt versuchten, die Verteidiger in die Flucht zu schlagen und die Palisade zu durchbrechen.

58. (1) Iustinos aber mit seinen Gefolgsleuten und die dort aufgestellten Rhomäer schlugen sich tapfer mit Wurfspießen, Speeren, Lanzen, Langspeeren und sonstigen Nahkampfwaffen dieser Art (man war nämlich zum Handgemenge | übergegangen), hielten sie in ihrem 69
Ansturm auf und hinderten sie daran, die Palisade zu durchbrechen. (2) Es gab nun auf beiden Seiten großes Geschrei und Stimmengewirr von Leuten, die fluchten, höhnten, drohten, stießen und gestoßen wurden, schossen und beschossen wurden, töteten und getötet wurden und die alles Schreckliche taten mit Erbitterung und Zorn. Und man konnte sehen, wie hier ein heftiger Kampf entbrannte und Brust an Brust ausgefochten wurde von tapferen Männern, die mit größtem Mut und um höchste Siegespreise kämpften: Die einen waren mit aller Kraft darauf aus, die Gegner zu überwältigen, die Mauer in ihre Gewalt zu bekommen und in die Stadt vorzudringen zu den Knaben, den Frauen und den Schätzen. Die anderen kämpften heldenhaft, um diese abzuwehren und ihren Besitz zu verteidigen, wenn sie

auch nicht bis zum Ende die Oberhand behalten und ihre Güter bewahren konnten. (3) Aber es mußte ja einmal so kommen, daß auch die unglücklichen Rhomäer unter das Joch der Knechtschaft gerieten und deren Leiden erfuhren. Denn gerade als sie tapfer kämpften und es an Kampfbereitschaft und Wagemut in nichts fehlen ließen, wurde Iustinos von einem Geschoß aus einer Feuerwaffe durch den Brustpanzer hindurch lebensgefährlich in die Brust getroffen, und getroffen sank er auf der Stelle um und wurde in schlimmem Zustand in sein Zelt gebracht.[1] Da gaben alle seine Gefolgsleute den Kampf auf, entmutigt durch das Unglück. Sie ließen die Palisade und die Mauer, wo sie gekämpft hatten, im Stich und hatten nur noch eines im Auge, den Verwundeten zu den Lastschiffen zu bringen und sich selbst mit heiler Haut davonzumachen, obwohl Kaiser Konstantin sie inständig und mit vielen Versprechungen bat, noch ein wenig auszuharren, bis die Schlacht nachlasse. Sie aber hörten nicht darauf, sondern hoben ihren Führer auf und zogen sich mit ihren Waffen eilig im Laufschritt zu den Lastschiffen zurück, ohne sich um irgend jemanden sonst zu kümmern.

59. Kaiser Konstantin aber verlor alle Hoffnung und wußte überhaupt nicht mehr, was er noch tun sollte (denn er hatte auch keine weiteren Männer zur Verfügung, um die verlassenen Stellungen und die Reihen derer, die geflohen waren, aufzufüllen, da unmittelbar darauf die Schlacht sie hart bedrängte und alle ihre Aufmerksamkeit auf ihre eigenen Reihen und Stellungen richten und dort kämpfen mußten), dennoch aber stellte er sich mit den dort verbliebenen Rhomäern und seiner sehr kleinen Gefolgschaft vor der Palisade auf und
lieferte dort einen tapferen Kampf. | 70

Siehe die Aufmerksamkeit des Sultans

60. (1) Als aber Sultan Mehmet gewahrte, daß die Palisade und der übrige niedergerissene Teil der Mauer

von Männern entblößt und ohne Verteidiger waren (er kämpfte nämlich gerade irgendwo dort in der Nähe) und daß die Männer sich heimlich davonmachten und die verbliebenen wegen ihrer geringen Anzahl ohne Kraft kämpften, und als er daraus erkannte, daß die Männer geflohen waren und die Mauer verlassen war, rief er sogleich mit lauter Stimme: „Wir haben die Stadt, meine Freunde, wir haben sie schon! Die Männer fliehen vor uns. Sie können nicht mehr standhalten. Entblößt von Verteidigern ist die Mauer. Nur noch ein wenig Anstrengung, und die Stadt ist erobert. Werdet also nicht schwach, sondern geht guten Mutes ans Werk und erweist Euch als tapfere Männer, und ich werde mit Euch sein.“

Eroberung der Polis

(2) Nach diesen Worten führte er sie an, er selbst allen voran. Sie aber erhoben das Kriegsgeschrei und rannten im Laufschritt und unter Schaudern erregendem Gebrüll am Sultan vorbei gegen die Palisade, und nach einem heftigen und zähen Gefecht schlugen sie die dort kämpfenden Rhomäer in die Flucht und erstiegen die Palisade mit Gewalt. Und dabei warfen sie die einen von ihnen in das verschanzte Feld zwischen der großen Mauer und der Palisade, welches tief und schwer zu durchqueren war, und metzelten dort alle nieder, die anderen aber trieben sie durch die Pforte des Iustinos. Diese hatte jener in der großen Mauer öffnen lassen, um einen bequemen Durchgang auf die Palisade zu haben[1].

Tod Kaiser Konstantins

(3) Da gab es ein gewaltiges Gedränge und ein Gemetzel seitens der Schwerbewaffneten unter denen, die ihnen gerade in den Weg liefen; denn auch viele andere waren auf das Geschrei hin von vielen Seiten her ohne Schlachtordnung zusammengelaufen. Dort fiel auch Kaiser Konstantin tapfer kämpfend mit seinen Gefolgsleuten.

61. (1) Die Schwerbewaffneten aber strömten nunmehr durch die Pforte in die Stadt, ein Teil von ihnen fiel auch durch die Bresche in der großen Mauer ein. Das ganze übrige Heer aber folgte mit Drängen und Gewalt, strömte mit Macht hinein und ergoß sich über die ganze Stadt.
71 (2) Der Sultan aber stand vor der | großen Mauer, wo auch die große Fahne war und die Standarte und blickte auf das Geschehen. Denn es wurde schon Tag.

Siehe großes Leid und ein gewaltiges Blutbad

Da nun gab es ein gewaltiges Blutbad unter allen, die ihnen in die Hände fielen: Die einen wurden auf der Straße niedergemetzelt (denn einige waren schon aus ihren Häusern gekommen, um dorthin zu eilen, woher das Geschrei ertönte, und liefen nun unvermutet den Soldaten in die Schwerter), die anderen in ihren eigenen Häusern, da die Janitscharen und die anderen Soldaten gewaltsam eindrangen ohne jede Ordnung und Bedenken, andere wieder, als sie sich zur Gegenwehr anschickten, manche aber auch, die sich zu Kirchen geflüchtet hatten und um Gnade flehten, Männer, Frauen, Kinder, einfach alle ohne jede Schonung. (3) Denn mit Erbitterung und großem Zorn gingen die Soldaten auf sie los, einerseits weil sie wütend waren wegen der langen Belagerung, andererseits aber auch, weil einige in ihrem Unverstand während des ganzen Krieges von den Brustwehren herab sie mit nicht wenig Spott und Beschimpfungen überschüttet hatten, vor allem aber wollten sie alles in Angst und Schrecken versetzen und sich unterwerfen mit ihrem Gemetzel.

Plünderung der Polis

(4) Als sie aber des Mordens überdrüssig waren und die Stadt bereits unterworfen war, machten sich die einen, nach Symmorien, Synomotien[1] und Abteilungen geord-

net, über die Häuser der Vornehmen her, um zu rauben und zu plündern, die anderen gingen ans Ausrauben der Heiligtümer, wieder andere waren auf die öffentlichen und privaten Gebäude verteilt, und sie plünderten, raubten, machten Beute, mordeten, mißhandelten und verschleppten als Kriegsgefangene Männer, Frauen, Kinder, Alte, Junge, Priester, Mönche, einfach jedes Alter und jeden Stand.

Siehe auch hier erbarmungswürdiges Leid

(5) Und es war ein furchtbares und erbarmungswürdiges Schauspiel, ergreifender als jede Tragödie: Junge sittsame Frauen, wohlgeboren und aus edlem | Geschlecht, 72
meist das Haus hütend und niemals auch nur bis vor die Haustür gekommen, und schöne, blühende Jungfrauen, angesehen und aus angesehenen Familien und bis dahin gänzlich unberührt von männlichen Blicken, wurden teils mit Gewalt aus ihren Gemächern gezerrt und zugleich roh und rücksichtslos verschleppt, teils aber – wie ein böser Traum – erschienen ihnen, da sie noch schliefen, mit Schwertern bewaffnete Männer, die Hände blutig vom Morden, wutschnaubend, blutrünstig blickend, Unverständliches rufend, schamlos bereit zu jeder noch so schlimmen Tat, da sie ein zusammengewürfelter Haufen waren, zufällig zusammengelesen aus jedem Stamm, jedem Volk, jedem Stand, die wie die wilden und ungezähmten Tiere in die Häuser einfielen und roh fortrissen, fortzogen, zerrten, mißhandelten, schändlich fortschleppten, auf offener Straße schändeten und welche Untat nicht vollbrachten? Die meisten Frauen sollen schon bei ihrem bloßen Anblick und den ihnen fremden Lauten vor Entsetzen beinahe ihr Leben ausgehaucht haben. (6) Außerdem wurden in hohem Ansehen stehende Greise an ihren weißen Haaren geschleift, einige von ihnen auch grausam geschlagen, wohlgeborene und blühende Knaben wurden fortgeschleppt, Priester fortge-

trieben, ehrwürdige Klosterjungfrauen, die niemals unter Menschen gingen und ihr Leben allein auf Gott ausgerichtet hatten, dem sie sich geweiht hatten, wurden teils gewaltsam aus ihren Zellen herausgeholt und fortgerissen, teils aber auch aus den Kirchen fortgezerrt, in die sie sich geflüchtet hatten, und verschleppt, mißhandelt und entehrt, während sie sich mit Weinen und Wehklagen die Wangen zerkratzten und schmerzerfüllt die Brust schlugen, Kinder in noch zartem Alter wurden ihren Müttern roh entrissen, Bräute auf erbarmungswürdige Weise von ihren neuvermählten Gatten getrennt. Und sie verübten noch unzählige andere furchtbare Untaten.

Plünderung und Ausraubung der Kirchen

62. (1) Den Frevel an den Kirchen aber, deren Ausraubung und Plünderung, wie soll man das mit Worten ausdrücken? Sie warfen in schändlicher Weise Ikonen, Statuen und das übrige Inventar der Kirche zu Boden, der Schmuck wurde ihnen abgerissen, ein Teil davon ins Feuer geworfen, ein anderer Teil in Stücke zerhauen und zertrümmert auf die Straße geworfen. Ruhestätten der altehrwürdigen Heiligen wurden geöffnet und deren Überreste herausgeholt und in schändlicher Weise zerhackt und zerstückelt in die Luft verstreut, zum Teil aber auch auf die Straße geworfen. (2) Krüge und Schalen und
73 die Gefäße, die zur Aufnahme des allerheiligsten | Opfers bestimmt waren, dienten ihnen teils zu wilden Trinkgelagen, teils wurden sie zertrümmert und eingeschmolzen und dann verkauft. Heilige Geräte und ehrwürdige, kostbare und mit viel Gold durchwirkte Gewänder, von denen einige auch von durchsichtigen Steinen und Perlen leuchteten, wurden teils an Juden verkauft zu keinem schönen Zwecke, teils aber auch ins Feuer geworfen, da man sie wegen des Goldes einschmelzen wollte. (3) Heilige und göttliche Bücher, aber vor allem auch sehr viele Bücher der weltlichen Wissenschaften

und der Philosophie wurden teils verbrannt, teils in schändlicher Weise zertrampelt, die meisten von ihnen aber wurden nicht so sehr des Geldes wegen als vielmehr zum Hohn für zwei oder drei Nomismata, bisweilen auch für ein paar Obolen[1] verkauft. (4) Heilige Altäre wurden aus ihren Fundamenten gerissen und umgestürzt und die Wände der unbetretbaren und unantastbaren Orte abgesucht und die heiligen Stätten der Reliquienschreine wurden um und um gegraben auf der Suche nach Gold. Und viele andere Freveltaten dieser Art wurden begangen.

63. (1) Die auf der anderen Mauerseite aufgestellten und zu Lande und zu Wasser kämpfenden unglücklichen Rhomäer schlugen sich, im Glauben, die Stadt sei unversehrt und habe kein Unglück erlitten und Kinder und Frauen seien frei (denn sie wußten noch gar nichts von dem, was geschehen war), wacker und wehrten die Angreifer kraftvoll ab und stießen diejenigen, die die Mauer zu ersteigen versuchten, glorreich zurück. (2) Als sie aber die Feinde in ihrem Rücken sahen und daß diese sie von innen und von der Stadt her beschossen, und als sie sahen, daß Kinder und Frauen zu Sklaven gemacht worden waren und schändlich verschleppt wurden, da wurden die einen von Verzweiflung ergriffen und stürzten sich selbst mit ihren Waffen von der Mauer herab und töteten sich, die anderen aber verloren völlig den Mut und legten die Waffen aus ihren erschlaffenden Händen und ergaben sich den Feinden kampf- und bedingungslos.

Tod des Orhan

64. (1) Zufällig befand sich damals dort unter den Kämpfern auf der Mauer auch Orhan, der Oheim des Sultans aus dem Geschlecht der Atumanen, welchen Kaiser Konstantin in der Stadt beherbergte und mit großer Freundlichkeit und Achtung behandelte, da er

auf ihn gewisse Hoffnungen setzte. Denn jener war vor langer Zeit aus Furcht vor seinem Bruder als Flüchtling gekommen; der wollte ihn nämlich beseitigen.[2] Als er nun sah, daß die Stadt eingenommen war, und da er sich retten wollte, faßte er zunächst den Plan, heimlich zu entkommen als einer der Soldaten aus dem Heer, aufgrund seiner Kleidung und weil er dieselbe Sprache sprach. Als er sich aber erkannt und verfolgt sah (es gab
74 nämlich einige, die ihn wiedererkannten), | stürzte er sich auf der Stelle von der Mauer herab und war tot. (2) Die Soldaten aber liefen herbei, schnitten ihm den Kopf ab, nahmen diesen mit sich und brachten ihn dem Sultan. Denn der hatte dringend verlangt, ihn zu sehen, lebendig oder tot.

65. Währenddessen sah auch Hamza, der Befehlshaber der Flotte, daß die Stadt bereits eingenommen war und die Schwerbewaffneten sie plünderten, und fuhr unverzüglich gegen die Absperrung, durchbrach sie und gelangte in den Hafen. Und alle rhomäischen Schiffe, die er vorfand (denn die Trieren und Lastschiffe der Italiener hatten diese sogleich beiseite gedrängt und waren aufs hohe Meer hinausgefahren), versenkte er teils an Ort und Stelle, teils brachte er sie mitsamt der Mannschaft auf. Und er landete mit der Flotte an den sogenannten Basilikai Pylai[1], durchbrach, da er das Tor noch verschlossen fand, dessen Schlösser und Riegel und riß es nieder. Und als er mit seinem Heer in die Stadt eindrang, traf er dort auf viele Rhomäer, die sich formierten und zum Abwehrkampf bereit machten (denn bis zu diesem Stadtteil war das Landheer, welches das übrige Stadtgebiet plünderte, noch nicht vorgedrungen), und er wurde mit ihnen handgemein, schlug sie in die Flucht und ließ alle auf der Stelle töten, so daß durch das Tor ein Blutstrom floß.

66. (1) Währenddessen aber war auch das restliche Heer angelangt, und sie strömten auf die gleiche Weise durch

die übrigen Tore auf der Seeseite mit Macht hinein, indem sie diese zerbrachen und niederrissen. Und so war nunmehr die gesamte Heeresmannschaft der Flotte über die ganze Stadt verstreut und machte sich ans Plündern, indem sie alles raubte, was ihr vor die Füße kam, und wie eine Feuersbrunst oder ein Blitz plötzlich hereinbrach, alles in Brand setzte und vertilgte oder wie ein reißendes Wasser alles mit sich fortschwemmte und zerstörte. Denn diese durchsuchten alles gründlicher als Datis Eretria[2], wie man sagt: Sie brachen Kirchen, Heiligtümer, alte Ruhestätten und Grüfte auf, durchsuchten unterirdische Hallen, Verstecke, Schlupfwinkel, Höhlen und Löcher und alles übrige, was verborgen war, und falls dort wirklich Menschen oder Gegenstände versteckt waren, so holten sie diese ans Licht. (2) Als sie aber in die größte Kirche, die (Hagia) Sophia, kamen, fanden sie dort eine große Zahl von Männern, Frauen und Kindern, welche sich dorthin geflüchtet hatten und Gott anflehten. Diese schlossen sie wie in einem Netz ein und zwangen sie alle, sich zu ergeben, | und verschleppten sie 75
als Kriegsgefangene, die einen auf die Trieren, die anderen ins Lager.

Übertritt von Galata auf die Seite des Sultans

67. (1) Währenddessen traten auch die Bewohner von Galata, als sie sahen, daß die Polis bereits eingenommen war und geplündert wurde, sogleich auf die Seite des Sultans über unter der Bedingung, daß ihnen kein Leid geschehe, und sie öffneten die Tore und nahmen Zağanos mit seinem Heer auf. Und wirklich ist ihnen nicht das geringste Unrecht angetan worden.

(2) Das gesamte Heer aber, sowohl das Landheer wie die Heeresmannschaft der Flotte, war in die Polis geströmt und plünderte sie vom frühen Morgen und überhaupt dem ersten Morgengrauen bis zum späten Abend und raubte sie aus, wobei sie die ganze Beute ins Lager

trugen, einen Teil aber auch auf die Schiffe. Manche Beutestücke raubten einige auch wie Diebe und verließen damit heimlich die Stadttore und machten sich fort auf den Heimweg. (3) So leerte das Heer die ganze (Stadt) aus und verwüstete sie und vertilgte sie wie ein Feuer und zerstörte sie, so daß man gar nicht hätte glauben können, daß in ihr wirklich jemals Menschen gewohnt hatten oder daß es in ihr Reichtum oder Überfluß einer Stadt oder sonst eine glanzvolle Ausstattung in den Häusern gegeben hatte, und das bei einer so prächtigen und großen Stadt. Nur verlassene Häuser waren noch übriggeblieben, die denen, die sie sahen, große Angst einflößten durch ihre völlige Öde.

Anzahl der im Krieg gefallenen und in Kriegsgefangenschaft geratenen Rhomäer

(4) Es fielen aber von den Rhomäern und den Fremden während des gesamten Krieges und bei der Eroberung selbst insgesamt, ich meine Männer, Frauen und Kinder, wie man sagte, etwa 4000. Zu Kriegsgefangenen wurden etwas mehr als 50.000 gemacht, vom gesamten Heer etwa
76 500.[1] |

Einzug des Sultans in die Polis und Besichtigung von allem, was in ihr war, und sein Mitleid mit ihr

68. (1) Danach zog der Sultan in die Polis ein und betrachtete eingehend ihre Größe und Lage, ihre Pracht und Herrlichkeit, die große Zahl, Größe und Schönheit ihrer Kirchen und öffentlichen Gebäude, ihrer Einzel- und Gemeinschaftshäuser, die luxuriöse Anlage der Häuser der Vornehmen, außerdem die Lage des Hafens und der Werften und daß die Stadt in jeder Hinsicht mit allem Nötigen ausgestattet und von der Natur begünstigt war, kurz ihre gesamte Einrichtung und ihren Schmuck.

Siehe (sein) Mitleid

(2) Er sah aber auch die große Zahl der Umgekommenen, die Verlassenheit der Häuser und die völlige Zerstörung und Vernichtung der Stadt. Und jäh überkam ihn Mitleid und nicht geringe Reue wegen ihrer Zerstörung und Plünderung, und er vergoß Tränen, seufzte laut und schmerzlich und rief: „Welch eine Stadt haben wir der Plünderung und Verwüstung ausgeliefert!" So schmerzte es ihn in der Seele. (3) Und wahrlich, dies war eine gewaltige Katastrophe, welche zu unserer Zeit in dieser einen Stadt geschehen ist, wie sie in keiner einzigen der großen alten Städte, die in Berichten und Geschichtswerken erwähnt werden, sich zugetragen hat, vergleicht man die Größe der eingenommenen Stadt sowie die Härte und Grausamkeit des Geschehens. (Diese Katastrophe) erschreckte alle, sowohl alle übrigen wie auch diejenigen, die sie selbst verursacht, und diejenigen, die sie erlitten hatten, nicht zum wenigsten durch die Unfaßlichkeit und Außergewöhnlichkeit dessen, was geschehen war, und durch das Übermaß und die Unbegreiflichkeit des Schrecklichen. | 77

Vergleich mit anderen Eroberungen
Vergleich mit der Eroberung von Troja

(4) Troja[1] wurde erobert, aber von Griechen und nach zehnjährigem Krieg, so daß, wenn auch gemessen an der großen Zahl der Gefallenen und Gefangenen das Unglück nicht geringer, vielleicht sogar größer war, doch eben diese beiden Umstände der Stadt eine gewisse Erleichterung und Trost brachten. Denn die Griechen behandelten die Eroberten menschlicher aus Achtung vor dem Schicksal, das alle treffen kann, und der andauernde und langwährende Krieg und die tägliche Erwartung, erobert zu werden, hatten die Empfindung für all diese Schrecken abgestumpft. In dem gegenwärtigen Unglück aber gab es überhaupt keinen Trost.

Vergleich mit der Eroberung von Babylon

(5) Babylon[2] wurde von Kyros erobert, aber es erfuhr keinerlei tödlichen Schlag und war nicht durch Kriegsgefangenschaft geknechtet und auch nicht der Mißhandlung von Frauen und Kindern ausgesetzt, sondern es geschah ihm nichts, als daß es seinen Herrscher wechselte und dazu noch einen guten anstelle eines schlechten eintauschte.

Vergleich mit der Eroberung von Karthago

(6) Karthago[3] wurde zweimal von einem Scipio erobert, aber das erste Mal mußte es nur, indem es Geiseln stellte und die Kriegskosten bezahlte, finanziellen Verlust hinnehmen, das zweite Mal aber wurde es an einen nicht weit entfernten Platz umgesiedelt mitsamt Frauen und Kindern und aller Habe, und seine Bewohner blieben heil und unversehrt, und so widerfuhr ihm damit kein so
78 großes Unglück. |

Vergleich mit der Eroberung von Rom

(7) Rom[1] wurde das erste Mal von Kelten und Galatern erobert, das zweite Mal von den Goten, aber es erlitt kein so großes Unglück, sondern es geschah ihm nichts als daß es eine kurze Zeit hindurch von Usurpatoren beherrscht wurde, Geldmittel und Reichtum einbüßte, daß das Vermögen der ranghöchsten Familien konfisziert wurde und die angesehenen Männer verbannt wurden. Nur wenig später aber erholte es sich wieder und stieg auf zu großem Ruhm, Reichtum, Macht und Glück.

Vergleich mit der Eroberung von Jerusalem

(8) Jerusalem[2] wurde dreimal erobert, das erste Mal von den Assyrern, das zweite Mal von Antiochos, das dritte Mal von den Römern. Aber das erste Mal mußte es nur

eine Umsiedlung nach Babylon mitsamt Frauen und Kindern und aller Habe auf sich nehmen. Von Antiochos wurden sie nur eine kurze Zeit hindurch despotisch beherrscht, dann gehörte die Stadt wieder ihnen. Von den Römern aber – mögen auch die Leiden der Eroberung unerträglich gewesen sein, so gab es doch viele schreckliche Aufstände in der Stadt, Kämpfe der Bürger untereinander, Plünderungen, Gemetzel und gottloses Morden der Einwohner und engsten Angehörigen sowohl vor dem Kriege wie im Kriege selbst, so daß ihre Gebete oftmals die Bitte enthielten, die Stadt möge erobert werden, weil sie sich dadurch Befreiung von den schlimmsten Übeln erhofften, sei es durch den Tod oder durch die Knechtschaft. Daher ist das Unglück, das jene Städte bei der Eroberung traf, mitnichten mit dem Unglück dieser Stadt zu vergleichen.

Vergleich auch mit anderen Städten

(9) Auch viele andere große Städte in Asien und Europa, die mit Reichtum, Ruhm, Klugheit und Tüchtigkeit ihrer Einwohner und mit vielen anderen Gütern reich gesegnet waren, sind erobert worden, aber auch das Unglück, das diese bei der Eroberung traf, steht in keinem Verhältnis
zu den gegenwärtigen Schrecken. | 79

Vergleich der Polis mit sich selbst, ich meine zwischen der Eroberung durch die Lateiner und der jetzigen Eroberung

69. (1) Auch diese unglückliche Stadt ist schon in früherer Zeit erobert worden, und zwar von den westlichen Völkern[1], und sie wurde sechzig Jahre hindurch von Usurpatoren beherrscht.[2] Und dabei verlor sie großen Reichtum und sehr viele wunderschöne und kostbare kirchliche Weihgaben; und ihre prächtigen, ehrwürdigen und begehrenswerten Sehenswürdigkeiten, die weithin berühmt waren, wurden zum Teil in den Westen ver-

schleppt, zum Teil aber in der Stadt selbst ein Raub der Flammen. Aber nur so weit gingen der Verlust und der Schrecken für sie. Wenn auch dies kein geringes Unglück war, so hatte sie doch keinen einzigen ihrer Bewohner verloren, und auch ihren Kindern und Frauen und dem, was jedem das Liebste ist, widerfuhr dabei kein Schaden, sondern all ihre Einwohner blieben gänzlich unversehrt, und es geschah ihnen kein Leid.[3] Und nachdem sie die Herrschaft der Usurpatoren abgeschüttelt und sich erholt hatte, erreichte sie wieder ihren früheren Zustand, war Residenz des Kaisers, herrschte über viele Völkerschaften in Asien und Europa und über nicht wenige Inseln, genoß Ansehen, Reichtum, Ruhm und Pracht, war Führerin und Vorbild in allem Schönen, war Heimstatt geistiger Kultur und jedweder Bildung, Weisheit und Vollkommenheit und all dessen zugleich, was zum Schönen gehört.

Klage und Trauerrede eigens auf die Polis

(2) Jetzt aber ist es wirklich aus und vorbei mit ihr, und all das Schöne mit einem Male dahin. Sie hat alles verloren: Reichtum, Ruhm, Herrschaft, Ansehen, Ehre, Glanz ihres Geschlechtes, Tüchtigkeit, Bildung, Weisheit, priesterliche Würde und Kaisertum, kurz alles. Und so hoch sie zum Gipfel von Wohlstand und Glück emporgestiegen war, so tief ist sie in den Abgrund von Unglück und Elend hinabgestürzt. Und vorher von vielen glücklich gepriesen, wird sie nun von allen unglücklich und schwer vom Schicksal getroffen genannt. Und sie, deren Ruhm bis ans Ende der bewohnten Erde vorgedrungen war, hat jetzt alles Land und alles Meer zugleich mit ihrem Leid erfüllt und getränkt mit ihrer Schmach, da sie ihre Bewohner überallhin sandte als Zeugen ihres Unglücks, Männer ebenso wie Frauen und Kinder, schmählich auseinandergerissen zu Kriegsgefangenschaft, Knechtschaft und Mißhandlung. Und sie, die

früher über viele Völker herrschte mit Ehre, Ruhm, Reichtum und strahlendem Stolz, wird jetzt von anderen beherrscht in Armut, Schande, Verachtung und schändlichster Knechtschaft. | Und sie, die ein Vorbild in allem 80
Schönen war und ein Bild strahlender Glückseligkeit, ist jetzt ein Bild des Unglücks, ein Mahnmal schlimmster Leiden, eine Gedenksäule der Ungunst des Schicksals und eine Lehre für das Leben.

Mahnung an die Bedeutungslosigkeit der menschlichen Verhältnisse und die Unbeständigkeit des Gegenwärtigen und daß nichts in ihnen fest und sicher ist

(3) So ist nichts von den menschlichen Dingen zuverlässig, nichts fest, sondern alles wird nach Art des Euripos[1] nach oben und unten gewirbelt und herumgewälzt durch die plötzlichen Wechselfälle des Lebens, abwechselnd Subjekt und Objekt dieses Spiels. Und niemals wird es innehalten in diesem regellosen und stürmischen Lauf und Treiben, in dem launischen Hin- und Herströmen und Wechsel, solange das, was ist, existieren wird.
(4) Ich aber wundere mich vor allem auch über die Übereinstimmung der Namen und den Gegensatz der Verhältnisse, die sich nach einem so langen Zeitabschnitt von nahezu 1200 Jahren ergeben haben. Denn Konstantin, der vom Glück begünstigte Kaiser, Helenas Sohn[2], hat diese Stadt aufgebaut und zu höchstem Wohlstand und Glück erhoben, und wiederum unter der Regierung eines Konstantin, des unglücklichen Kaisers, der Helena Sohn[3], wurde sie erobert und in schlimmste Knechtschaft und Elend gestürzt. Soviel nun hierüber.

70. (1) Die dreißig Trieren aber, die der Erzpriester von Rom der Polis und Kaiser Konstantin zu Hilfe gesandt hatte, waren in Chios gelandet, und da sie dort auf widrige Winde trafen, blieben sie an Ort und Stelle und warteten auf günstiges Wetter. Als sie aber kurz darauf

von der Eroberung der Polis erfuhren, segelten sie, da sie zu spät gekommen waren, um noch helfen zu können, wieder nach Hause zurück, ohne den Zweck ihrer Reise erfüllt zu haben. (2) Es war also durchaus so bestimmt, daß diese unglückliche Stadt erobert wurde und schlimmes Leid erfahren mußte, und deshalb war sie von jeder Hilfe, die sich von allen Seiten zeigte und sie hätte unterstützen können, völlig abgeschnitten, ja es waren alle Umstände zusammengekommen, um diesen Zweck
81 zu erreichen, da die Gottheit es so geschehen ließ. |

Siehe den Zeitpunkt der Eroberung

71. Sie wurde also erobert unter Kaiser Konstantin, dem siebenten Paläologen[1], in der letzten Dekade des Mai, am 29. Tag, als nach rhomäischer Zeitrechnung das 6961. Jahr seit Beginn der Welt zu Ende ging, und im 1124. Jahr seit Gründung und Besiedlung der Stadt.[2]

Nachruf auf Kaiser Konstantin

72. (1) Es starb aber auch Kaiser Konstantin selbst, wie ich schon sagte, im Kampf, ein besonnener und maßvoller Mann in seinem Privatleben, um Einsicht und Vortrefflichkeit immer in höchstem Maße bemüht, klug und unter die hochgebildeten Männer zu rechnen, und auch in den öffentlichen Angelegenheiten und in der Führung seiner Regierungsgeschäfte keinem der vor ihm amtierenden Kaiser unterlegen, rascher als jeder andere im Erfassen dessen, was erforderlich ist, rascher noch im Entscheiden, ein guter Redner und ein guter Planer, doch besser noch im praktischen Handeln, ein unfehlbarer Beurteiler des Gegenwärtigen, wie jemand einmal von Perikles gesagt hat[3], für das Zukünftige aber in fast allen Dingen der beste Berechner des Wahrscheinlichen. Für seine Vaterstadt und seine Untertanen war er bereit, alles zu tun und zu erleiden, wie er ja auch, obwohl er die

drohende Gefahr für die Polis klar vor Augen sah und sich selbst hätte retten können und obwohl es viele Leute gab, die ihn dazu aufforderten, dies nicht wollte, sondern es vorzog, zusammen mit der Vaterstadt und seinen Untertanen zu sterben, vielmehr als Vorkämpfer für sie zu sterben, um nicht mitanzusehen, wie die Stadt erobert würde und ihre Bewohner teils grausam hingemetzelt, teils als Kriegsgefangene schimpflich verschleppt würden. (2) Denn als er sah, daß die Feinde ihn zurückdrängten und durch die Mauerbresche glorreich in die Stadt
hereinströmten, soll er mit lauter Stimme | diese letzten 82
Worte gesprochen haben: „Die Stadt wird erobert, und ich lebe noch?“ Und damit habe er sich mitten unter die Feinde gestürzt und sei niedergehauen worden. Ein so vortrefflicher Mann war er und ein solcher Schirmherr seines Gemeinwesens, unglücklich freilich während seines ganzen Lebens, und in seinem Ende am unglücklichsten.

Epilog

(3) Mit der großen Stadt des Konstantin, die sich zu ihrer Zeit zu großem Ruhm, Macht und Reichtum erhob und alle Städte vor ihr, welche wegen ihres Ruhms, Reichtums, ihrer Herrschaft, Macht, Größe und aller übrigen Dinge wegen bewundert wurden, bei weitem und mit ungeheurem Abstand übertraf, hat es ein solches Ende genommen.

Verteilung der Beute und des Raubgutes

73. (1) Sultan Mehmet aber kehrte, nachdem er die Stadt und alles, was in ihr war, genau betrachtet hatte, ins Lager zurück und regelte die Verteilung der Beute. Und zunächst nahm er sich den ihm nach dem Herkommen zustehenden Anteil am Raubgut[1], dann wählte er sich von allen Ehrengeschenke aus: blühende Jungfrauen aus

edlem Geschlecht und schöne Knaben; einiges davon kaufte er auch von den Soldaten. (2) Er wählte sich aber auch aus den angesehenen Männern diejenigen aus, von denen er erfahren hatte, daß sie an vornehmer Abkunft, an Geisteskraft und Tüchtigkeit den anderen überlegen waren, darunter eben auch Notaras, einen einflußreichen und wegen seiner Klugheit, seines Reichtums, seiner Vortrefflichkeit und seines politischen Einflusses hochangesehenen Mann, und er ehrte diesen mit einer Audienz und wechselte freundliche Worte mit ihm und gab nicht nur ihm, sondern auch den anderen, die mit ihm waren, berechtigten Grund, wieder Hoffnung zu schöpfen. Denn es hatte ihn Mitleid überkommen mit den Männern und ihrem Unglück, da er bedachte, aus welch großem Glück in welch tiefes Elend sie gestürzt waren. Und er hatte Gutes mit ihnen vor, wenn auch der Neid dies nur wenig später vereitelte. (3) Nachdem er nun dieses und alles, was den Soldaten zustand, gerecht und nach seinem Willen geregelt und die einen mit Ämtern und Ehrenstellungen, die anderen mit Geld und wieder andere mit Lebensmittelzuteilungen und mannigfachen anderen Geschenken geehrt hatte, und nachdem er diejenigen, von denen er wußte, daß sie tapfer gekämpft hatten, belohnt und durch eine Audienz geehrt und dazu noch eine Rede gehalten und vieles zu ihrem Lob und
83 Dank gesagt hatte, entließ er das Heer. |

Plan des Sultans zur Besiedlung der Stadt

(4) Er selbst aber ging mit den höchsten Beamten und seinem persönlichen Hofstaat in die Stadt und machte zunächst einen Plan, wie er sie wieder besiedeln könnte, nicht nur in dem früheren Ausmaß, sondern, wenn möglich, zur Gänze, so daß sie mit ihrer günstigen Lage auf dem Festland und am Meer seine Residenz würde. Dann schenkte er allen seinen höchsten Beamten und Vertrauten prächtige Häuser, die den Vornehmen gehört

hatten, sowie Parkanlagen, Felder und Weingärten innerhalb der Stadt, einigen auch wunderschöne Kirchen, damit sie darin wohnen sollten. (5) Er selbst aber wählte den zentralen und schönsten Platz der Stadt zum Bau seiner Residenz.[1] Danach aber siedelte er alle Kriegsgefangenen, die er als Beuteanteil erhalten hatte, zusammen mit ihren Frauen und Kindern längs der Küste am Hafen der Stadt als Seeleute an, welche man früher Steniten[2] nannte, und gab ihnen Häuser und Steuerfreiheit für eine bestimmte Anzahl von Jahren. (6) Und er bot eben dieses auch allen anderen an, die sich in der Polis ansiedeln wollten, nachdem sie ihren Herren ihren Kaufpreis entrichtet oder mit diesen vereinbart hatten, ihn innerhalb einer bestimmten Frist zu entrichten, und gewährte auch diesen Steuerfreiheit und Häuser aus ihrem eigenen oder aus fremdem Besitz. (7) Er wollte aber auch diejenigen, die er sich aus der führenden Schicht ausgewählt hatte, dort ansiedeln zusammen mit ihren Frauen und Kindern, indem er ihnen Häuser und Besitz gewährte und für ihren Lebensunterhalt sorgte, und wollte sich in jeder Weise um sie kümmern. Dies war seine Absicht und lag ihm am Herzen, wie man sagte. (8) Notaras gedachte er als Gouverneur der Stadt und als Aufseher über ihre Neubesiedlung einzusetzen, nachdem er ihn zuvor in dieser Angelegenheit zu Rate gezogen hatte. Aber es kamen ihnen die Giftpfeile des Neides zuvor, die tödlich trafen, und sie wurden zu Unrecht zum Tode verurteilt.

Rat der höchsten Beamten an den Sultan, die Männer hinrichten zu lassen

(9) Einige sehr einflußreiche Leute nämlich überredeten den Herrscher, ich weiß nicht, was sie dazu brachte, jedenfalls geschah es aus Neid und Haß gegen die Männer, diese aus dem Weg räumen zu lassen, indem sie argumentierten, es dürfe nicht nur nicht sein, daß Rho-

mäer und noch dazu angesehene Männer in dieser Stadt wohnten und irgendeiner Fürsorge für wert erachtet würden, sondern, so sagten sie: „Sie dürfen überhaupt nicht leben und frei herumlaufen in Deinem Gebiet. Denn wenn sie erst etwas Spielraum gewinnen und von ihrer Knechtschaft befreit werden, dann werden sie sich nicht mehr ruhig verhalten, sondern nach ihren eigenen Gütern und dem, was sie vorher hatten, trachten, vor allem auch nach der Freiheit, und daher alles gegen die Stadt unternehmen, ob sie nun zu unseren Feinden
84 überlaufen oder hier in der Stadt bleiben.“ |

Das Urteil gegen sie

(10) Dadurch überzeugt oder besser listig beredet, befahl der Sultan, die Männer hinrichten zu lassen. Sie aber wurden hingerichtet und mit ihnen auch der Megas Dux mit seinen beiden Söhnen.[1]

Siehe eine edle Gesinnung

(11) Dieser soll, als sie an den Ort der Hinrichtung geführt worden waren, den Scharfrichter gebeten haben, zunächst seine Söhne vor seinen Augen zu töten, damit sie nicht aus Furcht vor dem Tod ihrem Glauben abschwörten, und dann ihn selbst nach seinen Söhnen zu töten. Er habe sich also hingestellt und unverwandt mit festem Blick und unerschrockener Haltung mitangesehen, wie seine Söhne hingemetzelt wurden, und dann habe er, nachdem er gebetet und Gott dafür gedankt habe, daß er seine Kinder und ihn selbst heimhole, seinen Nacken unter das Schwert gelegt. So edel und mit festem Mut und tapferem Herzen starb er.

Nachruf auf den Megas Dux

(12) Er war nämlich ein sehr gottesfürchtiger Mann und von hervorragender Klugheit, dazu an Hochherzigkeit, raschem Verstand und innerer Freiheit allen überlegen.

Er zeigte in jeder Situation die Kraft seiner Natur und war ein vortrefflicher Mann. Dadurch erlangte er auch die Fähigkeit zum Staatsmann, erwarb sich seinen politischen Einfluß und stieg zu großem Ruhm und Reichtum auf. Er nahm die erste Stelle ein nicht nur bei den Rhomäern, sondern auch bei vielen auswärtigen Völkern. Auch alle, die mit ihm waren, starben unerschrocken und mit fester und tapferer Haltung, neun an der Zahl.

(13) Später freilich entdeckte der Sultan die List und Heimtücke derer, die ihn überredet hatten, die Männer zu töten, und aus Abscheu vor ihrer Heimtücke entfernte er sie aus seinem Gesichtskreis, indem er die einen mit dem Tode bestrafte, die anderen aus Amt und Würden entließ. Und nicht lange danach büßten sie diese Strafe für ihr Verbrechen gegen die Männer ab. Das also geschah kurze Zeit später.

(14) Damals aber setzte er als Präfekten der Polis und ihrer Umgebung einen sehr klugen und tüchtigen, aber
auch charakterlich anständigen Mann ein, | Süleyman 85
mit Namen, dem er unter anderem auch auftrug, sich die Besiedlung der Stadt besonders angelegen sein zu lassen.

Ankunft des Sultans in der Stadt des Hadrian

74. (1) Danach kehrte er im Sommer in die Stadt des Hadrian zurück und empfing dort Gesandtschaften der Triballer, Illyrer und Peloponnesier, außerdem der Mitylenäer, der Chier und vieler anderer, die er alle huldvoll behandelte, indem er mit den einen einen Vertrag schloß und eidliche Verpflichtungen gab und empfing, den anderen gewährte, was sie forderten, einigen sogar Steuern erließ, anderen wieder irgendeine andere Wohltat erwies und mit allen friedfertig verhandelte. (2) Ebenso kamen zu ihm Gesandtschaften auch vom persischen König und vom Sultan Ägyptens, aber auch von Karamanos, dem Herrscher von Kilikien, die ihn zu

seinem Sieg beglückwünschten und ihn zugleich wegen seiner Tapferkeit, seiner Tüchtigkeit und seines Einsatzes für sein Volk priesen. Er empfing sie freundlich und ehrte sie unter vielen anderen großzügigen Gaben auch mit Geschenken aus dem Raubgute und entließ sie mit großem Glanz.

(3) Danach aber wählte er sich aus den edlen Knaben, die er erhalten hatte, die nach Herkunft und Anlagen besten aus und setzte die einen als seine Leibwächter in seiner unmittelbaren Umgebung, die anderen zu sonstigen persönlichen Dienstleistungen ein, wobei er über ihre Klugheit, ihre sonstigen Vorzüge und ihre Bildung staunte. Denn sie stachen hervor durch die Schönheit des Körpers und den Adel und die Wohlgestalt ihrer Seele, und sie zeichneten sich besonders aus durch die Beschaffenheit ihres Charakters und ihrer Gesinnung, da sie aus berühmtem und glänzendem Geschlecht stammten, von der Natur mit den besten Anlagen versehen waren und im Kaiserpalast eine gute Erziehung genossen hatten. Ebenso aber staunte er auch über die Züchtigkeit, Artigkeit und Schönheit der Jungfrauen und daß sie mit allen Vorzügen ihres Geschlechts im Übermaß begabt waren.

Ankunft der Gesandtschaft, die Kritobulos geschickt hatte, indem er dem Sultan die Inseln Imbros und Lemnos übergab

75. (1) Just in jenen Tagen kam auch von den Inseln eine Gesandtschaft zum Sultan, die Kritobulos von Imbros, der auch diesen Bericht verfaßt hat, geschickt hatte, die
86 ihm die Inseln im Ägäischen Meer, Imbros, | Lemnos und Thasos, übergab, welche zuvor dem Kaiser Konstantin untertan waren. Denn kaum hatten die von diesem vorher auf ihnen eingesetzten Beamten von der Eroberung der Stadt und vom Tod des Kaisers erfahren, da verzweifelten sie völlig und machten sich sogleich auf die Flucht. Die einen, die auf Lemnos, flohen mit den

italienischen Trieren, die auf ihrer Flucht aus der Polis und auf ihrem Heimweg an einem Vorgebirge von Lemnos vor Anker gegangen waren. Die auf Imbros aber flohen mit den Lastschiffen, die ihrerseits an dem „Kephalos“ genannten Vorgebirge von Imbros vor Anker gegangen waren. (2) Die Inselbewohner aber, da sie die Flucht der kaiserlichen Beamten sahen und den Angriff der Flotte des Sultans befürchteten, nämlich daß diese etwa gegen sie segeln könnte (denn sie hatten schon erfahren, daß sie auf dem Rückweg nach Kalliupolis war), sannen auf Flucht. Und es machten sich auch wirklich von den Lemniern etwa 200 Männer mit ihren Frauen und Kindern auf und davon; die einen brachen nach Kreta, die anderen nach Chios und ein Teil auch nach Euboia auf. (3) Als aber Kritobulos davon erfuhr, hielt er sie in ihrem Drang zur Flucht auf, indem er ihnen durch wohlbegründete Hoffnungen Mut machte. Und er schickte heimlich einen Mann seines Vertrauens zu Hamza, dem Satrapen von Kalliupolis und Befehlshaber der gesamten Flotte, und schloß mit ihm ein Abkommen, die Inseln nicht anzugreifen und auch keinerlei Unrecht gegen sie überhaupt nur zu planen oder ihnen anzutun, indem er ihn mit vielen Geschenken dazu brachte. Und über ihn schickte er auch Gesandte zum Sultan und mit ihnen den Priester der Insel[1], der mit ihm zusammen den Bewohnern vorstand. Diese brachten Geschenke, übergaben ihm die Inseln und baten ihn zugleich, er möge zulassen, daß sie die frühere Art der Verwaltung beibehielten, ihm die festgesetzten Abgaben jährlich entrichteten und einen Regenten nach seiner Wahl hätten.

Übergabe der Inseln seitens des Sultans an die Herrscher von Ainos und Mitylene, Palamedes und Dorieus

(4) Der Sultan aber empfing sie huldvoll, gewährte ihnen das Erbetene und übergab die Inseln genauso, wie sie auch zur Zeit des Kaisers aufgeteilt waren, nämlich

Imbros dem Palamedes[2], dem Herrscher von Ainos, Lemnos dagegen und Thasos dem Dorieus[3], dem Herrscher von Mitylene. Es traf sich nämlich, daß zur selben Zeit der eine, Dorieus, seinen Sohn als Gesandten zum Sultan geschickt hatte, der andere, Palamedes, einen seiner führenden Männer und engen Verwandten, mit dem Ersuchen um eben diese Inseln. Diese unterstützten auf das eifrigste auch die von Kritobulos geschickten
87 Gesandten, die eben diesen Auftrag hatten und | auch ihrerseits dieselbe Bitte an den Sultan herantrugen. (5) Auf diese Weise waren die Inseln von der damaligen Gefahr befreit. Es drohte ihnen nämlich keine geringe Gefahr, während die Flotte aus der Polis nach Kalliupolis zurückkehrte.

Verhaftung des Halil und seine Hinrichtung

76. (1) In eben diesen Tagen ließ der Sultan auch Halil[1], einen der führenden und einflußreichen Männer bei Hof, ergreifen, ins Gefängnis werfen und nach vielfachen Foltern hinrichten. Es wurden eine große Menge Gold und Silber und alle möglichen Schätze bei ihm gefunden, welche seit langer Zeit von seinen Vorfahren und ihm selbst zusammengetragen worden waren. Denn der Mann stammte aus einem der bei ihnen hochangesehenen Geschlechter, die sich durch Ruhm, Reichtum und Einfluß auszeichnen. All dessen Reichtümer nun ließ er in die kaiserliche Schatzkammer bringen, abgesehen von einer sehr kleinen Summe, die er dessen Söhnen überließ. Später jedoch übergab er diesen alles. (2) Der Sultan hatte zwar auch noch andere Gründe, aus denen er ihm zu Recht zürnte, die am schwersten wiegenden aber waren, daß jener, während sein Vater noch lebte, in vielen Dingen gegen ihn gearbeitet hatte, da er bei diesem großen Einfluß hatte, vor allem aber, daß sein Vater, nachdem er ihn schon zu seinen Lebzeiten mit der Herrschaft über das gesamte Reich betraut hatte, auf

dessen Anraten ihm diese wieder entzog, und daß er ihn vom Krieg gegen die Polis abbringen wollte und heimlich mit den Rhomäern gemeinsame Sache gemacht hatte, indem er seine Pläne verriet und in jeder Weise gegen ihn handelte und opponierte.

Einsetzung von İshak Paşa in Würde und Amt des Halil

(3) Dies nun waren Gründe für seine Verhaftung und Hinrichtung, die offen geäußert wurden, es gab aber auch noch andere, verborgene. In seine Stellung aber setzte er İshak[2] ein, einen sehr klugen, auf vielen Gebieten erfahrenen, vor allem aber auch strategisch begabten und tapferen Mann. | 88

Entlassung des Zağanos aus Amt und Würden

77. (1) Nur wenige Tage danach entließ er auch Zağanos[1] aus seinem Amt und zugleich aus seiner Stellung, nachdem er sich auch von dessen Tochter, die er vor kurzem geehelicht hatte, getrennt hatte. Und er schickte diesen zusammen mit seiner Tochter nach Asien und gab ihnen dort auch ausreichend Land zu ihrem Lebensunterhalt.

Einsetzung des Mahmut Paşa in Amt und Würde des Zağanos

(2) In dessen Stellung und Amt und seine Position als Sachwalter der gesamten Politik setzte er Mahmut[2] ein, der als Gatte der zweiten Tochter dessen Schwiegersohn war, einen Mann, der von Herkunft sowohl väterlicher- wie mütterlicherseits zu den allervornehmsten Rhomäern gehörte (sein Großvater väterlicherseits, Philanthropenos[3], war Gouverneur von Hellas und mit dem Rang eines Caesar geehrt worden). Von Natur war er daher mit so vortrefflichen Anlagen begabt, daß er nicht nur alle seine Zeitgenossen, sondern auch die vor ihm

Lebenden mit seiner Klugheit, Tapferkeit, Tüchtigkeit und seinen sonstigen Vorzügen in den Schatten stellte. Rasch erfaßte er von sich aus das Notwendige und war fähig, es auch rasch aus den Worten eines anderen zu erkennen, rascher noch fällte er seine Entscheidungen und führte sie durch. Dazu war er ein begabter Volksredner und verstand sich auf die Führung von Menschenmassen. Mehr noch war er ein Mann der Tat, der auch in ausweglosen Situationen einen Ausweg zu finden wußte, zu großen Taten fähig, ein guter Ratgeber, unerschrokken, hochherzig und in jeder Situation ein vortrefflicher Mann, wie Zeit und Umstände bewiesen. (3) Denn seitdem dieser Mann die Regierungsgeschäfte des Sultans leitete, entwickelte sich dieses große Reich in jeder Hinsicht zum besseren durch seine bewundernswerte Energie, seine vortrefflichen Ratschläge und seine ehrliche und aufrichtige Treue und Zuneigung gegenüber dem Herrscher. So war er in seinem ganzen Wesen in jeder Hinsicht überlegen und bewies dies klar durch seine Handlungen. (4) Der Sultan aber kehrte nach diesen Tätigkeiten in Adrianopel im Herbst nach Byzanz zurück, und damit ging das insgesamt 6961. Jahr (1452/53)
89 zu Ende, das dritte Regierungsjahr des Sultans. |

ZWEITES BUCH

Das vorliegende Buch enthält den Übertritt von Ainos, den Krieg gegen die Triballer und deren endgültige Unterwerfung und Versklavung sowie die Eroberung der Inseln Lemnos, Thasos und Samothrake durch die Italiener. Es umfaßt einen Zeitraum von drei Jahren. | 90

1. (1) Nachdem der Sultan in der Stadt des Konstantin angekommen war, kümmerte er sich zunächst sehr intensiv um die Besiedlung der Stadt und um ihre sonstige Versorgung und Wiederherstellung. Und er ließ in seinem ganzen Reich Erlasse und kaiserliche Verordnungen verbreiten und ließ möglichst viele Menschen, nicht nur Christen, sondern auch sehr viele Angehörige seines eigenen Volkes und auch Juden ihren Wohnsitz in die Stadt verlegen.

Wiederherstellung der durch den Beschuß eingestürzten Mauern, aber auch der übrigen Mauern auf der Land- und auf der Seeseite, sowie Bau einer neuen Residenz und Bau der Festung am Goldenen Tor

(2) Dann befahl er, die von den Geschützen niedergerissenen Abschnitte der Mauer sämtlich sicher wiederaufzubauen und sie auch dort, wo sie sonst durch die Zeit Schaden genommen hatten, sowohl auf der Land- als auch auf der Seeseite, auszubessern.[1] Er ließ auch die Fundamente für seine Residenz legen, nachdem er sich dafür, wie ich schon sagte, den größten und schönsten Platz der Stadt ausgewählt hatte. (3) Außerdem befahl er, auch eine starke Festung in der Nähe des Goldenen Tores zu bauen[2], wo sich einst die Festung der Kaiser

befand, und daß dies alles mit Eile zu geschehen habe. Die Arbeit aber sollten die kriegsgefangenen Rhomäer verrichten und dafür täglich als Lohn je sechs oder auch mehr Nomismata[3] erhalten. (4) Das war seitens des Sultans eine Art von Fürsorge für die Kriegsgefangenen, damit sie sich ernähren konnten und die Möglichkeit hatten, sich dadurch das Geld für ihren eigenen Loskauf zu verschaffen und ihren Herrn auszuzahlen und dann in Freiheit in der Polis zu wohnen. Doch nicht allein das, sondern er bewies auch große Menschenfreundlichkeit und Wohltätigkeit, dazu auch wahrhaft kaiserliche Hochherzigkeit gegenüber allen anderen ohne Ausnahme, nicht zum wenigsten aber gegenüber diesen Kriegsgefangenen, indem er sich ihrer erbarmte und ihnen täglich in großzügiger Weise Gutes tat. (5) Denn oftmals, wenn er seine Residenz verließ und zur Besichtigung oder zu sonst einem Zweck in der Stadt die Runde machte, hielt er sofort, wenn er einigen von ihnen begegnete, sein Pferd an und schenkte ihnen allen mit eigener Hand reichlich Silbermünzen und oft auch Goldmünzen.[4] So groß war sein Mitleid mit den Männern.

Berufung des Gennadios und seine Einsetzung ins Amt des Patriarchen

2. (1) In eben jenen Tagen berief er auch den Gennadios zu sich, einen sehr weisen und bewundernswerten Mann.
91 Denn da er auch früher schon | durch mündliche Kunde eine hohe Meinung von der Weisheit dieses Mannes, seiner Einsicht und Vortrefflichkeit hatte, ließ er ihn sogleich nach der Eroberung suchen, begierig, ihn zu sehen und seiner Weisheit zu lauschen. Nachdem er ihn daher unter großen Mühen hatte suchen lassen, fand er ihn in Adrianopel bei einem der Mächtigen in einem bestimmten Bezirk der Stadt, zwar unter Bewachung gehalten, aber mit großer Zuvorkommenheit behandelt. Denn derjenige, der sein Herr war, achtete ihn, obgleich

sein Feind, wegen seiner Vortrefflichkeit. (2) Als der Sultan ihn aber gesehen und eine nur flüchtige Probe von der Weisheit, Verstandeskraft und Vortrefflichkeit des Mannes, auch von der Kraft und Anmut, mit der er zu reden verstand, erhalten hatte, bewunderte er ihn über die Maßen und erwies ihm große Achtung und Ehre, indem er ihm freien Zutritt zu sich einräumte, ihn des freien Umgangs mit sich würdigte und sich an seinen Reden und sonstigen Gesprächen und an seinen Antworten erfreute. Er zeichnete ihn aber auch mit großzügigen und ehrenvollen Geschenken aus und setzte ihn schließlich zum Patriarchen und Erzpriester der Christen ein mit vielen Würden und Pflichten, indem er ihm unter vielem anderen auch die volle Amtsgewalt der Kirche schenkte sowie ihre sonstige Macht und Herrschaft im selben Umfang, wie ihr diese auch vorher von den Kaisern eingeräumt wurden. (3) Und er gestattete ihm, viele schöne Vorträge über den Glauben der Christen und ihre Gotteslehre vor seinem Angesicht furchtlos und frei zu halten, indem er selbst zu ihm ging und auch die an seinem Hofe angesehenen und weisen Männer zu diesen Besuchen mitnahm, ihm auch hierin Ehre erweisend.[1] Und noch mit vielen anderen Dingen ehrte er diesen Mann. So sehr wußte die Vortrefflichkeit des Mannes nicht nur jemand zu achten, der sein Feind war, sondern sogar eine ganze Kaste, ich meine die von Sultanen, Usurpatoren und Machthabern. Und so gab der Sultan nach Gottes Willen den Christen auch die Kirche zusammen mit einem Großteil ihres Besitzes wieder zurück.

Übergang des Sultans nach Asien und Ordnung der dortigen Verhältnisse

3. (1) Nachdem der Sultan die Angelegenheiten der Polis in dieser Weise geregelt hatte, setzte er nach Asien über, und als er in der Stadt des Prusias angekommen war, erwies er seinem Vater die Totenehren und hielt an

seinem Grabe ein prächtiges Totenritual und eine Gedenkfeier ab und schmückte es mit kostbaren Weihgaben und königlichen Geschenken. (2) Dann regelte er die Verhältnisse in Asien. Wo immer seitens der dortigen Regenten und Völkerschaften sich Aufruhr oder überhaupt politische Gärung bemerkbar machten oder auch sonstwie Unordnung herrschte, da brachte er alles in Ordnung, widerrief außerdem Satrapien und Ämter und ernannte für diese Beamte und Satrapen. Und nachdem er auch alles übrige auf diesem Kontinent innerhalb von insgesamt 35 Tagen gut geordnet und nach seinem Willen geregelt und als Statthalter von ganz Asien Hamza ernannt hatte, kehrte er wieder nach Byzanz
92 zurück. |

Ankunft des Sultans in der Stadt des Hadrian und Entsendung der Flotte mit Ionuzes zu den Inseln um Rhodos und nach Naxos

(3) Nachdem er sich nur kurze Zeit dort aufgehalten hatte, gerade so viel, wie er brauchte, um den Fortgang der dortigen Bauten in Augenschein zu nehmen und Anweisungen zu geben, was an ihnen und auch sonst allgemein zu tun sei, und daß die Arbeiten möglichst schnell zu vollenden seien, brach er im Winter (1454/55) nach der Stadt des Hadrian auf. (4) Dort angelangt, ließ er sogleich Ionuzes holen, den Satrapen von Kalliupolis und Befehlshaber der Flotte, und befahl ihm, in höchster Eile die Flotte zu rüsten und gegen Naxos und die Inseln um Rhodos zu segeln, Paros, Rheneia, Kos und die anderen, die dort liegen. (5) Denn während die Bewohner aller anderen Inseln mit dem Sultan Abkommen geschlossen hatten bzw. schlossen, waren allein die Rhodier nicht zu Friedensschluß und Bündnis mit ihm bereit, sondern blieben ohne Vertrag, duldeten aber, daß die Seeräuberschiffe der westlichen Iberer und Alanen bei ihnen landeten, und bemannten auch ihrerseits Schiffe

und unternahmen Raubzüge gegen die gesamte Küste des Sultans. Ebenso duldeten auch die Naxier, daß die Piraten bei ihnen an Land gingen, und versorgten sie mit Proviant und dem, was sie sonst noch brauchten, und so fügten auch sie dem (Reich) des Sultans nicht wenig Schaden zu. Gegen diese schickte er also die Flotte aus.

4. (1) Ionuzes aber stach, nachdem er achtzig Schiffe mit Soldaten bemannt und ordentlich ausgerüstet hatte und dazu noch Versorgungsschiffe in nicht geringer Zahl und solche, die die Geschütze an Bord hatten, von Kalliupolis aus in See und fuhr durch die Meerenge des Hellespont direkt auf die Ziegenflüsse zu und gelangte an Sestos, Abydos und den sogenannten „Hundsköpfen“[1] vorbei nach Dardania am Eingang der Meerenge. Und nachdem er am Troischen Rhion und am Grabmal des Achilleus vorbeigesegelt war, landete er in Tenedos. (2) Hier wartete er zwei Tage lang, ließ Trinkwasser holen und sammelte alle Schiffe (denn einige von ihnen kamen erst später, da sie an der dortigen Küste Ruderer einsammelten), brach dann bei Nacht auf, damit er nicht gesehen und sein Kommen bekannt werde (er wollte nämlich so lange wie möglich unbemerkt bleiben) und fuhr übers Ägäische Meer, zur Rechten achteraus die Kyanidischen Inseln[2], zur Linken vor dem Bug Lesbos. | 93

Siehe einen gewaltigen Sturm und Gefahr für die Schiffe

(3) Als aber plötzlich ein gewaltiger Sturm ausbrach und schwerer Seegang einsetzte unter heftigen Regengüssen, Blitzen und Donnern, orkanartigen Böen und Finsternis, und das Meer wild wogte und riesige Wellenberge auftürmte, wie es ja häufig geschieht im Ägäischen Meer, hielten sich zunächst alle Schiffe in ihrer Fahrt an das Feuerzeichen des Admiralsschiffes, indem sie diesem folgten. Da es jedoch Nacht war und tiefe Dunkelheit herrschte und sie bei schwerstem Seegang, Orkan und

entgegenkommenden Böen ohne jede Formation dahintrieben, stießen sie miteinander zusammen und kollidierten, und die meisten von ihnen gingen dabei unter, so daß sie beinahe auch das Admiralsschiff versenkt hätten, indem sie zu mehreren dicht zusammengedrängt auf dieses aufgelaufen wären, wenn nicht der Steuermann sofort, als er dies bemerkte, das Feuerzeichen ausgelöscht hätte. Und so trieben sie die ganze Nacht hindurch im Sturm, hierhin und dorthin übers Meer verstreut, bis es Tag wurde und sie mit Mühe, die einen hier, die anderen dort, am dortigen Festland vor Anker gingen, wie sich jedes gerade aus der schweren See retten konnte. (4) Einige aber gingen auch bei dem Versuch zu landen in nur geringer Entfernung von der Küste unter, da sie auf unter Wasser liegende Riffe und Klippen aufgelaufen waren. Die Schiffe aber, welche die Geschütze an Bord hatten, wurden von der Gewalt der Fluten und den riesigen Wellenbergen hin und her getrieben und krachten dann teils gegen Klippen und Felsenküsten und zerschellten, und die an Bord befindlichen Geschütze versanken dabei auf der Stelle, teils konnten sie sich erst spät und nur mit Mühe retten.

5. (1) Ionuzes aber, der mit sechs Schiffen dem Sturm entronnen war und den ganzen Tag auf dem Meere gegen Wind und Wellen ankämpfte, konnte sich auch seinerseits nur mit Mühe gegen Abend in den Hafen von Chios retten, mit leckgeschlagenem Schiff und nachdem er die gesamte Decksausrüstung verloren hatte. So knapp war er der Gefahr entronnen. (2) Nachdem er drei Tage in Chios gewartet, die gesamte restliche Flotte gesammelt und, so gut es ging, wiederhergestellt hatte, brach er von dort auf und lief in den Hafen der Insel Kos ein. Dort ging er von Bord und verwüstete das Land der Koer, berannte ihre Stadt und belagerte sie drei Tage lang. Als er aber nichts erreichte, setzte er die Häuser vor der Stadt in Brand, unternahm einen Streifzug über die ganze

übrige Insel, plünderte die Dörfer und machte reiche Beute, und nachdem er diese auf die Schiffe verladen hatte, fuhr er wieder zurück. | 94

Übertritt von Phokaia zu Ionuzes

(3) Als er aber nach dem sogenannten Neu-Phokaia, das den Chioten gehörte, gekommen und an Land gegangen war, unterwarf er die Stadt durch Kapitulation. Das tat er trotz des bestehenden Friedensvertrages aus Zorn über die Chioten, weil sie ihn nicht gebührend empfangen und mit den geziemenden Geschenken geehrt hatten, als er dort vor Anker gegangen war. (4) Nachdem er die Verhältnisse in Phokaia nach seinem Willen geregelt, eine Besatzung hineingelegt und Knaben genommen hatte, fuhr er wieder nach Hause nach Kalliupolis und entließ die Flotte.

Daß Ionuzes 25 seiner Schiffe im Sturm verloren hat

(5) Er verlor aber im Sturm insgesamt 25 seiner Schiffe einschließlich der Versorgungsschiffe. Deshalb zürnte ihm auch der Sultan seitdem, wie man sagt, noch mehr, und eben deswegen und noch aus anderen Gründen ließ er ihn wenig später hinrichten. Und soviel nun hierüber.

Gründe, aus welchen der Sultan auf einen Feldzug gegen die Triballer begierig war

6. (1) Der Sultan verbrachte den Winter in Adrianopel und rüstete ein großes Heer gegen die Triballer. Er hatte nämlich erfahren, daß dort ein Aufstand geplant werde. Denn der Herrscher der Triballer[1] sei, da er auf Rebellion sinne, dabei, sich heimlich mit dem König der Paioner[2] zusammenzutun und mit ihm zu verhandeln und vertraglich zu vereinbaren, er werde nach sorgfältiger Vorbereitung den Istros überschreiten und in das

Gebiet des Sultans einfallen, gleichzeitig mit ihm, der auch seinerseits einfallen solle. (2) Doch nicht nur das, sondern er leistete auch den üblichen Tribut nur sehr säumig und unkorrekt, wobei er immer wieder Vorwände und ungerechtfertigte Verzögerungsgründe erfand. Das aber steigerte den Zorn des Sultans noch mehr, da er das als Beweis dafür ansah, daß jener auf Rebellion aus sei. (3) Aber nicht nur dies brachte ihn zu seinem Entschluß, sondern auch die Beschaffenheit des Landes, das ihm eine unabhängige Stellung für den Kampf gegen die Paioner und Daker, die sich mit ihm im Kriegszustand befanden, anbot, so daß er leicht von dort aus seine
95 Einfälle in deren Gebiet unternehmen könnte. |

Lage des Landes der Triballer

7. (1) Denn das Land der Triballer liegt in einer günstigen Position im oberen Thrakien. Es erstreckt sich vom oberen Mysien und dem Haimongebirge aus hinüber bis zum Istros und grenzt durch ihn zugleich an das Reich der Daker und Paioner.

Beachte die Beschreibung des Istrosflusses

Der Istros, der größte Fluß in Europa, entspringt nämlich in den Keltischen Bergen, fließt durch diese hindurch, vor allem aber durch das Land der Paioner und Daker und vieler anderer Völkerschaften, und endet, ein großes Gebiet durchfließend und stetig wachsend durch den Zustrom der in ihn mündenden Flüsse, im Land der Geten in Skythien und ergießt sich durch diese hindurch ins Schwarze Meer. (2) Er umschließt[1] mit seinem Lauf unter vielen anderen sehr wehrhaften Völkern auch die der Paioner und Daker, an welche, wie ich schon sagte, das Land der Triballer grenzt, das über eine weite Strecke hin ihnen gegenüberliegt und viele schöne Städte in seinem Inneren und starke Festungen an den

Ufern des Flusses besitzt. Vor allem auch deswegen erschien es dem Sultan notwendig, sich dieses Land zu unterwerfen und die Festungen längs der Flußufer einzunehmen, damit er den Übergang über den Fluß in seine Gewalt bekomme und einerseits selbst, wann immer er wolle, leicht über den Fluß in deren Gebiet gelangen, andererseits aber jene an der Überschreitung des Flusses hindern könne. | 96

Beachte die Beschreibung des Landes der Triballer, wie fruchtbar und wie reich an allen Gütern es ist

Doch war es nicht allein dies, sondern ebenso bewog ihn auch die vorzügliche Beschaffenheit des Landes, die staunenswert ist und einen Überfluß an allen Gütern hervorbringt. Denn es hat einen sehr fruchtbaren Boden, der alle möglichen Erzeugnisse wachsen läßt und alles reichlich gewährt, was nur die Jahreszeiten an Gesätem und Gepflanztem reifen lassen, aber auch alles (Vieh), das den Boden beweidet, Ziegen- und Schafherden meine ich und Schweine- und Rinderherden und eine nicht unbedeutende Zucht von guten Pferden und viele verschiedene andere Arten von eßbaren und nützlichen Tieren, sowohl zahmen wie wilden. All das bringt dieses Land in großer Fülle hervor. (3) Das wichtigste aber und worin es alle übrigen Länder bei weitem übertrifft: Gold und Silber läßt es gleichsam wie aus Quellen zutage treten, und überall, wo man in ihm gräbt, liefert es Gold- und Silberstaub in reichem Maße und bester Qualität und besser als Indien. (4) Dadurch war auch das Reich der Triballer von Anfang an vom Glück begünstigt. Es war stolz auf seinen Reichtum und seine Macht, war ein Königreich und verfügte über viele große und vor allem auch wohlhabende Städte und starke, schwer einzunehmende Festungen. Es war reich an wehrfähigen Soldaten und Heeren und vielen guten Waffen, es hatte vortreffliche Bewohner und zog viele tapfere junge Männer heran, galt allen als vorbildlich und wurde bewundert, aber auch beneidet, und es gab viele, die nicht nur Gefallen an ihm fanden, sondern auch feindliche Anschläge gegen es planten.

Beachte, daß auch früher schon das Land der Triballer von Sultan Murat erobert worden ist

(5) Es war auch früher schon Murat gegen dieses (Land) zu Felde gezogen, der Vater des Sultans, indem er mit einem großen und starken Heer dort einfiel; er hatte es ganz unterworfen und Städte und Festungen eingenommen, die teils im Inneren des Landes, teils längs der Ufer des Istros lagen. Die einen nahm er im Sturm mit Waffengewalt, die anderen ergaben sich kampflos, kurzum, er brachte das gesamte Land in seine Gewalt, nachdem er dessen Herrscher Lazaros zu den Paionern vertrieben hatte.[1]

(6) Nachdem dieser schon eine geraume Zeit hindurch
97 bei jenen umhergezogen und umhergeirrt war, | erbarmte sich der Sultan seines Wanderlebens, und teils aus eigenem Antrieb, teils auf Bitten seiner Freunde (er war nämlich, wenn überhaupt jemand, sowohl in seinem Denken wie in seinem Wesen ein gütiger Mann) und weil er ihn außerdem, wenn er erst einmal sein Freund geworden war und größte Wohltaten von ihm empfangen hatte, zum Bundesgenossen und Helfer für den Krieg gegen die Paioner und Daker haben wollte – war er doch lange Zeit hindurch deren Nachbar, der ihr Land und ihre Gebräuche genau kannte, und überhaupt ein tüchtiger und strategisch begabter Mann – , gab er ihm sein Land und sein Herrscheramt wieder zurück, indem er ihm nicht nur nichts von dem, was er ihm genommen hatte, vorenthielt, sondern ihm im Gegenteil noch vieles von seinem eigenen Besitz dazugab.[1] Ja er nahm nicht einmal irgendeine Geisel von ihm, sondern befahl ihm nur, die üblichen Steuern zu entrichten, verpflichtete ihn durch Eide und vertraute ihm das Herrscheramt an.

8. (1) Lazaros aber ordnete sich, nachdem er sein Herrscheramt wieder zurückerhalten hatte und allmählich wieder stark geworden war und sein Amt mit fester Hand ausübte, sowohl dem Vater des Sultans wie auch dem Sultan selbst bis zu einem gewissen Zeitpunkt unter und zahlte seinen Tribut. Danach jedoch verfiel er auf unkluge Gedanken, wie ich schon sagte, und war auf Rebellion aus. Er zahlte daher seinen Tribut nicht mehr ohne weiteres und machte mit den Paionern und Dakern gemeinsame Sache, wodurch er gegen den Vertrag mit dem Sultan verstieß.

Feldzug des Sultans gegen die Triballer

(2) Als der Sultan entdeckt hatte, wie er dies ins Werk setzte, wurde er von gerechtem Zorn ergriffen und rüstete sich zum Feldzug gegen ihn.[2] Er bereitete sich nun den Winter über sorgfältig vor, und als der Frühling (1455) gerade eben sein Kommen ankündigte, brach er aus der Stadt des Hadrian mit dem gesamten Heer, Reiterei und Fußvolk, auf und marschierte durch das Landesinnere von Thrakien und Makedonien. Dabei führte er auch nicht wenige Geschütze und eine große Menge Waffen mit sich.

Beachte die Größe des Heeres

(3) Sein Heer aber bestand, wie man sagte, aus 50.000 Kämpfern zu Pferde und noch erheblich mehr Kämpfern zu Fuß. | 98

Einfall des Sultans in das Land der Triballer, dessen Verheerung und Einnahme von Festungen

Nachdem er aber nach Mysien und zum Haimongebirge gelangt war, wo der Paß ist[1], passierte er diesen sicher mit dem gesamten Heer am siebenten Tag, und nachdem er von dort aufgebrochen war, fiel er am dritten Tag in das Land der Triballer ein. Und er verheerte und plünderte den größten Teil von ihm, brachte aber auch nicht wenige Festungen in seine Gewalt, indem er die einen im Sturmangriff, die anderen auch durch Belagerung einnahm.

Belagerung von Nemoprodon

(4) Nachdem er dies innerhalb von insgesamt 25 Tagen seit seinem Einfall ins Land vollbracht hatte, kam er zu einer stark befestigten und reichen Stadt, welche in der Sprache der Triballer Noboprodon genannt wird, wo auch das meiste Silber und Gold geschürft und gewonnen wird[2], und schlug vor ihr sein Heerlager auf. (5) Und zunächst bot er den Bewohnern Verhandlungen an über freiwillige Ergebung und Verträge, ob sie bereit seien, ihm die Stadt und sich selbst zu übergeben und, gesichert durch Kapitulationsvereinbarungen und feierliche Eide, zusammen mit ihren Frauen und Kindern und ihrer gesamten Habe heil und ohne etwas Böses zu erleiden zu genau denselben Bedingungen wie früher dort zu bleiben und dieselben Steuern abzuführen, die sie auch an ihren eigenen König gezahlt hätten, in allem übrigen aber in Frieden zu leben.[3] (6) Als der Versuch aber nicht den gewünschten Erfolg hatte, da die Bewohner der Stadt durchaus nicht dazu bereit waren, verwüstete er sofort das Land, verschanzte die Stadt rings mit Palisaden und schloß sie mit dem Heer ein, stellte Geschütze gegen sie auf und belagerte sie.

9. (1) Als aber Lazaros, der Herrscher der Triballer, von dem plötzlichen Angriff des Sultans, von der Eroberung der Festungen und der Belagerung von Noboprodon erfuhr, erschrak er darüber sehr und war völlig hilf- und ratlos, da er nicht wußte, was er überhaupt tun sollte. Dennoch rüstete er, so gut es ging, die noch verbliebenen

Festungen aus und siedelte die Männer, Frauen und Kinder aus den niedrig gelegenen Gegenden zum Teil in die Festungen, zum Teil in die höher gelegenen Teile des Landes um und ließ auch das Vieh und ihre sonstige Habe und ihre Gerätschaften hinaufschaffen und sicherte auch das übrige Land. | 99

Übersetzen des Lazaros zu den Dakern und sein weiterer Aufenthalt dort

(2) Nachdem er selbst aber in Samandria[1] eine ausreichende Besatzung und als Kommandanten einen der ihm am treuesten ergebenen Männer eingesetzt hatte und reichlich Nahrungsmittel – und zwar so viel, wie er für eine lange Belagerung für ausreichend hielt – hatte hineinschaffen lassen, überschritt er zusammen mit Frauen und Kindern und seiner gesamten Habe und einigen seiner Gefolgsleute den Istros. Und bei den Dakern und Paionern angekommen, blieb er dort.

Gesandtschaft des Lazaros an den Sultan und Friedensvertrag des Sultans mit ihm

(3) Dennoch beschloß er kurz darauf, nachdem er mit sich zu Rate gegangen war, eine Gesandtschaft zum Sultan zu schicken und auf jede nur mögliche Weise zu versuchen, ob es ihm gelänge, ein Abkommen und einen Friedensschluß zu erreichen. Er wählte also Männer aus, die unter seinen Begleitern den höchsten Rang innehatten, klug waren und zu den besonders gebildeten gehörten, gab ihnen sehr viele wertvolle Geschenke aus Gold und Silber mit, aber auch den üblichen Tribut, den er schuldete, und sandte sie ab. (4) Als diese angekommen waren, überreichten sie dem Sultan die Geschenke und den Tribut und trugen ihm auch vor, was ihr Herrscher ihnen aufgetragen hatte. Und der Sultan empfing sie huldvoll und behandelte sie freundlich, und nachdem er

friedfertig mit ihnen gesprochen hatte, schloß er einen Vertrag und gab und empfing feierliche Versprechen unter der Bedingung, daß er selbst das, was er erobert hatte, Festungen und alles Land, welches er mit Waffengewalt durchquert hatte, behalte, ihr Herrscher dagegen über alles übrige gebiete, wobei er einen etwas niedrigeren jährlichen Tribut als vorher zu entrichten und eine bestimmte Anzahl von Soldaten für die Feldzüge des Sultans zu stellen habe.

Übertritt von Nemoprodon zum Sultan

(5) Auch hatte sich nämlich bereits die belagerte Stadt Noboprodon, da sie der lange andauernden Belagerung nicht mehr standhalten konnte (denn es waren etwa vierzig Tage vergangen, während derer sie belagert wurde) und da vor allem auch ihre Mauern von den Geschützen zerstört waren, dem Sultan durch Kapitulation ergeben unter der Bedingung, daß all ihren Einwohnern kein Leid geschehe, vielmehr sie so leben könnten wie zuvor, indem sie mit Frauen und Kindern und ihrer
100 gesamten Habe | die Stadt bewohnten und das Land bewirtschafteten. (6) Nachdem er also den Vertrag geschlossen, feierliche Versprechen gegeben und empfangen und die Gesandten mit großzügigen Gaben und Gastgeschenken geehrt und mit huldvollen und freundlichen Worten empfangen hatte, entließ er sie. Sie aber berichteten zu Hause angelangt ihrem Herrscher Lazaros, was sie erreicht hatten. Er aber, der den Friedensvertrag wider Erwarten erlangt hatte, was er niemals zu hoffen gewagt hatte (denn er hatte es nicht mehr für möglich gehalten, daß der Sultan mit ihm einen Vertrag schließen würde, nachdem er ein so gewaltiges Heer versammelt und so große Zurüstungen und Kosten für den Krieg eingesetzt hatte), freute sich trotz allem sehr über das Zustandekommen und maß dem, was er verloren hatte, überhaupt keine Bedeutung bei, zufrieden mit

dem, was ihm geblieben war. Er hatte nämlich geglaubt, mit einem Male alles zu verlieren.

Rückkehr des Lazaros in sein eigenes Reich

(7) Er nahm also wieder seine Frau und seine Kinder und seine gesamte sonstige Habe, überquerte den Istros und kehrte in sein eigenes Reich zurück. (8) Der Sultan aber sorgte für ausreichende Sicherheit aller Festungen, die er eingenommen hatte, setzte eine für das Land ausreichende Besatzung ein und ließ dort als Statthalter Ali zurück, einen strategisch begabten und tüchtigen Mann. So viel Beute, wie er nur konnte, trieb er für sich selbst weg und verteilte sie auch unter das Heer und kehrte dann in die Stadt des Hadrian zurück; denn der Sommer ging auch schon zu Ende. Nachdem er sich dort eine kurze Zeit lang aufgehalten und einige der dortigen Angelegenheiten geregelt hatte, gelangte er, es war bereits mitten im Herbst, nach Byzanz, um dort zu überwintern. Und so endete das insgesamt 6963. Jahr (1454/55), das fünfte Regierungsjahr des Sultans.

Beachte, wie der Sultan sich um die Polis kümmerte

10. (1) Als er aber in der Polis ankam, fand er die Residenz prächtig vollendet und sowohl die Festung am Goldenen Tor wie auch sämtliche Mauern der Stadt sorgfältig aufgebaut. Zufrieden mit dem Geleisteten und nachdem er die Aufseher der Bauarbeiter mit Geld, Gewändern und vielen anderen Dingen beschenkt hatte,
befahl er | nunmehr, so schnell wie möglich die Brücken 101
über die Buchten von Athyras und Rhegion, die mit der Zeit Schaden genommen hatten und eingestürzt waren, wiederaufzubauen, außerdem auch die übrigen zur Polis führenden Straßen, wo sie morastig und schwer passierbar waren, zu ebnen und auszugleichen, indem sie diese mit Platten auslegten und mit Steinen pflasterten, so daß

sie bequem und sicher zu passieren seien. (2) Doch nicht nur dies, sondern er ließ auch Gasthäuser und Herbergen an diesen Straßen erbauen zu Einkehr und Erholung der Wanderer und Reisenden, die auf dem Landweg in die Polis kommen, und einen riesigen herrlichen Markt in der Mitte der Stadt nahe der Residenz[1], außen durch sehr starke Mauern abgeschirmt und innen durch wunderschöne und riesige Säulengänge unterteilt, mit einem Dach, welches aus gebrannten Ziegeln und durchscheinenden Marmorplatten gebaut ist. Dazu ließ er prächtige und luxuriöse Bäder[2] einrichten und Wasser im Überfluß mit Hilfe von Aquädukten von draußen in die Stadt leiten[3], und noch vieles andere von dieser Art gab er in Auftrag zur Ausstattung und zum Schmuck der Stadt und zu Nutz und Gebrauch und sonstiger Zerstreuung ihrer Bewohner. (3) Vor allem aber kümmerte er sich um die Besiedlung der Stadt und bemühte sich darum, sie ganz mit Einwohnern zu füllen so, wie sie es auch früher gewesen war. Zu diesem Zweck sammelte er alle möglichen Leute überall in seinem Reich, sowohl in Asien wie in Europa, und siedelte sie mit größtmöglicher Sorgfalt und Eile in die Stadt um, und zwar nahm er sie auch aus allen anderen Völkerschaften, vor allem aber aus der der Christen. So stark war in ihm die Liebe zur Polis entbrannt und das Verlangen, sie zu besiedeln und ihr wieder zu ihrer alten Blüte zu verhelfen.

Siehe die Gründe, aus welchen der Sultan gegen Ainos zu Felde zog

11. (1) Während er mit diesen Angelegenheiten beschäftigt war, es war bereits mitten im Winter (1455/56), erreichte ihn die Nachricht, daß der Herrscher von Ainos und den Inseln Imbros und Samothrake, Dorieus[4], die bestehenden Verhältnisse ändern wolle und auf Rebellion aus sei. Dessen Vater Palamedes[5], der vor kurzem gestorben war, hatte nämlich in seinem Testament eben

diesen Dorieus sowie die Frau von dessen älterem Bruder und ihre Kinder zu gleichen Teilen als Erben seines gesamten Besitzes und als Nachfolger seiner Herrschaft eingesetzt, eher noch teilte er in seinem Testament den größeren Teil dieser Frau und ihren Kindern zu, und zwar zu Recht, da ja die Herrschaft auf seinen älteren Sohn übergegangen wäre. Denn der Vater hatte jenem auch, als er noch lebte, die gesamte Herrschaft übertragen, während er Dorieus nur zum Herrn seiner Besitzungen auf Mytilene gemacht hatte.[6] | (2) Dieser aber 102
kümmerte sich wenig um das Recht und das Testament seines Vaters, aber auch seine eigene Sicherheit (denn es wäre für ihn sicherer gewesen, wenn er das Recht gegenüber den Kindern seines Bruders und deren Mutter gewahrt hätte), sondern er schob die Frau und ihre Kinder zur Seite und bemächtigte sich in unrechtmäßiger Weise sowohl aller beweglichen Habe im Hause als auch der gesamten Herrschaft und gab den Kindern und der Frau überhaupt nichts davon ab.

(3) Sie aber war über die Sache sehr empört und nahm die Unterdrückung nicht hin und versuchte daher zunächst, jenen durch Argumente davon abzubringen, mehr haben zu wollen, als ihm zustand, teils persönlich, teils auch durch kluge und verständige Männer aus ihrer Umgebung, die darüber hinaus noch mit ihnen verwandt waren und denen nicht zum wenigsten daran lag, daß die Herrschaft ungefährdet blieb. (4) Diese traten dann auch freundlich an ihn heran und rieten ihm, nicht das geringste an den testamentarischen Verfügungen des Vaters zu ändern und auch nicht die Frau und die Kinder seines Bruders unterdrücken zu wollen, sowohl aus Furcht vor der göttlichen Nemesis, die überall umherwandelnd über die Taten der Menschen richte und sehe, wer Unrecht erleide und wer Unrecht tue, wie auch aus Furcht davor, daß sich der Herrscher ja sofort solcher Angelegenheiten anzunehmen pflege und dann äußerst unerbittlich und unversöhnlich sei. (5) Denn, so sagten

sie, es werde auch für diejenigen, denen das Unrecht geschehe, gar nicht zu ertragen sein, sich ruhig zu verhalten, „sondern sie werden auf jede nur mögliche Weise ihr Recht fordern und Dich anklagen, wobei sie vor dem Sultan unter anderem auch Dinge vorbringen werden, die besser ungesagt blieben. Und sieh nur, wo das Übel dann endet. Wenn Dir jedoch irgend etwas an Dir selbst, an uns und an der gesamten Herrschaft liegt, so höre auf uns, die wir Dir das Beste raten, und laß die Kinder Deines Bruders und seine Frau an der Regierung und Herrschaft teilhaben, indem Du Dich der Gerechtigkeit beugst. Und damit wirst Du für Dich selbst anständig und richtig und für uns alle nutzbringend entscheiden und handeln und wirst hinfort in Frieden und ungefährdet Deinen Anteil an der Herrschaft innehaben." (6) Doch obwohl sie ihm diese und viele andere Argumente dieser Art oftmals vortrugen, konnten sie ihn dennoch nicht überzeugen. Die Frau aber gab die Hoffnung, ihn überzeugen zu können, schließlich ganz auf und nahm ihre Zuflucht zum Herrscher. Und als Gesandten und Bittsteller schickte sie ihren Onkel mütterlicherseits. Als dieser angekommen war, betrübt und voll gerechten Zorns und zugleich mit dem Willen, den Rechtsbrecher abzuwehren, selbst wenn man zusammen mit diesem die Herrschaft verlieren müßte, was ja auch tatsächlich geschah, brachte er viele Anschuldigungen gegen Dorieus vor dem Sultan vor, indem er behauptete, daß jener ihm feindlich gesonnen und auf Rebellion aus sei und mit den Italienern verhandele, Waffen sammle, Garnisonen
103 anwerbe, | Besatzungen in Ainos und auf den Inseln stationieren wolle und überhaupt nur noch danach trachte, abtrünnig zu werden. Und wenn man ihm nicht schnellstens zuvorkomme, so sagte er, werde er seinen Plan auch in die Tat umsetzen.

12. (1) Mit diesen und noch vielen ähnlichen Anschuldigungen weckte er die Empörung und den Zorn des

Sultans. Dieser war nicht mehr zurückzuhalten und meinte, er dürfe nicht länger zögern. Denn er war der Auffassung, daß er nicht einfach übersehen dürfe, was sich in Ainos zutrug, und durchaus nicht gleichgültig bleiben dürfe gegenüber einer Stadt, die aus vielen Gründen von Bedeutung ist, wegen großer Einkünfte, einer günstigen Lage, Fruchtbarkeit des Bodens und wegen vieler anderer Dinge.

(2) Denn Ainos war in alter Zeit die größte der äolischen Städte. Es war stolz auf seinen Ruhm, seinen Reichtum und seine Macht und herrschte über das gesamte angrenzende Küstengebiet, aber auch über einige der Inseln. Es liegt nämlich an einer sehr günstigen Stelle der thrakischen und makedonischen Küste, indem es auf seiner Südseite das Ägäische Meer und die dort vorgelagerten Inseln hat, Imbros, Lemnos und die übrigen, und aus dem Handel mit diesen reichlichen Gewinn zieht, im Norden dagegen den Hebrosfluß.

Beachte die Ausführungen über den Hebrosfluß

Dieser hat seine Quellen im nördlichen Mysien und im Haimongebirge und fließt durch das Innere von Thrakien und Makedonien immer gen Süden verlaufend, und indem er allmählich weiterströmt und an der Stadt des Hadrian vorbeifließt, wird er groß und schiffbar, da er auch andere Flüsse in sich aufnimmt, die in ihn einmünden, den Kontadesdos, den Agrianes und den Tearos.

Beachte die Ausführungen über den Tearosfluß und die anderen

(3) Dieser, der Tearos, hat seine Ouellen im benachbarten Gebirge zwischen Heraion[1] und Apollonia am Schwarzen Meer, welche aus dem Fels hervorströmen, und nach dem Zeugnis der dortigen Bewohner, aber auch all derer, durch deren Gebiet er fließt, hat er das schönste

und frischeste, aber auch in vieler Hinsicht den größten
104 Nutzen bringende | Wasser von allen Flüssen.
(4) Der Hebros nun fließt also gen Süden und ergießt sich nahe bei Doriskos und an diesem vorbeifließend vor dem Hafen von Ainos ins dortige Meer, die Ägäis. (5) Er nährt viele Arten von verschiedensten Fischen, größeren und kleineren, besonders aber auch fetten. Er bietet den Bewohnern der Stadt darüber hinaus die Möglichkeit, auf seinem Wasser mit Lastschiffen ihre Handelswaren ins Landesinnere zu transportieren und zu einigen Städten dort, die in der Nähe seines Laufes liegen. (6) Es gibt aber auch vor der Stadt Seen und weitere rings um sie, welche sie geradezu zu einer Halbinsel machen, und noch einen weiteren großen See, welcher in diese einmündet, im Norden hinter dem der Stadt vorgelagerten Berg gelegen, ehemals Stentoris genannt. Auch diese Seen nähren viele Arten von Fischen und Scharen von Schwänen und anderen eßbaren Vögeln, die auf Seen und Flüssen leben. Aus all dem bezog diese Stadt in alter Zeit alle möglichen Güter im Überfluß, und sie tut es auch heute noch. (7) Das Wichtigste aber, und womit sie nahezu alle Nachbarstädte bei weitem in Gelderwerb und Einkünften übertrifft, ist das in ihr in sehr großer Menge und in besserer Qualität als irgendwo anders gewonnene Salz. Dieses verteilt und vertreibt sie über ganz Thrakien und Makedonien und gewinnt damit sehr viel Gold und Silber gleichsam wie aus Quellen.

Beachte die Ausführungen über die Stadt Ainos, wie sie von alters her beschaffen war

So war diese Stadt von alters her wohlhabend, besaß Reichtum im Überfluß und sehr viel Macht, war hochangesehen und mit vielen anderen Gütern prächtig ausgestattet. (8) Mit der Zeit jedoch verfiel auch sie zusammen mit den anderen griechischen Städten und wurde zerstört und blieb lange unbewohnt. Später aber wurde wegen der Vorzüge des Gebietes ein Teil von ihr, das Hafenviertel, welches ehemals die Akropolis war, von den Kaisern der Rhomäer wieder aufgebaut und besiedelt, und in einer ganz allmählichen Entwicklung wurde sie wieder eine namhafte und reiche Stadt mit vorzüglichen Einwohnern und Überfluß an allen Gütern. | 105

13. (1) Ihr Regent aber war vor ungefähr 150 Jahren ein gewisser Italiener aus vornehmer Familie und von sehr großem Einfluß, Gateliuzos[1] mit Namen, dem der Kaiser der Rhomäer seine Schwester zur Frau gegeben hatte und als Mitgift Ainos und Mytilene. Dieser brachte die Stadt im Laufe der Zeit auch zu neuem Aufschwung und förderte sie in jeder Hinsicht. (2) Und die Erbfolge dieser Familie setzte sich bis in die jetzige, vierte Generation fort, bis zu Palamedes und dessen Sohn Dorieus, denen der Sultan die Stadt jetzt endgültig fortnahm. Denn diese und alle ihre Vorgänger hatten den Vorfahren des Sultans und auch ihm selbst, seit jene zum ersten Mal nach Europa übergesetzt waren und ganz Thrakien und Makedonien in Besitz genommen hatten, als jährlichen Tribut zwei Drittel des gewonnenen Salzes und der sonstigen jährlichen Steuereinkünfte abgeführt, während sie selbst aufgrund der Überlassung seitens der Sultane Nutznießer der übrigen Einnahmen waren und die Stadt regierten. Denn es lag bei jenen, diese Stadt in Besitz zu nehmen, wann immer sie es wollten, wie sie sie ja auch jetzt tatsächlich in Besitz nahmen. Und soviel nun hierüber.

Auslaufen des Ionuzes von Kalliupolis gegen Ainos

14. (1) Ionuzes aber stach, nachdem er auf Befehl des Sultans so schnell wie möglich zehn Trieren bemannt hatte, von Kalliupolis aus in See und landete zunächst in Eleus. Nach Umschiffung der Chersones durchquerte er dann bei Nacht den Melas Kolpos und ging am nächsten Tag an der Landspitze, die den Namen Pacheia Akte

trägt, ein wenig außerhalb von Ainos vor Anker.[2] Dort soll Xerxes, als er gegen die Griechen zu Felde zog, seine leckgeschlagenen Schiffe an Land gezogen und repariert sowie sein gesamtes Heer in Doriskos noch einmal gezählt haben.[3] Gleich am Morgen des folgenden Tages dann segelte Ionuzes gegen den Hafen von Ainos.

Feldzug des Sultans gegen Ainos zu Lande

(2) Sultan Mehmet aber[4] marschierte mit der gesamten kaiserlichen Garde und zwei Reiterabteilungen im tiefsten Winter durch das Landesinnere; denn die Ereignisse
106 fanden mitten in dieser Jahreszeit statt. |

Siehe etwas Außergewöhnliches

So sehr machten ihnen auf ihrem Marsch der Schnee, die Kälte und die scharfen Nordwinde zu schaffen, daß viele aus dem Fußheer gleich in den Vororten der Polis, aber auch auf der übrigen Wegstrecke, vom Schnee verschüttet wurden und umkamen und nicht wenige an ihren Extremitäten Erfrierungen erlitten und diese verloren, verstümmelt an Nasen, Ohren und den sonstigen wichtigen Körperteilen. (3) Dennoch erreichte er bei diesem strengen Winter, bei dieser Kälte und diesem Schnee am vierten Tag nach seinem Aufbruch aus der Polis Kypsela[1], heute ein großes Dorf, ehemals eine namhafte Stadt, welches von Ainos auf dem Landweg etwa 100 Stadien entfernt ist.

15. (1) Als aber die Bewohner von Ainos auf dem Meere die ihren Hafen blockierende Flotte erblickten und von dem plötzlichen Einmarsch des Sultans in Kypsela erfuhren, erschraken sie darüber sehr und fielen, da sie den Grund dafür überhaupt nicht erkennen konnten, in tiefste Verzweiflung und größte Ratlosigkeit und Furcht, nicht wissend, was sie überhaupt tun sollten. (2) Sie glaubten nämlich, daß sie sogleich mitsamt ihren

Frauen und Kindern verschleppt würden, da der Sultan sie zu Lande und zu Wasser angriff. (3) Denn Dorieus, ihr Herrscher, war damals dort nicht zugegen, sondern gerade vor kurzem zur Insel Samothrake abgefahren, um dort zu überwintern. Gleichwohl taten sie das Mögliche, wählten die bei ihnen ranghöchsten Männer aus und sandten sie zum Sultan mit dem Angebot, daß sie sich selbst und die Stadt ihm übergeben wollten unter der Bedingung, daß ihnen kein Leid geschehe.

Übertritt der Stadt Ainos zum Sultan

(4) Der Sultan aber empfing diese, als sie zu ihm kamen, huldvoll und sprach friedfertig mit ihnen, und nachdem er ihnen einiges von dem, was sie erbaten, gewährt hatte, schickte er sie zurück. Mit ihnen aber sandte er Mahmut Paşa, der die Stadt übernehmen sollte. Am folgenden Tag kam auch er selbst in die Stadt, betrat die Residenz des Dorieus und nahm diesem alle Reichtümer, die er dort an Gold, Silber und anderem vorfand. Ebenso ließ er auch die Häuser der Mächtigen plündern, die zusammen mit Dorieus abwesend waren.

(5) Nachdem er sich aber drei Tage in der Stadt aufgehalten und deren Verhältnisse nach seinem Willen geordnet
sowie 150 Knaben, | und zwar die besten, ausgewählt 107
und als Gouverneur einen klugen und charakterlich anständigen Mann, Murat mit Namen, eingesetzt hatte, kehrte er in die Stadt des Hadrian zurück.

16. (1) Ionuzes aber sandte einen Fünfzigruderer nach Samothrake, der Dorieus an Bord nehmen sollte, und fuhr selbst nach Imbros ab, um dort die Verhältnisse zu ordnen und die Verwalter des Dorieus abzusetzen.

Beachte, wie Ionuzes dem Kritobulos die Herrschaft über Imbros übertrug, nachdem er die Verwalter des Dorieus abgesetzt hatte

(2) Da jedoch ein winterlicher Sturm herrschte, konnte er nicht im Hafen vor Anker gehen, sondern landete am

Kephalos, einem im Süden von Imbros gelegenen Vorgebirge, das keine hohe Brandung hat und windgeschützt liegt, und er ließ Kritobulos durch einen Boten holen und übertrug ihm die Herrschaft und Aufsicht über die gesamte Insel und die auf ihr befindlichen Festungen. Er selbst aber nahm die Verwalter des Dorieus an Bord und fuhr mit diesen heim nach Kalliupolis. (3) Dorieus aber ging in Samothrake nicht an Bord des Fünfzigruderers und kam nicht zu Ionuzes, aus Furcht vor ihm, wie ich glaube, sondern bestieg seine eigene Paralos[1] und fuhr damit nach Ainos und gelangte von dort zur Stadt des Hadrian. Und als er dem Sultan unter die Augen trat, wurde er von diesem freundlich empfangen, erfuhr eine gnädige und fürsorgliche Behandlung und erhielt die Inseln, Imbros, Lemnos und Samothrake, als sein persönliches Herrschaftsgebiet zurück. Ionuzes aber war zornig auf Dorieus, weil er nicht zu ihm gekommen war, damit er durch seine Vermittlung vor den Sultan gebracht werde, und sandte, da er dies als Mißachtung seiner Person ansah und sich an ihm rächen wollte, heimlich eine Botschaft an den Sultan, während Dorieus noch in der Stadt des Hadrian weilte: Er dürfe Dorieus die Inseln nicht herausgeben, da ihn erstens die Inselbewohner nicht akzeptieren würden und er zweitens ein Mann mit feindlichen Absichten sei, damit er nicht, wenn er erst wieder auf den Inseln frei schalten und walten könne, auf Umsturz sinne, sondern er solle ihm ein Stück Land im Binnenland für seinen Lebensunterhalt geben.

Beachte die Ausführungen über Dorieus

(4) Der Sultan aber ließ sich von diesen Argumenten überzeugen und behielt die Inseln ein, gab ihm aber die Ländereien um Zechna als Pfründe. (5) Dorieus begab sich auch dorthin, flüchtete aber nur wenig später, nachdem er sich kurze Zeit dort aufgehalten hatte, nach Mitylene, setzte von dort nach Naxos über und heiratete

schließlich auf der Insel Tenos die Tochter eines der Vornehmen und blieb bei dieser. | 108

Rüstung des Sultans gegen Pelogradon und Feldzug

17. (1) Der Sultan aber ließ, während er in Adrianopel weilte, noch im selben Winter ein großes Heer sammeln und zu den vorhandenen Geschützen noch mehr und besonders starke hinzubauen, sammelte Waffen und ließ alles zurüsten, was sonst noch für den Krieg erforderlich ist. Freilich machte er seinen Plan nicht bekannt, und niemand wußte, gegen wen er zu Felde ziehen werde. (2) Nach sorgfältigen und seinen Wünschen entsprechenden Vorbereitungen brach er mit Frühlingsbeginn (1456) aus der Stadt des Hadrian auf und marschierte durch das Landesinnere von Thrakien und Makedonien ins obere Mysien und zur Paßstelle über den Haimon, die heute Sofia heißt, und fiel, nachdem er diese überschritten hatte, in das Gebiet der Triballer ein.

Siehe die Stärke von Pelogradon

Und nachdem er den größten Teil des Landes überrannt und verheert hatte, gelangte er zu der an den Ufern des Istros gelegenen Stadt der Paioner, Pelogradon[1] genannt, welche in jeder Hinsicht stärkstens befestigt und gesichert, besser noch gänzlich uneinnehmbar ist sowohl durch ihr sonstiges Mauerwerk als vor allem auch durch die beiden Flüsse, von denen sie auf zwei Seiten jeweils begrenzt ist, auf der einen Seite durch den Istros, der an ihrer Nordseite vorbeifließt, und an ihrer Südseite durch den Saos, der in den Istros einmündet. Und sie ist daher durch hohe und steile Ufer, durch reißende Fluten, tiefe Strudel und wechselnde Strömungen geschützt. An ihrer dem Land zugekehrten Seite aber, wo sie noch eher angreifbar und durch Geschütze zu erobern war, da war sie durch eine doppelte Mauer von gewaltiger Höhe und einen tiefen, sumpfigen und mit Wasser gefüllten Graben gesichert. Sie hatten aber auch in ihren Mauern eine ausreichende Besatzung von Paionern, die allesamt kampftüchtig und gepanzert waren. So stark war sie gegen eine Eroberung gesichert.

Belagerung von Pelogradon

Hier also schlug der Sultan ein Lager auf, ließ die Stadt ringsum verschanzen, stellte Geschütze gegen sie auf und
109 belagerte sie. |

Flucht des Lazaros nach Dakien

18. (1) Kaum aber hatte Lazaros, der Herrscher der Triballer, bemerkt, daß der Sultan in sein Land einmarschiert war, da überschritt er sogleich mit Frauen und Kindern und seiner gesamten Habe den Istros und flüchtete sich nach Dakien. Dort blieb er, den Ausgang des Krieges abwartend. (2) Der Sultan aber belagerte die Stadt und versuchte, die Mauer mit den Geschützen zu zertrümmern; teilweise riß er sie auch vollständig nieder. Er selbst aber verteilte das Heer auf die einzelnen Abschnitte und ließ den Graben zuschütten, damit die Schwerbewaffneten bequem hinüber an die Mauer gelangen könnten. Und diese Arbeit wurde rasch ausgeführt, da viele Hände zugriffen. (3) Die Bewohner der Stadt aber verteidigten sich tapfer, indem sie Palisaden und Schutzbauten aus allem möglichen Material, aus Steinen, meine ich, Holz und sonstigem, an der Mauerbresche errichteten, von innen her einen tiefen Graben aushoben, einen hohen Wall aufschütteten und alle möglichen sonstigen Abwehrmaßnahmen trafen. Freilich konnten sie damit nicht viel ausrichten gegen die von den Geschützen abgefeuerten Steine, die alles zerstreuten und in Stücke rissen, was zusammengefügt wurde, und die Mauer zerstörten.

(4) Ioannes aber, der Herrscher der Paioner und Daker, stand auf dem jenseitigen Donauufer gegenüber der Stadt mit 4000 Schwerbewaffneten und beobachtete die Geschehnisse. Als er nun sah, daß die Mauer niedergerissen und der gesamte Graben bereits zugeschüttet war und daß die Schlacht und der Angriff des Sultans mit seinem ganzen Heer unmittelbar bevorstanden, fürchtete er für die Stadt, daß sie im Sturm mit Waffengewalt eingenommen werde, und überschritt daher mit den Schwerbewaffneten heimlich den Fluß, zog in die Stadt ein und bezog dort Stellung, ohne daß irgend jemand von draußen sein Übersetzen bemerkt hätte.

Angriff des Sultans gegen die Stadt und heftiger Kampf

(5) Nachdem aber alles in seinem Sinne bereit war (denn die Mauer war bis zum Erdboden niedergerissen, der Graben zugeschüttet worden, und alles war für den Kampf um die Mauer gut vorbereitet), entschied der Sultan, daß er hinfort nicht mehr zögern und auch nicht mehr länger zuwarten dürfe, sondern die Stadt rasch mit der gesamten Streitmacht angreifen müsse. (6) Nachdem er nun das ganze Heer gut formiert und zuvor noch viele Ermunterungen gegeben, eine Ansprache gehalten und sie zum Kampf ermutigt und Anweisungen gegeben hatte, was zu tun sei, und nachdem er sie aufgefordert hatte, sich nunmehr als tapfere Männer zu erweisen, führte er sie, er selbst allen voran, gegen die Mauer. Die Soldaten aber erhoben ein gewaltiges und furchterregendes Kriegsgeschrei und rannten im Laufschritt und | mit 110
Gebrüll am Sultan vorbei gegen die Mauerbresche, griffen diese an und kämpften wacker, indem sie mit Gewalt einzudringen versuchten. (7) Die Paioner aber erwarteten sie und leisteten den Angreifern heftigen Widerstand und schlugen sich tapfer. Und es entstand dort ein heftiges Gefecht und Gemetzel, da der Kampf zum Handgemenge wurde und vor den Augen des

Sultans stattfand: Die einen versuchten, einen Zugang durch die Mauer zu erzwingen und sie in ihre Gewalt zu bekommen, die Paioner hingegen, diese abzuwehren und die Stadt zu halten. Und schließlich gewannen die Soldaten des Sultans die Oberhand, setzten sich gegen die Paioner durch und bestiegen tapfer die Mauer, schlugen sie in heftigem Kampf in die Flucht und drängten sie in die Stadt hinein, indem sie selbst einströmten, verfolgten sie ohne Schlachtordnung und in wildem Durcheinander und töteten sie schonungslos.

Ausfall des Ioannes gegen die Soldaten des Sultans

19. (1) Da nun erschien plötzlich Ioannes, der mit seiner Truppe einen Überraschungsangriff gegen sie unternahm, und brachte sie mit lautem Kriegsgeschrei sogleich in Verwirrung, jagte ihnen großen Schrecken ein und hinderte sie daran, weiter vorzustürmen. (2) Und es entbrannte dort ein heftiger Kampf, ausgefochten mit Leidenschaft und Zorn, und ein gewaltiges Gemetzel sowohl unter den Schwerbewaffneten wie auch unter den Paionern, da beide Parteien tüchtig kämpften, sich gegenseitig übertreffen wollten und sich als tapfere Männer zeigten. Denn die einen glaubten, die Stadt schon fast in ihrer Hand zu haben, und hielten es für schlimm, sie zu verlieren, die Paioner hingegen hielten es für schimpflich, zu unterliegen und eine solche Stadt aus den Händen zu verlieren.

Niederlage und Flucht der Soldaten des Sultans und Verfolgung durch die Paioner bis zum Lager

(3) Gleichwohl erging es den Soldaten des Sultans dabei sehr schlecht, da sowohl von vorn auf sie eingeschlagen als auch von oben von den Brustwehren und der Mauer herab aus der Höhe auf sie geschossen wurde und ihnen die Paioner von allen Seiten zusetzten. Und da sie ihre

Stellung nicht mehr halten konnten, wichen sie zurück, und die Paioner, | sogleich ermutigt, stürmten mit ge- 111
ballter Kraft auf sie ein, folgten ihnen dicht auf den Fersen und überwältigten sie. Und nachdem sie sie von der Mauer vertrieben hatten, verfolgten sie sie unter fortwährendem Gemetzel bis hin zum Lager. (4) Als sie aber zu den Geschützen gelangten, warfen sie einige von diesen in den Fluß, manche aber in die Verschanzung. Die meisten von ihnen aber machten sich auch an die Plünderung des Lagers, und sie hätten wohl auch großen Schaden angerichtet und der größte Teil des Lagers wäre geplündert worden, wenn nicht der Sultan sogleich mit seiner Garde mitten unter sie gesprengt wäre und ihren Ansturm aufgehalten hätte.

Nachfolgender Angriff des Sultans gegen die Paioner und heftige Schlacht sowie deren Flucht, Verfolgung und Wiedereinschließung in der Stadt

Und in heftigem Kampf schlug er diese glorreich in die Flucht und verfolgte sie bis zur Mauer, wobei er sie erbarmungslos niedermachte und tötete, und indem er sie hart bedrängte, trieb er sie hinein und schloß sie wieder in der Stadt ein. Und danach ließ er auch seinerseits von der Verfolgung ab und kehrte ins Lager zurück. (5) Es war aber nicht viel aus dem Lager geraubt worden, da, wie ich eben sagte, der Sultan plötzlich auf sie eindrang, sie in die Flucht schlug und verfolgte.
(6) Es wurden aber von den übrigen Soldaten nicht wenige getötet und vor allem auch einige tapfere Männer der kaiserlichen Garde. Es fiel auch der Statthalter von Europa, Karaca, getroffen von einem der aus den Geschützen abgefeuerten Steine, ein tapferer Mann, von großem Einfluß beim Sultan und angesehen wegen seiner Tapferkeit, seines strategischen Geschicks und seiner Tüchtigkeit. Auch der Sultan soll im Kampf von einem Speer am Schenkel getroffen worden sein, allerdings soll

es keine tiefe Wunde, sondern nur eine leichte Verletzung gewesen sein.

(7) Der Sultan aber gab jede Hoffnung auf, die Festung zu erobern (denn sie hatte einen sehr starken Schutz, da viele Soldaten in sie hineingelangt waren), und ließ das Heer von dort aufbrechen, überrannte und plünderte einen Teil des triballischen Gebietes, unterwarf Festungen, raubte Dörfer aus, trieb möglichst viel Beute weg für sich selbst und verteilte sie auch unter das Heer, setzte wiederum Ali als Satrapen dort ein und kehrte in die Stadt des Hadrian zurück, als der Sommer bereits zu Ende ging. Nachdem er sich dort den ganzen Herbst über
112 aufgehalten hatte, ging er zu Beginn des Winters | nach Byzanz. Und so vollendete sich das insgesamt 6964. Jahr (1455/56), das sechste Regierungsjahr des Sultans.

Hinterhalt gegen Lazaros und seine Gefangennahme durch Michael

20. (1) Als nun Lazaros, der Herrscher der Triballer, sah, daß der Sultan wieder abzog, überquerte er in umgekehrter Richtung den Istros, kehrte in sein Land zurück und hielt sich in Samandria auf. (2) Michael aber, der Bruder der Frau des Ioannes, der von diesem als Kommandant von Pelogradon zurückgelassen worden war, war äußerst erbittert gegen Lazaros und lauerte ihm auf jede nur mögliche Weise auf und wollte ihn gefangennehmen. Jener aber ahnte nichts davon, und es war auch keinerlei (konkrete) Veranlassung vorausgegangen.[1] (3) Er lauerte ihm also kurz darauf in einer seiner Festungen auf und nahm ihn mit Hilfe einer List gefangen. Dann warf er ihn in Pelogradon ins Gefängnis und hielt ihn unter strenger Bewachung.

Freilassung des Lazaros für 30.000 Goldstücke

(4) Da Lazaros aber keine andere Möglichkeit sah, von dort freizukommen, bat er Michael, ihn für Gold frei-

zulassen. Dieser lehnte jedoch zunächst ab und forderte dagegen Land und Festungen als Lösegeld; vielleicht wollte er damit auch nur den Preis hochtreiben. Als aber geraume Zeit verstrichen war, lenkte er unwillig und erst nach vielen Bitten ein und ließ ihn für 30.000 Goldstücke[2] frei.

(5) Lazaros aber starb, kaum war er heil in sein Reich heimgekehrt, bevor er überhaupt nur ein wenig aufatmen konnte, gänzlich vom Kummer zermürbt und von einer schweren Krankheit getroffen[3], und hinterließ als Nachfolger seiner Herrschaft seine Frau und seinen Sohn Lazaros.[4] (6) Dieser aber zeigte seinen Eltern gegenüber ein niederträchtiges Verhalten: Denn er hatte seinen Vater, als er noch lebte, bei vielen anderen Gelegenheiten schwer gekränkt, und vor allem war er nicht bereit gewesen, als jener von Michael gefangengehalten wurde, ihn durch Zahlung der geforderten Summe freizukaufen, sondern hat es nur unwillig und gezwungen getan auf die wiederholten Bitten seiner Mutter hin. Und auch der Mutter selbst entriß er, nachdem der Vater gestorben war, die gesamte Herrschaft und tat ihr viel Leid an, indem er sie Tag für Tag mit der Forderung nach seinem väterlichen Erbe und dem gesparten Vermögen, welches sie verborgen halte, bedrängte. | 113

Flucht der Mutter des Lazaros, seiner Schwester, der (ehemaligen) Sultansgattin, und seines Bruders Gregorios

(7) Sie aber konnte die tägliche schmähliche Behandlung durch diesen und seine sonstigen Angriffe nicht ertragen und floh heimlich mit ihrer Tochter, der (ehemaligen) Sultansgattin[1], und ihrem geblendeten Sohn Gregorios[2] und nahm auch viel Geld und Gut mit sich. (8) Als aber ihr Sohn Lazaros davon erfuhr, setzte er ihnen eilig nach und holte sie in einer seiner Festungen ein. Denn es war ihnen nicht gelungen, sich auf das Gebiet des Sultans zu flüchten, wohin sie unterwegs waren.

Gregorios jedoch konnte zusammen mit seiner Schwester heimlich oder auch, indem sie jenem zuvorkamen (beides nämlich wird berichtet), entkommen, und sie flüchteten sich in eine der Festungen des Sultans.[3] Und als sie danach zum Sultan gelangten, wurden sie von diesem gnädig aufgenommen und mit Achtung und der gebührenden Fürsorge behandelt. (9) Die Mutter aber, die dort zurückgeblieben war, da sie alt und schwach war, starb kurz darauf, auch sie vom Kummer zermürbt, nach kurzer Krankheit und wurde dort bestattet.

(10) Nachdem ihr Sohn Lazaros ihr aber die üblichen Totenehren erwiesen und alles, was sie mit sich führte, an sich genommen hatte, kehrte er nach Samandria zurück und hatte nun allein die Herrschaft über die Triballer inne – soviel davon übriggeblieben war –, da er nunmehr keinen Verwandten mehr hatte, mit dem er hätte teilen müssen. Denn von seinen Brüdern, die beide geblendet waren, war der eine, Gregorios, wie ich schon sagte, zusammen mit seiner Schwester geflohen, Stephanos[4] aber, der dort geblieben war, verhielt sich ruhig. (11) Da Lazaros aber jung und im Regieren unerfahren war und da er überhaupt keinen loyalen und klugen Mann bei den Staatsgeschäften zur Seite hatte oder, selbst wenn er einen solchen hatte, diesem überhaupt nicht folgte oder auf ihn hörte, verwaltete er sein Reich nicht gut, sondern die politischen Verhältnisse der Triballer krankten an großer Verwirrung und Unordnung. Daher machte er auch in vielen anderen Dingen Fehler, nicht zum wenigsten aber darin, daß er dem Sultan die üblichen Tribute nicht zahlte. Deshalb zürnte ihm der Sultan noch mehr und traf Vorbereitungen, bei Frühlingsbeginn in sein
114 Land einzufallen. |

Tod des Lazaros und Aussendung eines Heeres durch den Sultan mit dem Ziel, dessen gesamtes Reich zu überrennen und zu unterwerfen

(12) Doch auch dieser überlebte seinen Regierungsantritt nur kurze Zeit, dann wurde er krank und starb. Als Nachfolger seiner Herrschaft hinterließ er seine Frau und eine noch nicht erwachsene Tochter.[1]

21. (1) Als aber der Sultan vom Tod des Lazaros erfuhr, sandte er sogleich ein Heer zu Ali, dem Satrapen dieses Gebietes, und befahl ihm, rasch in das Land des Lazaros einzufallen, das ganze Gebiet zu überrennen und es zu unterwerfen. (2) Nachdem dieser besagtes Heer erhalten und noch ein weiteres, nicht eben kleines aus seiner Satrapie ausgehoben hatte, überrannte er das ganze noch verbliebene Gebiet der Triballer, unterwarf es und brachte Städte, Festungen und das gesamte übrige Land in seine Gewalt. (3) Als er aber vor Samandria gezogen war, bot er der Königin und den führenden Männern zunächst Verhandlungen über einen Vertrag an, falls sie bereit seien, die Stadt dem Sultan zu übergeben und selbst das gesamte übrige Land mit Genehmigung des Sultans und verbürgt durch die entsprechenden feierlichen Zusicherungen zu ihrer Nutzung zu haben. (4) Als sie aber zu diesen Bedingungen nicht dazu bereit waren, sondern die Tore schlossen und (in der Stadt) blieben, schloß sie Ali rings mit dem Heer ein, hielt sie in ihren Mauern eingeschlossen und bewachte sie streng, damit nichts von innen herausgeschafft oder von draußen hineingeschafft wurde.

22. (1) Der Sultan aber hielt sich in Konstantinopel auf, betrieb die Besiedlung der Stadt und kümmerte sich auch eifrig um ihren inneren Ausbau: Er ließ Bäder errichten, die an Schönheit, praktischer Einrichtung und Größe nichts zu wünschen übrig ließen. Er ließ prächtige Häuser und Gasthäuser erbauen und überall Märkte und

Herbergen, ließ auch Gärten anlegen und die Stadt reichlich mit Wasser versorgen und stattete sie mit allen sonstigen Einrichtungen aus, die sie schmücken und verschönern und den Bedürfnissen und der Erholung ihrer Bewohner dienen können. (2) Doch nicht nur das, sondern er betrieb auch die Besiedlung ihrer gesamten Umgebung, indem er viele Triballer, Paioner und Myser aus ihrer Heimat dorthin umsiedelte, einige von ihnen auch mit Gewalt verschleppen und dort ansiedeln ließ. (3) Er hatte nämlich beschlossen, das gesamte Gebiet außerhalb und vor der Stadt dicht zu besiedeln, sowohl wegen der Güte des Bodens (denn er ist zum Besäen und Bepflanzen gut geeignet und bringt alle Arten von Nutzpflanzen und Früchten hervor und sollte einen bedeutenden Beitrag dazu leisten, die Stadt mit den notwendigen Nahrungsmitteln zu versorgen) als auch deshalb, weil er das zum großen Teil menschenleere und unbewohnte und daher für die Reisenden gefährliche
115 Land kultivieren wollte. Damit also war er beschäftigt. |

Beachte die Aussendung einer Flotte von dreißig Schiffen durch den Papst gegen die in der Ägäis liegenden Inseln des Sultans

23. (1) Nikolaos aber, der Erzpriester von Rom[1], sammelte zur selben Zeit in Italien ein Heer und rüstete eine Hochseeflotte gegen die in der Ägäis liegenden Inseln des Sultans, Imbros, Lemnos und die übrigen. Und er bemannte dreißig Trieren und zwei große Lastschiffe, rüstete sie gut aus, ließ kampftüchtige Soldaten an Bord gehen und lud alle möglichen Arten von Waffen und auch Geschütze ein, ernannte seinen Neffen Lodobikos[2], den er auch zum Patriarchen der Ostgebiete eingesetzt hatte, zum Oberbefehlshaber mit uneingeschränkter Vollmacht und sandte die Flotte bei Frühlingsbeginn (1457) aus.

Zuerst Übertritt von Lemnos zu den Italienern

(2) Dieser stach also von Italien aus in See, gelangte nach Rhodos und fuhr nach kurzem Aufenthalt von dort aus gegen die Inseln des Sultans. Zunächst landete er in Lemnos, ließ die Truppen an Land gehen und brachte die Insel durch Kapitulation auf seine Seite, da sich die Lemnier und die auf der Insel stationierten Wachen des Sultans sofort ergaben. Dieser hatte nämlich auf ihr als Besatzung hundert kampftüchtige Janitscharen aus seiner kaiserlichen Hofgarde und als deren Kommandanten, welcher auch die gesamte Insel unter sich hatte, einen Mann namens Murat.

Einnahme von Thasos durch die Italiener

(3) Nachdem er sich in Lemnos acht Tage aufgehalten, die dortigen Verhältnisse geregelt, eine ausreichende Besatzung eingesetzt und als deren Kommandanten Loizos[3] zurückgelassen hatte, brach er von dort auf, fuhr gegen Thasos und bot, nachdem er an Land gegangen war, den Leuten in der am Hafen gelegenen Festung zunächst Verhandlungen über einen Vertrag und die Übergabe der Insel an. Als er sie aber nicht überreden konnte, schloß er sie ringsum mit dem Heer ein, griff sie von allen Seiten heftig an, setzte Leitern und Geschütze an die Mauer an und eroberte sie mit Gewalt im ersten Ansturm, und von den Wachen tötete er den einen Teil, den anderen nahm er lebend gefangen; denn es befanden
sich in der (Festung) | sechzig Mann des Sultans als 116
Besatzung. (4) Da er damit aber auch den Bewohnern der übrigen befestigten Ortschaften einen gewaltigen Schrekken eingejagt hatte, nahm er auch diese ein, und zwar durch Kapitulation, da sie sich selbst und die Festungen kampflos ergaben. (5) Nachdem er so in insgesamt fünfzehn Tagen die ganze Insel auf seine Seite und völlig in seine Gewalt gebracht hatte, regelte er deren Verhält-

nisse und fuhr nach Einsetzung einer Besatzung mit der gesamten Flotte wieder nach Lemnos zurück, wobei er auch die Besatzungssoldaten, die er lebend gefangengenommen hatte, mitnahm.

Ankunft des Kontos in Imbros mit zehn Trieren und wie er unverrichteter Dinge wieder zurückfuhr

(6) In Lemnos angelangt, sandte er zehn Trieren nach Imbros und mit ihnen als Befehlshaber einen Mann namens Kontos.[1] Lodobikos aber hielt sich nur vier Tage in Lemnos auf, nahm dann am folgenden die auf Lemnos und Thasos gefangengenommenen Männer des Sultans, soweit sie nicht umgekommen waren, an Bord und fuhr mit der restlichen Flotte nach Rhodos ab. (7) Kontos aber, mit den zehn Trieren in Imbros angekommen, bot Kritobulos, dem dortigen Befehlshaber, Verhandlungen über die Übergabe der Insel an, wobei er ihm auch ein Schreiben diesbezüglichen Inhalts von Lodobikos aushändigte. (8) Kritobulos aber nahm ihn freundlich auf, überreichte ihm viele Geschenke und hieß ihn mit milden und wohlwollenden Worten willkommen, und nachdem er ihn auch sonst mit jeder nur möglichen Zuvorkommenheit behandelt hatte, entließ er ihn in Frieden. Und Kontos war ganz zufriedengestellt durch seine Worte, ohne daß er noch irgendeine Forderung gestellt und überhaupt Schwierigkeiten gemacht oder irgend etwas vom dem, weswegen er gekommen war, erreicht hätte. Kritobulos händigte ihm auch ein Schreiben an Lodobikos ein, welches sehr diplomatisch abgefaßt war und eine freundschaftliche Haltung erkennen ließ. Und so fuhr auch jener ab nach Rhodos. (9) Währenddessen ging auch der Herbst zu Ende, und es vollendete sich das insgesamt 6965. Jahr (1456/57), das siebente Regierungs-
117 jahr des Sultans. |

DRITTES BUCH

Das vorliegende Buch enthält den Krieg gegen die Peloponnesier, den ersten und zweiten Einfall des Sultans und deren endgültige Unterwerfung und Versklavung sowie andere Unternehmungen in der Zwischenzeit. Es umfaßt einen Zeitraum von drei Jahren. | 118

1. (1) Im selben Winter (1457/58) schickte der Sultan auch eine Gesandtschaft in die Peloponnes und forderte von den dortigen Herrschern die jährlichen Abgaben ein, die sie ihm für etwa drei Jahre schuldeten. Denn die Despoten der Peloponnes[1] hatten den Sultan zu Hilfe gerufen, als sich gleich nach der Eroberung von Byzanz die auf der Peloponnes ansässigen Illyrer auflehnten und gegen sie rebellierten, und hatten versprochen, ihm dafür jährlich einen Tribut von 6000 Goldstücken von der Peloponnes zu entrichten.

Beachte die Gründe für das Einrücken des Sultans in die Peloponnes

(2) Der Sultan willigte ein, sie im Kampf zu unterstützen, und stellte ihnen ein starkes Heer zur Verfügung. Mit diesem schlugen sie die Illyrer, unterwarfen sie vollständig und machten sie tributpflichtig. Als danach freilich der Sultan seinen Tribut einforderte, wollten sie nicht ohne weiteres zahlen, sondern schoben immer wieder nichtige Gründe vor und baten um nicht gerechtfertigten Aufschub, obwohl sie selbst den Tribut alljährlich von den Illyrern einzogen mit der Begründung, ihn dem Sultan entrichten zu wollen. Doch gaben sie ihn für

eigene, zu diesem Zeitpunkt völlig unangebrachte Aufwendungen aus und betrogen den Sultan. (3) Obwohl er also mehrfach zu ihnen gesandt hatte, hatte er nichts erreicht. Doch war es nicht allein dies, sondern auch weil die Despoten sich gegenseitig befehdeten und ihm das zu Ohren kam und weil sie Bürgerkriege führten und Schlachten schlugen und die Verhältnisse auf der Peloponnes im argen lagen aus Gründen, über die wir ein wenig später berichten werden. (4) Zu diesen also schickte er die Gesandten aus sowohl mit der Forderung nach dem Tribut als auch zu dem Zweck, daß sie die dortigen Verhältnisse genau auskundschaften sollten. Denn er befürchtete, daß diese inneren Zwistigkeiten und Kämpfe der (Despoten) die Italiener oder irgendein anderes der Westvölker in die Peloponnes locken könnten, und wollte selbst vorher die Hand auf dieses Land legen, welches aufgrund seiner natürlichen Beschaffenheit auf das stärkste befestigt ist und starke und bedeutende Städte und viele schwer einzunehmende Festungen hat und in jeder Hinsicht unabhängig ist sowohl in Kriegs- wie in Friedenszeiten, das sehr günstig gelegen ist, sowohl zu Lande als auch zu Wasser, und die Möglichkeit bietet, bequem Leute aus Thrakien und Makedonien nach Italien gelangen zu lassen und wiederum diejenigen aus Italien nach Thrakien und Makedo-
119 nien. |

(5) Als die Gesandten auf der Peloponnes angekommen waren und die Botschaft des Sultans ausgerichtet hatten, erhielten sie den Tribut nicht, und andererseits fanden sie die gesamten Verhältnisse dort in völliger Unordnung und schlimmer Zerrüttung vor. Wieder zurückgekehrt aber berichteten sie alles dem Sultan. Der aber hielt wegen des von ihm geplanten und unmittelbar bevorstehenden Krieges gegen die Italiener die Eroberung der Peloponnes für dringlich, da das Land einen günstigen Stützpunkt auf dem Wege nach Italien bildet, wie ich schon sagte, und sichere Häfen hat und für den Krieg

eine Ausgangsbasis für große Truppenkontingente und Flotten sein kann, und er war daher der Meinung, daß er nicht mehr zögern dürfe, sondern gegen die Peloponnes zu Felde ziehen müsse.

Übertritt von Samandria zum Sultan

2. (1) Währenddessen hatten auch die in Samandria gebliebenen führenden Männer und an ihrer Spitze die Frau des Lazaros, da sie der nun schon lange währenden Belagerung nicht mehr standhalten konnten, unter der Bedingung kapituliert, daß sie mit ihrer gesamten Habe die Stadt unversehrt und ohne daß ihnen ein Leid geschehe verlassen könnten. Der Frau des Lazaros aber gab der Sultan obendrein anstelle von Samandria zwei Städte in Dalmatien bei den Bostrern als ihr Herrschaftsgebiet. (2) Sie aber begab sich mit ihrer Tochter und ihrem gesamten Vermögen zu den Bostrern, verheiratete dort ihre Tochter mit deren Herrscher und gab ihm die Städte als Mitgift.[1] Und nachdem sie eine geraume Zeit dort verweilt hatte, reiste sie später nach Kerkyra ab zu ihrer Mutter und ihren Brüdern.[2]

Heereszug des Sultans gegen die Peloponnes

3. (1) Der Sultan aber bereitete sich den Winter über
sorgfältig vor und sammelte ein riesiges Heer, Reiterei
und Fußvolk, und marschierte, als eben der Frühling
(1458) anbrach, von der Stadt des Hadrian aus mit
dem gesamten Heer durch das untere Makedonien in
Richtung auf Amphipolis und den Strymonfluß, wobei
er zugleich viele Waffen und alle möglichen Arten von
Geschützen und eine ungeheure Menge an Kupfer und | 120
Eisen mit sich führte. (2) Zum Strymon gelangt, überquerte
er diesen, zog am Bolbe-See vorbei und erreichte
weitermarschierend Thessalien. Dort lagerte er das Heer
und beschloß, eine kurze Zeit lang zu verweilen, um dem

Heer eine Ruhepause zu gönnen und weitere Truppen dort zu erwarten und zugleich die Herrscher der Peloponnes auf die Probe zu stellen, ob sie vielleicht nachgäben, nachdem sie von dem Feldzug des Sultans gegen sie erfahren hätten, und den Tribut bezahlten. (3) Es wurde nämlich auch die Meinung vertreten, daß, wenn zum damaligen Zeitpunkt Gesandte dorthin zum Sultan gekommen wären, die den Tribut gebracht und um Frieden nachgesucht hätten, sie diesen erlangt hätten und der Sultan nicht mehr weiter vorgerückt und auch nicht gegen sie zu Felde gezogen wäre. Denn er hatte andere dringende Geschäfte. (4) Nachdem er sich aber dort eine ausreichende Zahl von Tagen aufgehalten hatte und keinerlei Zeichen aus der Peloponnes erschienen war, das Heer sich ausgeruht hatte und die erwarteten Truppen eingetroffen waren, brach er aus Thessalien auf und zog durch das Landesinnere. Als er dieses und die Phthiotis hinter sich gelassen, die dortigen und die Achaischen Berge überwunden und die auf seiner Marschroute liegenden Flüsse, den Spercheios und Peneios, überquert hatte, gelangte er nach Pylai und überschritt sicher den dortigen Paß. (5) Dann stieg er hinab nach Phokis, Boiotien und in die Gegend von Plataiai, schlug dort am Asoposfluß sein Lager auf und sandte Späher aus, die die Kithairon-Pässe, die zum Isthmos führen, auskundschaften sollten. Er fürchtete nämlich, die Peloponnesier könnten vorher ausrücken und diese vor ihm besetzen, und der Übergang zum Isthmos könnte dann für ihn schwierig sein.

Beachte, wie Gesandte vom Despoten Thomas zur Unzeit kamen und unverrichteter Dinge wieder abziehen mußten

(6) Da kamen Gesandte vom Despoten Thomas, die auch einen Teil des Tributs, 4500 Goldstücke, brachten und um einen Vertrag und Frieden nachsuchten. Das aber war zu diesem Zeitpunkt in jeder Hinsicht nutzlos und unangemessen, ja es war sogar ganz und gar töricht.

Denn so verlor er die gezahlte Summe und erlangte trotzdem keinen Frieden. (7) Der Sultan nämlich nahm zwar den Tribut von den Gesandten, „den Vertrag aber", sagte er, „werden wir schließen, wenn wir in die Peloponnes kommen", womit er sich über ihre Torheit und ihr unzeitiges Erscheinen lustig machte und sie verspottete. Denn das hätten sie damals tun sollen, als der Sultan sie gerufen hatte und der richtige Zeitpunkt und die entsprechenden Umstände die Möglichkeit dazu gaben. | 121

Einfall des Sultans in das korinthische Gebiet und Belagerung von Korinth

(8) Als aber die Späher mit der Meldung kamen, daß die Pässe keinerlei Hindernis böten, marschierte er vom Asopos aus zu den Pässen. Nachdem er diese ohne Mühe durchschritten hatte, stieg er in die Ebene vor dem Isthmos und der Mauer[1] hinab und schlug dort für einen Tag sein Lager auf. Am nächsten Tag aber fiel er mit dem gesamten in Schlachtordnung aufgestellten Heer in das Gebiet von Korinth ein zur Zeit, da das Korn schon reif war (Frühsommer 1458), und schlug sein Lager nicht weit von der Stadt in einer Entfernung von nur vier Stadien auf. (9) Am darauffolgenden Tage aber umschritt er mit einigen seiner führenden Leute und den fähigsten unter den Generälen und Satrapen den Felsen und die Stadt selbst und erkundete, wo der Ort völlig uneinnehmbar und wo er auch nur irgendwie angreifbar war. (10) Und ihm schien die Stadt sehr stark befestigt zu sein, wie sie es ja auch war. Denn das befestigte Gelände lag sehr hoch, und es war schroff und ringsum steil abfallend und besaß nur einen Zugang, den zur Stadt, und auch dieser war steil und dreifach ummauert und befestigt. Akrokorinth aber ist völlig uneinnehmbar, da es hoch oben auf dem Gipfel des Felsens erbaut und mit den stärksten Mauern befestigt ist. (11) Er hielt es daher für erforderlich, den Bewohnern der Stadt zunächst

Verhandlungen über eine friedliche Übereinkunft und die Übergabe der Stadt anzubieten, und sandte daher Unterhändler mit diesem Angebot zu ihnen. Als er sie aber nicht überreden konnte, verwüstete und zerstörte er als erstes das gesamte Land außerhalb ihrer Stadtmauern, ich meine Gärten, Felder, Weinberge und was sonst noch da war, alles herrliches und fruchtbares Land, und vernichtete das schon reife Korn. (12) Dann schloß er sie ringsum mit dem Heer ein, hielt sie fest in der Stadt gefangen, stellte Geschütze auf und belagerte sie.

(13) Als er aber die Stadt viele Tage hindurch umschlossen gehalten und belagert und doch nichts erreicht hatte, erkannte er, daß die Belagerung langwierig für ihn sein würde. Die Geschütze reichten nämlich nicht richtig bis an die Mauer und konnten ihr überhaupt keinen Schaden zufügen. Denn sie verloren durch den großen Abstand ihre Wucht, wurden dadurch unschädlich und schossen zu schwach gegen die Mauer. Es war nämlich wegen des unwegsamen und rauhen Geländes nicht möglich, sie irgendwie in die Nähe der Mauer zu schaffen, so daß sie diese mit starker Wucht und Schwung hätten treffen und niederreißen können. (14) Aber selbst
122 wenn | die Mauer völlig niedergerissen worden wäre, so wäre der Zugang zur Burg und zur Stadt um nichts weniger uneinnehmbar gewesen, da er von beiden Seiten durch schroffe Felswände und Abstürze eingeschlossen ist und diejenigen, die ihn von unten her mit Waffen erstürmen wollen, mit Furcht und tiefster Mutlosigkeit erfüllt, weil sie von oben und über ihren Köpfen aus der Höhe von den Rändern des Felsens aus beschossen werden. So wurde der Sultan, der den Zugang mehrfach berannte, immer wieder in heftigem Kampf zurückgeschlagen.

4. (1) Da nun der Sultan die Stadt weder im Sturm mit Waffengewalt noch durch Geschütze, noch auf irgendeine andere derartige Weise glaubte erobern zu können,

sondern allein durch Aushungern und lange Belagerung, beschloß er, daß er die übrigen Unternehmungen nicht länger hinauszögern und die Zeit nicht einfach so verschwenden dürfe, sondern er ließ die Hälfte des Heeres mit Mahmut dort zur Belagerung und Bewachung der Stadt zurück, damit nichts von drinnen herausgebracht oder von draußen hineingeschafft werde, und zog selbst mit dem restlichen Heer gegen die übrigen Gebiete.

Feldzug des Sultans gegen die inneren Gebiete der Peloponnes

(2) Und zunächst nahm er die um Korinth liegenden Festungen teils im Sturm mit Waffengewalt, teils dadurch, daß er sie in Angst und Schrecken versetzte, teils auch durch Überredung ein und brachte sie alle in nur wenigen Tagen in seine Gewalt. (3) Danach aber rückte er ins Innere der Peloponnes vor, wobei er alles, was vor seinen Füßen lag, unterwarf und plünderte und steiles, schwer begehbares und unwegsames Gelände und ebensolche Pässe einebnete und ihnen ihre Wildheit nahm sowie die stärksten Festungen eroberte und dem Erdboden gleichmachte.

Übertritt von Tegea zum Sultan

(4) Als er aber vor die Stadt Tegea gelangt war, welche man heute Mochlion[1] nennt, schlug er ein Lager auf und belagerte die Stadt, nachdem er sie ringsum verschanzt und mit seinem Heer eingeschlossen hatte, wenige Tage lang. Und danach bot Demetrios Asanes[2], der Befehlshaber der Stadt, dem Sultan Verhandlungen über einen Vertrag und die Übergabe der Stadt an. Und sie kamen überein, und der Sultan nahm die Stadt durch Kapitulation. Unter dieser Bedingung traten auch weitere der in der Nähe liegenden Festungen in nicht geringer Zahl zu ihm über. (5) Als aber die Despoten der Peloponnes, die

im Landesinneren in Amyklaion mit kampfbereitem
123 Heere standen, | erfuhren, daß der Sultan sich Tegea nähere, lösten sie sogleich die Truppen auf und machten sich auf und davon. Und sie zogen sich zurück, der eine, Thomas, nach Mantineia, wo auch seine Frau und seine Kinder waren, der andere, Demetrios, nach Epidauros Limera, welches jetzt Monembasia genannt wird, und dort blieben sie und warteten das Ende des Krieges ab.

Zug des Sultans gegen Patrai

5. (1) Nachdem der Sultan wenige Tage in Tegea verbracht, die dortigen Verhältnisse geregelt und Besatzungen dort und in den anderen Festungen zurückgelassen hatte, machte er sich auf den schwierigen und ständig bergauf führenden Weg nach Patrai in Achaia, welcher durch viele schwer passierbare Stellen und unzugängliches und steiles Gelände blockiert und versperrt wird. Doch rückte er nichtsdestoweniger mit entschlossener Energie vor, wobei er alles, was vor seinen Füßen lag, plünderte und unterwarf.

Flucht der Patrer aus der Stadt vor dem Nahen des Sultans

(2) Als die Bewohner von Patrai erfuhren, daß der Sultan gegen sie im Anmarsch sei, wurden sie von Angst und Schrecken ergriffen und verließen sogleich die Stadt und ihren Besitz und machten sich mit Frauen und Kindern auf die Flucht, die einen in die im Inneren der Peloponnes gelegenen Städte der Venezianer, die anderen dagegen setzten nach Naupaktos über. Nur in der Burg ließen sie eine Wachmannschaft zurück. (3) Als der Sultan aber in Patrai angekommen war und die Stadt verlassen und menschenleer vorfand, erlaubte er dem Heer, alles zu plündern, was in ihr war, die Burg aber schloß er mit seinen Truppen ein, verschanzte sie von allen Seiten, stellte Geschütze auf und belagerte sie.

Übertritt der Burg der Patrer zum Sultan

(4) Da aber die darinnen stationierten Wachen die von den Geschützen drohende Gefahr fürchteten, daß sie nämlich nach der Zerstörung der Mauer im Sturm mit Waffengewalt erobert würden und für ihr Leben fürchten müßten, kapitulierten sie vor dem Sultan unter der Bedingung, daß ihnen kein Leid angetan werde. Und es wurde ihnen auch keines angetan. (5) Nachdem der Sultan die Burg in Besitz genommen hatte, setzte er eine Besatzung ein und proklamierte allen Patrern, | die 124
wieder in die Stadt kommen und dort wohnen wollten, öffentlich persönliche Freiheit, Steuerfreiheit für eine bestimmte Zahl von Jahren und zusätzliche Landgeschenke. (6) Denn die Stadt und ihr Umland gefielen ihm außerordentlich, da dieses überaus fruchtbar ist und sie eine günstige Lage hat, indem sie an einer guten Stelle der Peloponnes und an der Mündung des Krisäischen Golfes liegt und mit dem gegenüberliegenden Festland durch das dort gelegene (Kap) Rhion verbunden ist, und da sie aus ihrem Besitz reichen Nutzen zieht und überhaupt auch mit allen anderen Gütern gesegnet ist. Deswegen legte er auch so großen Wert auf ihre Besiedlung und ihren sicheren Besitz. Und tatsächlich hat er sie dann auch besiedelt. (7) Nachdem er sich aber dort eine ausreichende Zahl von Tagen aufgehalten, die umliegenden Festungen alle in seine Gewalt gebracht und Besatzungen in der Stadt und den übrigen Festungen eingesetzt hatte, sandte er unverzüglich einen Teil des Heeres aus, damit es Eleia und Messenien und das gesamte umliegende Land überrenne, gewaltig plündere und die gesamte Beute zu ihm bringe.

Übertritt von Bostitza zum Sultan

6. (1) Er selbst aber marschierte mit dem restlichen Heer durch das Küstengebiet des Krisäischen Golfes auf

Korinth zu und attackierte dabei auch eine namhafte Stadt an der Küste, heute Bostitza genannt. Und nachdem er ihre Einwohner allein durch sein Anrücken in heftigen Schrecken versetzt hatte, nahm er auch diese Stadt durch Kapitulation ein und legte eine Besatzung hinein.

(2) Von dort aber zog er gegen Korinth, wobei er alles, was ihm in den Weg kam, wie ein reißender Wildbach mit sich fortriß und in seine Gewalt brachte, teilweise auch die Bevölkerung versklavte und alles dem Erdboden gleichmachte. (3) In Korinth angelangt, fand der Sultan jedoch die Stadt noch immer im Belagerungszustand vor und keineswegs bereit zu kapitulieren. Nachdem er sich nun mit Mahmut und den anderen Satrapen und Generälen beraten hatte, erschien es ihnen nach gemeinsamem Ratschluß richtig, mit gesamter Streitmacht und allen sonstigen Mitteln die Stadt anzugreifen und auf jede Weise zu versuchen, sie, wenn es möglich sei, im Sturm mit Waffengewalt zu erobern (denn nun war bereits ein Teil der Mauer um den Zugang und um die Tore von den Geschützen niedergerissen worden) und nicht weiterhin ihre Zeit zu vergeuden und sich vergeblich abzumühen, da sie nun schon so lange die Stadt belagerten, ohne irgend etwas zu erreichen. (4) Denn die Belagerung dauerte lange genug (nämlich an die vier Monate), und das Heer litt unter der langen Dauer und wurde unwillig. Die Lasttiere gingen vor Hunger zugrunde, da das gesamte Land verwüstet war,
125 und noch vieles mehr, | was hinzukam, drückte sie schwer, und deshalb wollten sie so oder so von dieser Stadt wegkommen.

Geballter Angriff des Sultans auf Korinth und sein Mißlingen

(5) Nachdem der Sultan also seine Vorbereitungen getroffen und das gesamte Heer gut aufgestellt und bewaffnet sowie alle Befehlshaber, Satrapen meine ich, Gene-

räle und Befehlshaber der Abteilungen, und auch die Soldaten selbst zum Kampf angestachelt und ermutigt und sie aufgefordert hatte, sich als tapfere Männer zu erweisen, griff er die Stadt mit geballter Kraft an. (6) Da entbrannte ein heftiger Kampf um die Tore und den Zugang (dort nämlich war die einzige Stelle, an der ein Angriff möglich schien, da die gesamte übrige Stadt völlig unangreifbar ist), und es entstand ein gewaltiges Gedränge und Geschrei auf beiden Seiten, es gab Tote und Verwundete, da der Kampf fast schon zum Handgemenge wurde. Die Schwerbewaffneten nun bedrängten die Verteidiger stark, drangen durch die Tore der niedergerissenen ersten Mauer ein und bemächtigten sich der Mauer selbst. (7) Doch als sie mit Gewalt versuchten, auch in den Innenraum der zweiten Mauer vorzudringen, erging es ihnen sehr übel, da die Gegner sie sowohl frontal mit Langspeeren, Lanzen und Speeren angriffen als ihnen auch von oben von den höchsten Punkten aus von beiden Seiten aus günstiger Position Steine auf den Kopf geworfen wurden, was sie am meisten in Bedrängnis brachte. Schließlich mußten sie zurückweichen und wurden von den Verteidigern mit Macht zurückgeschlagen und gewaltsam von der Mauer vertrieben. Und es fielen dort nicht wenige der Schwerbewaffneten, besonders da sie von den von oben aus der Höhe herabstürzenden riesigen Steinen schwer getroffen wurden, während sie versuchten, mit Gewalt einzudringen und allzu verwegen angriffen. (8) Als der Sultan das sah, gab er ihnen sofort das Signal, sich zurückzuziehen und, sobald sie außer Schußweite waren, vom Kampf abzulassen. Und er sagte, sie sollten sich nicht vergeblich abmühen und in Gefahr bringen. Denn nicht Waffen und Leiber, sondern Hunger sei der mächtige Gegner dieser Stadt, welcher sie in kurzer Zeit kampf- und gefahrlos bezwingen werde. Der Sultan hatte nämlich beschlossen, auf keinen Fall von ihr abzulassen, sondern sie so lange zu belagern, bis er sie durch Aushungern einnehmen könne. Er glaubte

nämlich, daß er mit der Eroberung dieser Stadt auch die gesamte Peloponnes kampflos in seiner Hand haben
126 werde, wie es dann ja auch geschah. |

7. (1) Inzwischen waren auch die Soldaten eingetroffen, die ausgeschickt worden waren, um Proviant zu beschaffen, mit riesiger Beute, welche sie aus Eleia und dem übrigen angrenzenden Gebiet zusammengetrieben hatten. An Tieren, Schafen, Rindern und Pferden, sollen sie um die 150.000 gebracht haben, an Männern, Frauen und Kindern mehr als 4000. (2) Die gesamte andere Beute, ich meine Schafe, Rinder und Pferde, verteilte er unter das ganze Heer, Männer, Frauen und Kinder aber sandte er in die Stadt des Konstantin und besiedelte so deren gesamtes Umland. So weit nun der (Sultan). (3) Den Korinthern aber, die schon den vierten Monat belagert wurden, war das Getreide ausgegangen und auch die übrigen Lebensmittel. Doch obwohl sie Hunger litten, hielten sie weiterhin schlecht und recht stand und dachten keineswegs an Kapitulation. Sie fürchteten nämlich, der Sultan könne sehr zornig über sie sein wegen der langen Dauer der Belagerung und übel mit ihnen verfahren, zumal er mit seinen mehrfachen Aufforderungen, sich friedlich zu einigen, kein Gehör gefunden hatte, sondern abgewiesen worden war.

Ankunft des Asanes in Korinth und sein heimliches Betreten der Stadt

(4) Inzwischen traf auch Matthaios Asanes[1] aus Sparta bei ihnen ein, den der Despot Demetrios gesandt hatte, damit er ihnen zu Hilfe komme und versuchen solle, ob er den Sultan mit den Despoten selbst aussöhnen und einen wie auch immer gearteten Vertrag erwirken könne, allerdings ohne jenem Korinth abzutreten. (5) Er hatte aber auch siebzig bewaffnete Männer bei sich, die auch noch zehn Medimnen Getreide mitführten, welches sie auf ihren Schultern trugen, ein jeder mit drei Choiniken[2]

beladen. Diese nun kannten einen Zugang von der Seite aus, wo Berg und Stadt am wenigsten angreifbar sind, unbekannt und unpassierbar für die meisten, welcher ganz steil und rauh und schwer begehbar nach Akrokorinth führt. Und sie unternahmen heimlich bei Nacht einen äußerst schwierigen und gefährlichen Aufstieg durch den Felsen, indem sie mit Händen und Füßen emporkletterten und einer den anderen hielt und stützte und indem sie einige von ihnen sogar an Seile gebunden hochzogen. Und so gelangten sie in die Stadt hinein.
(6) Als aber die Korinther den Asanes und seine Begleiter sahen, da wurden sie nicht wenig gestärkt und atmeten auf, da sie meinten, er sei ihnen zu Hilfe gekommen sowohl, was alles übrige betraf, und werde vor allem
auch mit dem Sultan | einen Vertrag schließen, der für sie 127
günstig sei. (7) Als aber Asanes nach Betreten der Stadt sah, daß die Korinther furchtbar unter dem Hunger litten und nicht mehr standhalten konnten, da verhandelte er durch einen Boten mit dem Sultan über die Schließung eines Vertrages, Aussöhnung und Übergabe der Stadt. Und der Sultan willigte zu diesen Bedingungen ein und gab ihm feierliche Versicherungen.

Vertrag, welchen Asanes mit dem Sultan für die Despoten abschloß

(8) Er aber kam vor die Stadt, schloß Bündnis und Vertrag mit dem Sultan und übergab ihm die Stadt, Akrokorinth und die Korinther unter der Bedingung, daß sie unversehrt und ohne ein Leid zu erfahren so weiterleben konnten wie zuvor und lediglich tributpflichtig würden, dann auch das gesamte Land der Peloponnes, soweit es der Sultan in Waffen durchzogen hatte, und alle Städte und Festungen, die er unterworfen hatte, daß sie dem Sultan untertan sein sollten (das war immerhin ein Drittel der Peloponnes). Die gesamte übrige Peloponnes aber sollte Eigentum der Despoten

sein, die dem Sultan als jährlichen Tribut dreitausend Gold-Nomismata zu entrichten hatten. Dafür aber werde der Sultan sicheren Frieden und Freundschaft mit ihnen halten und ihr Bundesgenosse und Helfer sein, wenn jemand sie mit Waffengewalt angreife.

8. Nachdem Asanes dies mit dem Sultan ausgehandelt und vereinbart hatte, kehrte er zu den Despoten zurück und berichtete ihnen von seinen Unternehmungen und von dem Frieden mit dem Sultan. Sie aber nahmen den an diese Bedingungen geknüpften Friedensvertrag wohl oder übel widerstrebend an. Denn besonders schwer, schwerer als mit allem übrigen, konnten sie sich mit der Abtretung von Korinth abfinden, ja sie erschien ihnen in jeder Hinsicht nachteilig, da es sich um eine so stark befestigte und bedeutende Stadt handelte, in günstiger Position am Isthmos gelegen und gleichsam die Akropolis der Peloponnes. Doch was hätten sie tun können?

9. (1) Der Sultan aber nahm Korinth in Besitz, legte eine ausreichend große Besatzung von 4000 Mann, ausgewählt aus den Janitscharen seiner Leibgarde, in die Zitadelle und in die Stadt selbst, setzte als Kommandanten über sie einen seiner treuesten Gefolgsleute ein und stattete sie reichlich mit Nahrung, Waffen, Geschützen und allem übrigen aus. Und auch die übrigen Städte, die er erobert hatte, teils im Landesinneren, teils an der Küste gelegen, und die Festungen, die ihm in gutem Zustand zu sein schienen, stattete und rüstete er alle gut
128 mit Besatzungen, Kommandanten, | mit Getreide, Waffen, Geschossen und allem Notwendigen aus. (2) Einige der Festungen aber, nämlich alle, die ihm untauglich erschienen, ließ er völlig niederreißen. Deren Bewohner aber, ich meine Männer, Frauen und Kinder, sandte er, ohne ihnen irgendein Leid zuzufügen, ebenfalls in die Stadt des Konstantin, zusammen mit den anderen, da er dabei war, wie ich schon sagte, deren gesamtes Umland zu besiedeln.

(3) Nachdem er nun die Verhältnisse auf der Peloponnes alle gut und zu seiner Zufriedenheit geregelt und als Satrapen für das gesamte ihm gehörende Gebiet Amares zurückgelassen hatte, entließ er das Heer. Zuvor jedoch belobigte er seine Soldaten sehr und beschenkte und ehrte die tüchtigen durch Geldgeschenke, Ehrenstellungen und Ämter und vieles mehr.

Ankunft des Sultans in Athen und genaue Besichtigung der Stadt

(4) Er selbst aber brach bei Beginn des Herbstes (1458) (denn der Sommer war bereits zu Ende gegangen) mit seiner Leibgarde und einigen seiner führenden Männer aus Korinth auf, ließ den Isthmos hinter sich und gelangte über Megara nach Athen.[1] (5) Er verspürte nämlich ein starkes Verlangen nach dieser Stadt und ihren Sehenswürdigkeiten, da er viel Gutes von der Weisheit und Klugheit ihrer früheren Bewohner sowie von deren sonstiger Tapferkeit und Tüchtigkeit und von ihren zahlreichen bewundernswerten Taten gehört hatte, die sie zu ihrer Zeit sowohl im Kampf gegen Griechen wie gegen Barbaren vollbracht haben. Und er wollte daher unbedingt die Stadt sehen und erkunden, ihre sonstigen Baulichkeiten und vor allem die Akropolis selbst und die Orte, an welchen jene Männer politisch tätig waren und all das vollbrachten, sowie die gesamte sonstige Lage des (Stadt)gebietes und die Beschaffenheit des dortigen Meeres und der Häfen und Werften, und überhaupt über alles wollte er sich informieren. (6) Und er besichtigte alles und bestaunte und lobte es, ganz besonders aber die Akropolis, als er hinaufgestiegen war, da er als weiser, philhellenisch gesonnener und großer Sultan, der er ist, aus ihren Trümmern und Überresten ihren ursprünglichen Zustand erschloß und sich vorstellen konnte. Die Bewohner der Stadt aber behandelte er aus Achtung gegenüber ihren Vorfahren mit Güte und

beschenkte sie mannigfach, und alles, was sie erbaten, erhielten sie von ihm. (7) Nachdem er sich vier Tage in
129 der Stadt aufgehalten hatte, brach er am folgenden | von dort auf und zog durch Boiotien und das Gebiet von Plataiai und besichtigte alle griechischen Orte, erkundete sie genau und informierte sich über alles.

Ankunft des Sultans auf Euboia und genaue Besichtigung der Insel und der dortigen Wechselströmung

(8) Als er aber alles nach Plan besucht hatte und gegenüber von Chalkis auf Euboia angekommen war, beobachtete er den häufigen Wechsel von Ebbe und Flut und die Änderungen der Strömung des Euripos[1] und die sonstige Lage und Beschaffenheit der Insel und besonders ihre Vorzüge und wie sie mit dem Festland durch die äußerst schmale Meerenge verbunden ist, vielmehr wie sie überhaupt eine Halbinsel bildet, abgetrennt nur von diesem ganz schmalen Meeresarm, wie wenn es ein Fluß wäre, und durch eine Brücke wiederum mit dem Festland verbunden. (9) Als nun die Euboier den plötzlichen Anmarsch des Sultans bemerkten, waren sie zunächst um sich besorgt, daß dies nämlich Unheil für sie zu bedeuten habe, doch dann schafften sie kostbare Geschenke für den Sultan herbei, kamen aus der Stadt und gingen zu ihm. Er aber empfing sie gütig, und nachdem er friedfertig mit ihnen gesprochen hatte, entließ er sie wieder. (10) Er selbst aber brach von dort auf und marschierte immer zügig weiter, bis er am zehnten Tag nach Pherai in Makedonien kam. Nachdem er aber dort wenige Tage verweilt hatte, gerade so lange, bis er selbst und seine Begleiter sich erholt hatten, erreichte er von dort aus – es war bereits mitten im Herbst – die Stadt des Hadrian.

10. (1) Kaum dort angelangt, ließ er İsmail, den Gouverneur von Kalliupolis und Befehlshaber der gesamten Flotte[2], zu sich kommen und befahl ihm, so schnell wie

möglich eine Flotte von 150 Schiffen auszurüsten und gegen Lesbos und Mitylene zu segeln und die ganze Insel zu überrennen und zu plündern, indem er sie nach Kräften verwüstete und zerstörte. (2) Denn die beiden Söhne des Dorieus, des Herrschers von Lesbos, die er nach seinem Tod als Erben der gesamten Insel und des Herrscheramtes hinterlassen hatte, lagen ständig miteinander im Streit und sannen auf Rebellion.[3] Und als sie die dreißig aus Italien kommenden Trieren des Erzpriesters von Rom sahen, die Lodobikos in eigener Person als Feldherr mit unumschränkter Vollmacht befehligte, da lehnten sie sich sogleich auf, brachen, indem sie mit diesem Vereinbarungen trafen, die mit dem Sultan geschlossenen Verträge und wollten ihm nicht mehr den üblichen Tribut zahlen, welchen sie ihm jährlich entrichtet hatten; doch nicht nur deswegen, sondern weil sie auch vorher schon die Landungen | der Piratenschiffe 130
geduldet und diesen heimlich Proviant geliefert und feierlich beschworene Zusicherungen gemacht und dadurch dem gesamten dortigen Küstengebiet des Sultans Schaden zugefügt und die Handelsschiffe beraubt hatten. (3) Aus diesen Gründen also war der Sultan zornig auf sie und sandte die Flotte aus.

Angriff der Flotte des Sultans auf Lesbos und Mitylene, Berennen und Verwüsten seiner Ortschaften und Eintreiben riesigen Beutegutes

İsmail aber bemannte so rasch wie möglich 150 Schiffe, nahm Waffen, Geschütze und eine ausreichende Zahl von Schwerbewaffneten an Bord, lud Pferde in Pferdetransportschiffe ein, ließ alles, was sonst noch für den Krieg erforderlich und von Nutzen ist, zurüsten und auf die Schiffe verladen, stach dann von Kalliupolis aus in See und landete am dritten Tag in Lesbos. Und nachdem er bei einem an der Küste liegenden festen Ort, Molybos genannt, an Land gegangen war, verheerte und verwüstete er das gesamte dortige Gebiet, verschanzte dann ringsum die Stadt, schloß sie mit dem Heer ein, setzte Geschütze auf sie an und belagerte sie. (4) Gerade zu diesem Zeitpunkt lagen in Lesbos als Verbündete zwölf Trieren aus der Flotte des Lodobikos, unter dem Kommando des Sergios[1], die Lodobikos vorausgesandt hatte zur Unterstützung von Mitylene, falls die Flotte des Sultans tatsächlich die Insel angreife (denn es ging ein solches Gerücht). Als diese von dem bevorstehenden Angriff der Flotte des Sultans erfuhren, bekamen sie es mit der Angst, fuhren sofort ab nach Chios und blieben dort in Wartestellung. (5) Als İsmail aber trotz zehntägiger Belagerung der Stadt nichts erreichen konnte, zündete er die vor der Stadt liegenden Häuser an und überrannte den größten Teil von Lesbos, plünderte und verwüstete das Land, raubte Dörfer aus und trieb so viel Beute zusammen wie nur möglich, verlud sie auf die Schiffe und fuhr heim nach Kalliupolis und löste die Flotte auf.

(6) Nachdem Sergios aber von der Abfahrt der Flotte aus Lesbos erfahren hatte, kehrte er mit seinen zwölf Schiffen wieder nach Mitylene zurück. Dort überhäuften ihn die Herrscher der Insel mit vielen Schmähungen und Vorwürfen, daß er, der doch als ihr Verbündeter gekommen sei und versprochen habe, ihnen zu helfen, sie mit leeren Hoffnungen hingehalten und dann im Augenblick der Not im Stich gelassen und sich auf und davon gemacht habe. Daher fuhr er, weil er sich gekränkt oder vielmehr beschämt fühlte, ab nach Lemnos und von dort nach Rhodos zu Lodobikos. (7) Die Mitylenäer aber kamen wie die Kinder, nachdem sie gezüchtigt worden waren, zur Vernunft und schickten nunmehr Gesandte zum Sultan, die sie gegen die Anklagen, die man gegen sie erhoben hatte, verteidigten, den schuldigen Tribut bezahlten und um Bündnis und Frieden für die Zukunft baten. Und das erhielten sie auch, nachdem der Sultan
131 sie empfangen hatte. | (8) Dasselbe haben auch die Chier und die Naxier später getan aus Furcht, daß es ihnen

ebenso wie den Mitylenäern ergehen könnte. Daher schickten sie Gesandte, bezahlten den schuldigen Tribut und erneuerten ihre Verträge mit dem Sultan.

Ankunft des Sultans in Byzanz und Sorge für die Stadt und ihre Besiedlung

(9) Nachdem der Sultan die restliche Zeit des Herbstes in Adrianopel verbracht hatte, kam er zu Beginn des Winters nach Byzanz. Und es vollendete sich nunmehr das insgesamt 6966. Jahr (1457/58), das achte Regierungsjahr des Sultans.

11. (1) In der Stadt des Konstantin angelangt, ging er seinen gewohnten Geschäften nach und widmete sich darüber hinaus ganz besonders der Stadt und ihrer Besiedlung. Zunächst wählte er aus den Peloponnesiern, die er hierher gebracht hatte, alle diejenigen aus, die ihm gegenüber den anderen vorteilhaft abzustechen schienen und die ein Handwerk verstanden, und ließ sie innerhalb der Stadt Wohnung nehmen. Die übrigen aber siedelte er außerhalb in Dorfgemeinschaften an und verteilte unter sie Getreide, Ochsengespanne und alles, was sie sonst für ihr selbständiges Auskommen zunächst einmal brauchten, damit sie pflügen und Ackerbau betreiben konnten. (2) Danach sandte er nach Amastris, einer Küstenstadt Paphlagoniens am Schwarzen Meer, und siedelte den größeren und vermögenderen Teil ihrer Einwohnerschaft um.[1] Außerdem ließ er alle diejenigen der ihm untertanen Armenier, die besonders tüchtig waren und die sich durch Wohlstand und Reichtum, ein Handwerk oder sonst eine Erwerbstätigkeit auszeichneten, und vor allem diejenigen, die zum Stand der Handeltreibenden gehörten, ihre Heimat verlassen und siedelte sie hierher um, doch nicht nur diese, sondern auch aus anderen ihm untertanen Völkerschaften die Angehörigen dieser Gruppen.

Befehl des Sultans an alle führenden Männer, in der Stadt prächtige und aufwendige Bauten errichten zu lassen

(3) Darauf rief er alle führenden und bei Hof einflußreichen Männer, die in großem Reichtum und üppigem Wohlstand lebten, zusammen und befahl ihnen, prächtige Häuser in der Stadt zu erbauen, wo ein jeder wolle, und Bäder einzurichten, Gasthäuser, Märkte, Werkstät-
132 ten in sehr großer Zahl und | bester Ausstattung sowie Gotteshäuser und Andachtsstätten zu errichten und die ganze Stadt mit vielen anderen derartigen Bauten zu schmücken und ihr Glanz zu verleihen und dabei keinen Aufwand zu scheuen, entsprechend dem Wohlstand und Vermögen eines jeden. (4) Er selbst aber wählte den schönsten und höher als alle anderen gelegenen Platz in der Mitte der Stadt aus und gab Befehl, an diesem Ort ein Gotteshaus zu errichten[1], das es mit den größten und schönsten Gotteshäusern, die vor ihm in der Stadt erbaut worden waren, an Höhe, Schönheit und Größe aufnehmen könne, und zu diesem Vorhaben Baumaterialien in großer Vielfalt und bester Qualität zu sammeln und vorzubereiten, Marmor und andere durchscheinende und kostbare Steine, außerdem eine große Zahl von besonders hohen und schönen Säulen, Eisen und Bronze in riesigen Mengen sowie Blei und alles Material, was sonst noch dazu geeignet war.

(5) Weiter ordnete er an, eine Residenz auf der zum Meer hin aufragenden Zitadelle des alten Byzanz zu erbauen[2], welche die früheren in jeder Hinsicht übertreffen und größere Bewunderung erregen sollte als diese durch Schönheit, Größe, Pracht und Anmut. Außerdem ließ er Arsenale in sehr großer Zahl und bester Ausführung errichten zur Aufnahme von Schiffen und der dazugehörigen Ausrüstung und ließ aufs stärkste gesicherte, riesige Häuser erbauen zur Aufbewahrung von Waffen, Geschützen und anderem Gerät dieser Art. (6) Und noch viele andere derartige Einrichtungen gab er in Auftrag, die sowohl der Verschönerung der Stadt als auch dem

Wohle der Allgemeinheit dienten, außerdem aber auch den notwendigerweise mit seinen Kriegen und Schlachten zusammenhängenden Bedürfnissen, und zwar ließ er all dies rasch ausführen, indem er die erfahrensten und tüchtigsten Männer als Leiter dieser Unternehmungen einsetzte. (7) Er war nämlich entschlossen, die Stadt in jeder Hinsicht vollkommen autark und mächtig zu machen und so wie sie ehemals war an Macht, Reichtum, Ruhm, Wissenschaften und Künsten und an allen sonstigen Berufen und allen Arten von schönen Dingen sowie an öffentlichen und gemeinschaftlichen Gebäuden und Denkmälern.

Beachte die prächtigen Bauten Mahmuts

12. (1) Zugleich mit dem Sultan ließ auch Mahmut, der Statthalter von Europa, ranghöchster seiner Gefolgsleute und nach ihm mächtigster Mann und mit der Führung sämtlicher Regierungsgeschäfte betraut, ein gewaltiges und wunderschönes Gotteshaus an einem gut sichtbaren Platz der Stadt erbauen[3], glänzend von durchscheinenden Steinen und Marmor und besonders ausgezeichnet durch die Schönheit und Größe der Säulen, dazu durch Maler- und Bildhauerkunst herrlich verziert, erstrahlend von viel Gold und Silber und geschmückt mit vielen anderen schönen Gaben, Weihgeschenken und Prunkstücken. (2) Ringsum ließ er Armenpflegehäuser, Herbergen und Bäder errichten, die überaus großzügig ausgestaltet waren, | sowohl was ihren praktischen 133
Nutzen als auch was ihre Schönheit und Größe betrifft. Außerdem ließ er für sich selbst prächtige und aufwendige Häuser bauen und rings um diese Gärten anlegen, welche mit Pflanzen aller Art prangend der Freude und Lust sowie dem Genuß dienen, und er versorgte sie reichlich mit Wasser und tat vieles dergleichen, indem er dem Willen des Herrschers in vollem Umfang nachkam und zugleich auch von sich aus die Stadt nach

Kräften mit privaten Ausgaben und Aufwendungen und mit gemeinnützigen Bauten und Monumenten ausschmückte.

13. Danach befahl der Sultan außerdem, überall in seinem Reich Trieren zu bauen, wissend, daß die Überlegenheit zur See und die Herrschaft über sie für ihn notwendig sei, vor allem bei Feldzügen weit im Feindesland. Er wußte nämlich, daß auch bei seinen früheren Unternehmungen die Streitmacht zur See am meisten zum Erfolg beigetragen hatte. Und auch als er die mächtigsten Herrscher früherer Zeiten genau studierte und prüfte, fand er, daß sie ihre größten und berühmtesten Leistungen auf dem Meere vollbracht hatten und am erfolgreichsten zur See waren. Daher wollte er auch die Herrschaft zur See in seine Hand bekommen; denn Land und Meer unter einer Herrschaft vereint lassen diese rasch sehr mächtig werden. Soviel nun hierüber.

Übertritt von Lemnos wiederum zum Sultan auf Betreiben des Kritobulos und Schenkung der Inseln Imbros und Lemnos durch den Sultan an den Despoten Demetrios

14. (1) Im selben Winter (1458/59) machte Kritobulos, der Imbriote, den einflußreichen Männern unter den Lemniern den Vorschlag, wegen der Übergabe der Insel an den Sultan zu verhandeln. Denn noch hielten die Italiener sie besetzt. Jene willigten ein und gaben diesem feierliche Versicherungen, daß sie ihm auch wirklich die Insel übergeben würden, wenn er komme. Denn der Mann gehörte zu ihren engsten Freunden, und sie vertrauten ihm in derartigen Angelegenheiten. So sandten sie heimlich zu ihm, weil sie sich vom Druck der Italiener befreien wollten und (das war der Hauptgrund) weil sie befürchteten, daß die Flotte des Sultans sie plötzlich angreifen und ihnen großen Schaden zufügen könnte;
134 denn die Italiener waren nicht imstande, | ihnen zu helfen. Deshalb also wollten sie von ihnen abfallen und

zum Sultan übertreten. (2) Nachdem Kritobulos aber die feierlichen Zusicherungen von ihnen erhalten hatte, begab er sich in die Stadt des Hadrian und sandte nun eilends ein Schreiben zum Despoten Demetrios, welches diesem bedeutete, daß der Augenblick gekommen sei, die Inseln Imbros und Lemnos vom Sultan zu erbitten, da dieser bereit sei, sie ihm zu geben. Und er versicherte ihm gleichzeitig, daß er selbst in der Lage sei, Lemnos einzunehmen und die Italiener zu vertreiben. Er hatte nämlich früher schon in dieser Angelegenheit ein Schreiben des Despoten erhalten. (3) Als aber der Despot dies erfuhr, sandte er auf dem schnellsten Wege den Asanes als Unterhändler zum Sultan und erbat von diesem die Inseln und erhielt sie mit der Vereinbarung, dem Sultan dafür auch als jährlichen Tribut 3000 Goldstücke zu zahlen, wobei Kritobulos selbst damals in Adrianopel zugegen war und ihn bei den Verhandlungen unterstützte.

Siehe eine kühne Tat

(4) Als aber Kritobulos das Schreiben vom Sultan erhalten hatte, kehrte er so schnell wie möglich nach Imbros zurück. Dort hielt er sich nur einen einzigen Tag auf und bestieg am folgenden eine Paralos[1], landete unbemerkt von den Wachtschiffen der Italiener, die die Insel blockierten und rings um sie patrouillierten, bei Nacht in Lemnos und betrat etwa um die erste Wache die Festung der Kastrioten, die ihn dort einließen.

Nächtlicher Einzug des Kritobulos in die Stadt Kotzinos, deren Übernahme und Vertreibung der Italiener

Nachdem er sich mit dem Kommandanten der Festung und dessen Gefolgsleuten beraten hatte (denn er hatte auch diesen zusammen mit den anderen auf seiner Seite), nahmen sie unverzüglich 25 Reiter und erreichten im ersten Morgengrauen die Stadt Kotzinos.[2] Und sie ge-

langten hinein, da ihnen die Bewohner, die auf ihrer Seite standen, sofort die auf der Südseite gelegene kleine Pforte öffneten. Denn alle diese Leute waren, wie ich schon sagte, eingeweiht und wollten dasselbe wie er. (5) Als er aber die Stadt betreten hatte, hießen ihn alle Bewohner freudig willkommen, versammelten sich in
135 Waffen und schlossen die Italiener in den | Amtsgebäuden des Präfekten ein, 45 an der Zahl, die zwar mit ihnen handgemein werden und kämpfen wollten, sich auch schon bereit gemacht hatten, jedoch nicht dazu imstande waren. Denn was hätte dieses Häuflein auch gegen die gesamte Einwohnerschaft ausrichten können? Schließlich aber, als es schon tagte, ergaben sie sich sogar bedingungslos und lieferten sich dem Kritobulos aus, mit ihnen zu tun, was ihm beliebte; denn sie hatten Vertrauen zu ihm. (6) Er aber ließ alle frei mit den Worten: „Wenn Ihr bei uns bleiben und auf der Insel leben wollt, so nehmen wir Euch auf und werden Euch das, was Ihr zum Leben braucht, in ausreichendem Maße geben. Wenn nicht, so geht fort, wohin es jedem beliebt.“ Ihren Führer Kalabrezos[1] aber ehrte er mit vielen Gastgeschenken und ließ ihn in Frieden nach Euboia ziehen. (7) Danach sandte er einen Boten zum Kommandanten des sogenannten Palaion Kastron[2] (das war das frühere Myrinupolis) namens Michael[3], forderte die Übergabe der Burg und versprach ihm gleichzeitig Geschenke und reiche Ehren. Die Burg von Myrinupolis ist nämlich auf das stärkste gesichert und von allen Seiten unangreifbar. Sie gehörte seit ältester Zeit zu den Burgen, die berühmt sind für ihre Sicherheit, da sie auf einer Anhöhe hoch oben über der Stadt erbaut und durch eine dreifache uralte Mauer und riesige Steinblöcke geschützt und befestigt ist und die gesamte Stadt unter sich hat und völlig beherrscht. (8) Deshalb wollte er jenen auch mit freundlichen, leutseligen und ganz auf Frieden abgestimmten Worten zur Unterwerfung veranlassen. Der aber, da er jung war und auf die Stärke seiner Burg

vertraute und zugleich auf die starke Besatzung und den Proviant (er hatte nämlich dort drinnen bei sich Lebensmittel in Hülle und Fülle, ausreichend für ein ganzes Jahr, sowie achtzig gepanzerte Männer), antwortete nicht mit Worten, sondern zeichnete mit Blut ein Schwert auf ein Stück Papier und schickte das dem Kritobulos, womit er ihm bedeutete, „allein durch Blut und Eisen kannst Du die Burg einnehmen, anders aber nicht", und indem er auf dem Papier auch noch folgende Drohung spöttisch zum Ausdruck brachte: „Nicht auf diese Weise fordere die Burg, denn so wirst Du sie nicht einnehmen, sondern wenn Du ein Mann bist, dann komm selbst in Waffen und nimm sie Dir."

Ankunft des Kritobulos in Myrinupolis und Vereinbarung mit dem Festungskommandanten, ihm zu einem festgesetzten Zeitpunkt die Burg und die Stadt zu übergeben

15. (1) Nachdem Kritobulos sich vier Tage in der Stadt Kotzinos aufgehalten und die Verhältnisse dort geregelt hatte, nahm er am folgenden Tage vierhundert gut bewaffnete Reiter und nicht weniger als dreihundert Schwerbewaffnete zu Fuß und begab sich nach Myrinupolis und schlug in großer Entfernung | von der Stadt 136
sein Lager auf, damit nicht die Pferde und Soldaten in den vor der Stadt gelegenen Weingärten und Äckern Schaden anrichteten. Und wiederum verhandelte er, indem er einen Boten sandte, friedfertig mit dem Kommandanten und versuchte, ihn mit freundlichen Worten und Versprechungen zur Unterwerfung zu veranlassen. (2) Der aber, da er die bereitstehende Streitmacht vor seinen Augen sah und sich gleichzeitig auch der Bewohner der Stadt nicht sicher war und fürchtete, daß diese sich von den außerhalb der Stadt Lagernden aufwiegeln lassen oder sogar mit diesen gemeinsame Sache machen könnten und dann auch ihrerseits drinnen gegen ihn revoltierten und er sowohl die Burg verlieren als auch

selbst noch in Gefahr geraten könnte, nahm daher die Worte friedfertig auf, traf eine Vereinbarung und forderte und erhielt eine Frist von drei Monaten, bis er den über Rhodos gebietenden Großmeister[1] davon in Kenntnis gesetzt (Lodobikos war nämlich schon vorher nach Italien abgefahren und hatte diesen als Verweser für die Inseln zurückgelassen) und bis er dann auch von diesem die Zustimmung erhalten habe, die Burg und die Stadt zu übergeben; und er stellte dafür Geiseln und gab Unterpfänder. (3) Nachdem Kritobulos dies erreicht hatte, sandte er zwei der führenden Lemnier in die Peloponnes, die dem Despoten Demetrios von seinen Unternehmungen berichten und darum bitten sollten, daß für die Regierungsgeschäfte bestimmte Leute kämen, damit er die Insel und die befestigten Ortschaften übergeben könne. Er selbst aber wartete in Lemnos. Und soviel nun hierüber.

Feldzug des Sultans gegen die Illyrer, die am Ionischen Meerbusen siedeln

16. (1) Zugleich mit Frühlingsbeginn (1459) unternahm der Sultan einen Feldzug gegen die Illyrer, die am Ionischen Meerbusen siedeln, und zwar auf seiner rechten Seite, wenn man hineinfährt, etwa in der Gegend des alten Epidamnos. Diese sind von Anbeginn an Barbaren und hießen in alter Zeit Taulantioi und Machaones[2], die Mehrzahl von ihnen Nomaden, unabhängig und seit langer Zeit ohne König.

Siehe die starke Befestigung des Landes

Sie wohnen in ausgedehnten, sehr hohen und schwer
137 zugänglichen Gebirgen und haben | dort auch sehr viele starke Festungen sowie stark befestigte Plätze an der Küste des Ionischen Meeres, und ihr gesamtes Gebiet ist von allen Seiten geschützt durch gewaltige Hindernisse, tiefe Wälder und steil abfallendes, abschüssiges Gelände.

(2) Nachdem sie nun vor kurzer Zeit einen gewissen Areianos[1] und einen Alexander[2] aus ihrem eigenen Stamm als Herrscher an ihre Spitze gestellt hatten, behaupteten sie ihr Land mit starker Hand und waren nicht bereit, mit dem Sultan einen Vertrag zu schließen noch ihm Tribut zu entrichten, noch überhaupt seinen Anweisungen zu gehorchen. Doch nicht nur dies, sondern sie überschritten sogar oftmals die Grenzen ihres eigenen Landes und unternahmen heimliche Überfälle und Streifzüge und schädigten das an sie angrenzende Gebiet des Sultans.

(3) Gegen diese war ehedem auch schon Sultan Murat, der Vater des Sultans, mit einer großen und starken Streitmacht zu Felde gezogen[3], hatte sie im Kampf besiegt, sich der Pässe bemächtigt und einen großen Teil des Landes überrannt und verwüstet, einige der Festungen zerstört und riesige Beute davongetrieben. Aber dennoch konnte er das Land nicht erobern und völlig in seine Gewalt bringen, sondern schloß mit ihnen auf ihr Ersuchen hin lediglich einen Vertrag mit der Bedingung ab, daß sie ihm jährlich einen bestimmten Tribut zu entrichten hatten. Danach trieb er so viel Beute, wie er nur konnte von dort zusammen, verteilte sie unter das Heer und zog wieder ab. (4) Diese hielten sich jedoch nur kurze Zeit an die getroffenen Vereinbarungen und lehnten sich wiederum auf, zahlten den Tribut nicht und unternahmen Streifzüge und überrannten und schädigten das Gebiet des Sultans.

(5) Gegen diese also zog der Sultan zu Felde. Und er brach von der Stadt des Hadrian aus mit dem gesamten Heer auf, Reiterei und Fußvolk, marschierte durch sein eigenes Gebiet und gelangte in insgesamt 33 Tagen an die Grenze Illyriens und schlug dort sein Heerlager auf. Und sogleich befahl er Mahmut, mit drei ausgewählten Abteilungen, bestehend aus Schwerbewaffneten, Leichtbewaffneten und Schildträgern, sowie mit den kampfstärksten Männern seiner Leibgarde bei Nacht zu den Pässen

zu marschieren und diese im voraus zu besetzen, bevor noch die Illyrer Nachricht bekämen und selbst dort erschienen.

Gefecht des Mahmut mit den Illyrern, Sieg und Einnahme der Pässe sowie Einfall des Sultans in das Gebiet der Illyrer und dessen Verheerung

(6) Als dieser aber dort ankam, fand er sie schon von jenen besetzt (denn sie hatten vorher vom Anmarsch des Sultans erfahren), und er trat zum Kampf gegen sie an, besiegte sie glorreich und nahm die Pässe mit Waffengewalt. Und der Sultan rückte mit dem gesamten Heer nach und fiel in ihr Land ein zu der Zeit, da das Getreide bereits reif war, und überrannte den größten Teil, ver-
138 nichtete das Getreide | und trieb so viel Beute wie nur möglich zusammen, sowohl an Menschen wie auch an Vieh jeglicher Art, und unterwarf Festungen, teils im Sturm mit Waffengewalt, teils auch durch Belagerung, zerstörte sie vollständig und verwüstete überhaupt ihr gesamtes Land, das vor seinen Füßen in der Ebene lag, indem er es nach Kräften ausraubte, plünderte und zerstörte.

Vertrag des Sultans mit den Illyrern, Entgegennahme von Geiseln und Festsetzung von Abgaben für den Sultan

(7) Die Illyrer aber, die sich bereits oben in den Bergen aufhielten (denn sie wagten nicht, in die Ebenen hinabzusteigen) und die ja auch sahen, wie ihr Land geplündert und in schlimmer Weise verwüstet wurde, und zugleich auch um sich selbst fürchten mußten, änderten notgedrungen ihre Haltung und lenkten ein zu Verhandlungen. Sie schickten einen Herold und baten den Sultan um einen Friedensvertrag, wobei sie Geiseln und Unterpfänder dafür stellten, dem Sultan einen jährlichen Tribut zu entrichten, eine bestimmte Anzahl von Knaben und Viehherden (denn sie besaßen kein Geld) sowie Soldaten

für die Feldzüge des Sultans zu stellen und aufrichtige Freunde und Bundesgenossen zu sein.

(8) Und der Sultan willigte zu diesen Bedingungen ein und schloß den Vertrag ab. Er erhielt die Geiseln, trieb so viel Beute wie er nur konnte für sich selbst weg und verteilte sie auch unter das Heer und kehrte dann, während der Sommer bereits zu Ende ging, in die Stadt des Hadrian zurück. Und nachdem er dort den ganzen Herbst über verweilt hatte, begab er sich bei Winteranfang nach Byzanz, um dort zu überwintern. Und so vollendete sich das insgesamt 6967. Jahr (1458/59), das neunte Regierungsjahr des Sultans.

Ankunft des Sultans in der Stadt des Konstantin, Neuregelung seines Hofes und der Angelegenheiten in der Stadt

17. (1) In der Stadt des Konstantin angelangt, widmete sich der Sultan nach einer kurzen Erholungspause wieder den Regierungsgeschäften und der Verwaltung und Neuregelung des Staatswesens, vor allem aber seines eigenen Hofes und der Soldaten. Er musterte sie alle und wählte die an Klugheit, Tapferkeit und Erfahrung und Fertigkeit im Kriegshandwerk besten aus, | beförderte sie und 139
ließ sie in höhere Positionen aufsteigen, wies jedem einzelnen den angemessenen Platz und Rang zu und ehrte die tüchtigen auf jede Weise durch zusätzliche Geldgeschenke, durch Ämter und Ehrenstellungen und durch sonstige Zuwendungen und Geschenke, wobei er an nichts sparte.

(2) Danach versetzte er diejenigen Satrapen, die sich in ihrer Amtsführung als die besten und erprobtesten erwiesen und ihre Satrapien in der erforderlichen Weise verwaltet und ihre Herrschaft gut ausgeübt hatten, in höhere und höchste Ehrenstellungen und Ämter und setzte wiederum in deren Satrapien und Stellungen andere ein, solche, die er, wie ich schon sagte, für besonders tüchtige und kluge Männer hielt, indem er jeden einzelnen angemessen belohnte.

(3) Danach sandte er überallhin in sein Reich, sowohl nach Asien wie nach Europa, öffentliche Verordnungen und Erlässe und ließ alle Bewohner der Stadt des Konstantin, die sei es durch Kriegsgefangenschaft, sei es durch Umsiedlung oder auf irgendeine andere Weise entweder vor der Eroberung oder nach der Eroberung in in anderen Städten Wohnung genommen hatten, hierher umziehen und umsiedeln. Es gab nämlich noch viele von diesen, sowohl in der Stadt des Hadrian wie auch in der des Philipp, des Kallias, des Prusias und in anderen Städten, die infolge der Kriegsgefangenschaft oder auch schon vorher dorthin verstreut waren und sich in ihnen angesiedelt hatten, kundige und sehr tüchtige Männer, die sich mit ihren speziellen Fähigkeiten überall in kurzer Zeit großen Wohlstand erwarben und Reichtum ansammelten. All diese Leute nun siedelte er hierher um und teilte den einen Häuser, den anderen Bauplätze zu, wo immer in der Stadt sie wollten. Anderen wieder gewährte er in großzügiger Weise alles, was sie fürs erste zu einer unabhängigen Existenz und zum Leben brauchten.

Aussiedlung der Phokäer und Umsiedlung in die Stadt des Konstantin

(4) In eben diesen Tagen siedelte er auch die Bewohner der beiden Phokaia im asiatischen Ionien[1] aus und siedelte auch sie in der Polis an.

Aussiedlung der Inseln Thasos und Samothrake und Umsiedlung in die Polis

Er sandte außerdem auch Zağanos, den Satrapen von
140 Kalliupolis und Befehlshaber | der gesamten Flotte, mit vierzig Schiffen zu den Inseln aus. Dort angekommen, zwang dieser die Bewohner von Thasos und Samothrake, ihre Wohnsitze zu verlassen, und siedelte sie hierher um. Eine so starke Liebe zu dieser Stadt hatte sein Herz ergriffen und ein solches Verlangen, sie in ihrer früheren Macht, ihrem Ansehen und ihrem Glanz wiedererstehen zu sehen.

Aufsicht des Sultans über die Bauten

(5) Er kümmerte sich aber auch in eigener Person mit großer Sorgfalt um die von ihm in Auftrag gegebenen Bauten, die des Gotteshauses meine ich und seiner Residenz, indem er mit großem Eifer nicht nur die für die Bauten notwendigen, sondern vor allem auch besonders kostbare und luxuriöse Baumaterialien herbeischaffen ließ und indem er von überallher die besten Handwerker rufen ließ, Baumeister meine ich und Steinmetze, Holzschnitzer und alle, die sich sonst auf ein diesbezügliches Handwerk verstanden. Er ließ nämlich große und sehenswerte Bauwerke errichten, die es in jeder Hinsicht mit den größten und schönsten Bauten aus alter Zeit aufnehmen können, und es bedurfte daher einer sehr intensiven Aufsicht und großen Bemühens, vieler Hände und verschiedenster prächtiger Materialien, größtmöglichen Aufwands und gewaltiger Kosten.
(6) Er hatte nun viele Aufseher über diese Arbeiten, die auch sehr tüchtig waren und sich durch Sachkenntnis und Erfahrung in derlei Aufgaben besonders auszeichneten, ließ es sich aber trotzdem nicht nehmen, auch selbst ständig die Aufsicht zu führen und die Arbeiten zu inspizieren, wobei er alles mit größtem Ehrgeiz und hohem Sinn für das Schöne und überhaupt in kaiserlicher Weise unternahm. Und so war er mit diesen Dingen beschäftigt.

Vereinbarungen zwischen Kritobulos und Mikeles und Übernahme des Palaion Kastron auf Lemnos

18. Währenddessen kam auch Mikeles, der die Palaion Kastron genannte Zitadelle auf Lemnos behauptete, mit Kritobulos überein und übergab ihm die Burg und die Stadt und erhielt von diesem dafür 1000 Gold-Nomismata, welche die Bürger von Lemnos gemeinsam aufgebracht hatten. | 141

Gründe, weshalb der Sultan zum zweiten Mal in die Peloponnes einfiel und sie völlig unterwarf

Siehe, wie schlecht beraten die Menschen waren

19. (1) Im selben Winter (1459/60) gerieten auch die Despoten der Peloponnes zu ihrem eigenen Schaden in Streit und führten gegeneinander Krieg aus folgendem Grund:[1] Diejenigen der ihnen untergebenen Amtsträger, die hohe Ämter innehatten und große Einkünfte bezogen sowie Städten und Festungen vorstanden, waren damit nicht zufrieden, sondern wollten aus unersättlicher Habgier und wegen der Verderbtheit ihres Charakters ständig mehr haben und waren auf Umsturz aus, befehdeten sich untereinander, führten Krieg gegeneinander und brachten die Verhältnisse dort völlig in Verwirrung und Aufruhr. Sie hetzten die Despoten gegeneinander, stachelten sie zum Kampf auf und zogen sie in den Aufruhr hinein, indem sie zunächst heimlich an sie herantraten und sich mit jedem einzeln unterredeten, dabei so taten, als ob sie irgendwelche Geheimnisse offenbarten, und sie so durch falsche Reden und Verleumdungen gegeneinander aufhetzten und in Harnisch brachten. Danach aber zeigten sie ihre Unverfrorenheit nunmehr offen, fielen von ihnen ab und liefen von dem einen zu dem anderen über und machten dabei zugleich Städte und Festungen, über die sie herrschten, mit abtrünnig, was nun die Despoten noch mehr gegeneinander aufbrachte und sie zu offener Feindschaft übergehen ließ. (2) Denn sie hatten zwar durch den Austausch von Gesandten einmal und dann noch ein zweites Mal den Versuch gemacht, ihre Streitigkeiten durch Verhandlungen beizulegen und nicht durch Krieg. Als aber der Versuch nicht den gewünschten Erfolg hatte, da die Schlechteren obsiegten und sie sich ohne Einigung trennten, gingen sie nunmehr zum offenen Krieg über. Und nachdem sie einmal dazu übergegangen waren, kämpften sie mit vollem Einsatz, indem sie mit starker Heeresmacht gegenseitig in ihre

Gebiete einfielen, diese überrannten und verwüsteten, Dörfer anzündeten und Festungen unterwarfen, teils auch bis auf den Grund zerstörten, und indem sie Beute wegtrieben und ihr eigenes Volk auf jede nur mögliche Weise zugrunde richteten. Und das ging so lange Zeit hindurch. (3) Später aber, als sowohl die dort ansässigen Albaner auf die Seite des Despoten Thomas übergingen wie auch die besten Leute des Despoten Demetrios täglich zu jenem überliefen und die Festungen kampflos übergaben, gewann jener die Oberhand. Und nachdem er Herr über den größten Teil des Landes geworden war, verfolgte er den Bruder und schloß ihn zusammen mit Frau und Tochter in Epidauros Limera, das heute
Monembasia heißt, ein. | 142

Entsendung des Asanes zum Sultan im Auftrage des Despoten Demetrios

(4) Äußerst bekümmert über das, was geschah, und ratlos, was er überhaupt tun könne (denn er lief Gefahr, sein ganzes Reich zu verlieren), schickte der Despot Demetrios den Asanes als Gesandten zum Sultan mit der Bitte um Beistand und Hilfe gegen die schmähliche Behandlung und Unterdrückung durch seinen Bruder. Soweit ist alles offenkundig. (5) Jedoch gibt es hier jetzt zwei verschiedene Versionen: Die einen behaupten nämlich, der Despot habe den Asanes nicht nur mit der bloßen Bitte um Hilfe ausgesandt, sondern dem Sultan zugleich die Hand seiner Tochter versprochen und die gesamte Peloponnes übergeben, für sich selbst aber erbeten, daß ihm dafür ein anderes Herrschaftsgebiet im Reich des Sultans gegeben werde. (6) Einige aber wiederum behaupten fest, daß es sich nicht so verhalte, sondern der Despot habe den Asanes ausgeschickt mit dem Auftrag, vom Sultan ein Waffenbündnis zu erbitten, Hilfstruppen und ein Heer zur Unterstützung, dieser aber habe sich aus Zorn über den Despoten Thomas und

die Mächtigen unter den Peloponnesiern, die sich ganz gegen ihn stellten, gerächt und ohne Zustimmung des Despoten so gehandelt.

Feldzug des Sultans gegen die Peloponnes

20. (1) Jedoch, wie sich die Sache auch immer verhält, als der Sultan von ihrem Zwist und Streit untereinander und dem nicht offiziell erklärten Krieg erfahren hatte, doch nicht nur davon, sondern auch, daß der Despot Thomas seine Verträge mit ihm gebrochen, Streifzüge unternommen und sich einiges von dem, was ihm gehörte, angeeignet hatte sowie mit den Italienern neue Verträge schloß und diese zu Hilfe rief, schob er aus Zorn über das, was dort vor sich ging, und zugleich aus Besorgnis um die Peloponnes, daß sie in fremde Hände fallen könnte, die Sache nicht mehr auf, sondern unternahm unverzüglich ohne weitere Vorbereitungen – der Frühling (1460) war eben angebrochen – einen Feldzug gegen die Peloponnes. (2) Er brach also aus der Stadt des Hadrian mit dem gesamten Heer, Reiterei und Fußtruppen auf, rückte in Eilmärschen vor und gelangte am siebenten Tage nach Korinth. Dort ließ er das Heer lagern und wartete drei Tage auf den Despoten Demetrios; denn so soll es von Asanes mit ihm verabredet gewesen sein. (3) Der Despot aber kam aus Epidauros nach Sparta, begab sich aber nicht persönlich weiter zum Sultan, sondern schickte Asanes mit sehr vielen Geschenken. Und dieser ging gleich am Tage seiner Ankunft zum Sultan hinein, und nachdem er sich geraume Zeit ohne weiteren Zeugen mit ihm und Mahmut unterredet hatte, trat er wieder heraus.
143 | Gleich bei Anbruch des folgenden Tages aber befahl der Sultan, den Asanes zu ergreifen und ohne Fesseln unter Bewachung zu halten. (4) Er aber fiel mit dem Heer nicht in das feindliche Gebiet des Despoten Thomas ein, was natürlich zu erwarten gewesen wäre, sondern in das befreundete Gebiet des Despoten Demetrios und mar-

schierte geradewegs auf Argos zu. Das freilich bestätigte nunmehr für die meisten das oben Gesagte und machte es glaubhaft, daß nämlich diese von sich aus und aus eigenem Antrieb den Sultan ins Land geholt hätten, indem sie sich selbst und das Land des Pelops in seine Hand gaben aus Haß gegen den Despoten Thomas und die Peloponnesier, alles andere aber Verstellung, Heuchelei und Erfindung war, wie auch aus den nachfolgenden Ereignissen deutlich geworden ist.

Einschließung des Despoten Demetrios in Sparta durch Mahmut

(5) Als der Sultan nämlich in Argos angelangt war, befahl er sogleich dem Mahmut, sich mit einem ausreichend starken Heer bei Nacht nach Sparta zu begeben und dort den Despoten Demetrios pro forma einzuschließen. Der aber zog los, und nachdem er die ganze Nacht hindurch marschiert war, erreichte er jenen bei Tagesanbruch in Sparta und schloß ihn dort ein. Und er sandte zu ihm den Sekretär des Sultans, Thomas, Sohn des Katabolenos, und unterbreitete ihm friedfertige und freundliche Vorschläge, die seine eigene Auslieferung und die Übergabe der Stadt betrafen, indem er ihm erklärte, daß es zum besten für ihn und seine Gefolgsleute sein werde, wenn er sich und sein Reich getrost dem Sultan anvertraue und keinen Widerstand leiste oder damit zögere. Denn das werde nicht gut für ihn ausgehen. Der Despot aber erwiderte, daß zuerst einmal Asanes freigelassen werden und mit den Garantien zu ihm kommen solle, dann werde er der Aufforderung Folge leisten. (6) Dies alles aber täuschten sie, wie ich schon sagte, nach außen hin vor, insgeheim aber hegten und verfolgten sie andere Pläne.

Auszug des Despoten aus Sparta zu Mahmut und Übergabe von Sparta und seiner Burg

Mahmut aber gab dem Asanes die Garantien und ließ ihn auf der Stelle frei, und mit ihm sandte er auch den Satrapen Hamza, der mit dem Despoten sehr eng befreundet war. Nachdem diese aber in die Stadt gekommen und mit dem Despoten zusammengetroffen waren,
144 führten sie ihn hinaus in das Lager zu Mahmut. Der | aber empfing ihn entgegenkommend und freundlich und mit der gebührenden Ehrerbietung und übernahm sowohl die Stadt als auch die Zitadelle selbst.

Audienz des Despoten Demetrios beim Sultan, hohe Ehren und sehr große Geschenke vom Sultan für ihn

(7) Am folgenden Tage traf auch der Sultan ein. Und er ließ sogleich den Despoten holen und ehrte diesen, als er kam, durch die Audienz, die er ihm gewährte, indem er sich von seinem Sitz erhob, als jener das Zelt betrat, ihm die Rechte bot und ihn neben sich Platz nehmen ließ. Und er sprach ihm mit milden und wohlwollenden Worten Trost zu, indem er viel Friedfertiges und Freundliches zu ihm sagte, und ließ ihn dadurch wieder zu sich kommen aus seiner Verzagtheit und nahm ihm die Furcht (denn er merkte, daß jener Angst hatte und aufgeregt war), und er machte ihm begründete Hoffnungen auf die Zukunft und gab ihm zugleich die Zuversicht, daß von seiner Seite her sich alles gut und zu seiner Zufriedenheit fügen werde. Dann beschenkte er ihn noch auf mannigfache Weise, indem er ihm viel Geld gab sowie kostbare Gewänder und Mäntel, dazu Pferde, Maultiere und vieles andere, was er derzeit gebrauchen konnte. Auch ließ er seine Frau und seine Tochter[1] mit einem Ehrengeleit aus Epidauros holen, indem er einen der kaiserlichen Eunuchen und Befehlshaber mit einer militärischen Abteilung zusammen mit Asanes zu ihrem

Geleit aussandte. Und er ließ ihm noch auf alle erdenkliche andere Weise große Ehre und Fürsorge angedeihen.

Abmarsch des Sultans aus Sparta und Zug gegen die übrigen Festungen, die in dessen Nähe liegen

21. (1) Nachdem er sich aber vier Tage dort aufgehalten, die Stadt und die Zitadelle gut ausgerüstet und gesichert, einen Kommandanten und 400 Mann Besatzung von seiner Garde zurückgelassen und auch alles übrige dort nach seinem Willen ausgeführt und eingerichtet hatte, brach er von dort auf, wobei er auch den Despoten Demetrios mit sich nahm, und gelangte zu einem von allen Seiten sehr stark befestigten Kastell am Fuße des hohen Gebirges von Sparta, nicht weit entfernt von der Stadt gelegen, Kastrion[2] genannt. Dort ließ er das Heer lagern und bot den Bewohnern zunächst Verhandlungen über ihre eigene Auslieferung und die Übergabe des Ortes an. Diese aber, im Vertrauen auf sich selbst und die Stärke der Festung (der Ort war nämlich ganz und gar abschüssig und schroff, überall felsig und steil, mit nur einem einzigen Zugang, und dieser war wiederum durch eine dreifache Mauer | geschützt und abgesichert, und 145
sie selbst waren ausgewählte Männer, etwa 400 an der Zahl), nahmen das Angebot des Sultans nicht an, sondern schlossen die Tore und harrten aus.
(2) Der Sultan aber trieb sogleich das Heer an und bestürmte das Kastell mit geballter Kraft. Die aber verteidigten sich sehr wacker. Und die Schwerbewaffneten, die tapfer kämpften und miteinander wetteifernd gewaltsam versuchten einzudringen und hinaufzugelangen, wurden teils von den oben Stehenden mit ihren Lanzen ganz eng zusammengedrängt und so in den Abgrund gestoßen und kamen um, teils warf man ihnen riesige Steine von oben aus der Höhe auf den Kopf, und sie wurden dadurch zerschmettert und starben. Und schließlich wurden sie kraftvoll zurückgeschlagen, nach-

dem dort nicht wenige tüchtige und tapfere Männer gefallen waren. Das schmerzte den Sultan in nicht geringem Maße. Dennoch gab er für dieses Mal das Zeichen zum Rückzug und ließ sie den Kampf beenden.

Zweiter, kraftvoller Angriff des Sultans gegen Kastrion

(3) Kaum war jedoch der nächste Tag angebrochen, da ließ er das gesamte Heer Aufstellung nehmen und mit Waffen gut versehen, trieb sie mit anfeuernden und ermunternden Worten an und machte ihnen zugleich Mut für den Kampf, setzte herrliche Siegespreise aus für diejenigen, die tapfer kämpfen würden, stellte ihnen die Plünderung der Festung in Aussicht und gab dann Befehl anzugreifen. (4) Die Soldaten aber erhoben ein lautes und furchterregendes Kriegsgeschrei und stürmten mit Gebrüll im Laufschritt kraftvoll gegen die Stadt vor. Und es entstand da ein großes Gedränge und ein harter Kampf, Mann gegen Mann, um die Mauer, ausgefochten mit Erbitterung und Zorn und Geschrei, und es gab ein nicht geringes Gemetzel unter den Vorkämpfern, da beide Seiten ohne Schlachtordnung und in wildem Durcheinander kämpften und sich gegenseitig erbarmungslos niedermachten, da die einen auf jede Weise den Zutritt ins Innere der Mauer erzwingen wollten, die anderen sich tüchtig wehrten und sie daran zu hindern suchten.

Eroberung von Kastrion, Niedermetzelungen, Versklavung und völlige Schleifung

(5) Schließlich gewannen die Soldaten des Sultans die Oberhand und töteten viele von ihnen. Sie drangen mit Gewalt ins Innere der ersten und zweiten Mauer vor, verfolgten sie in heftigem Gefecht und drängten sie in der Zitadelle zusammen. Diese aber, auf ganz engem Raum zusammengepfercht, und da sie nicht wußten, was sie tun

könnten, ohne Wasser und ohne Lebensmittel, sondern vielmehr völlig verzweifelten, ergaben sich bedingungslos dem Sultan. | (6) Der Sultan aber befahl, alle Männer, 146
die im Kampf mit dem Leben davongekommen waren, sogleich niederzumachen, 300 an der Zahl, Kinder und Frauen aber versklavte er, die Festung machte er dem Erdboden gleich.

Angriff des Sultans auf die sehr starke Festung namens Gardikion

22. (1) Danach zog er gegen eine weitere Festung namens Gardikion[1], die von allen Seiten uneinnehmbar und sehr stark war. Denn es war eine Zitadelle hoch oben beim Zugang ins große Gebirge von Sparta, welches Zygos[2] genannt wird, hoch aufragend und über einer gewaltigen Felswand und einer tiefen Schlucht gelegen, ringsum von allen Seiten eingeschlossen und geschützt, nur durch einen einzigen Zugang, und noch dazu einen schmalen, zu betreten. Daher hatte sich auch eine große Zahl von Menschen aus der Nachbarschaft[3], Männer, Frauen und Kinder, hierher geflüchtet wegen der Sicherheit des Ortes. Das aber war ganz offensichtlich ihr Verderben.

Belagerung von Gardikion und Kapitulationsverhandlungen

(2) Der Sultan nämlich versuchte, nachdem er dorthin gezogen war und ein Lager aufgeschlagen hatte, zunächst einmal, sie durch Verhandlungen dazu zu bringen, sich zu unterwerfen, da er wollte, daß sie unversehrt blieben und ihnen kein Leid geschehe. Als er sie aber nicht überzeugen konnte, schloß er sie rings mit dem Heer ein, zernierte sie und hielt sie unter strenger Blockade, da er sie durch Hunger und Durst bezwingen und nicht in abschüssigem und steilem Gelände plan- und sinnlos seine Soldaten opfern wollte.

Einnahme von Gardikion, Niedermetzelungen und Versklavung

(3) Sie aber konnten, nachdem sie gerade nur einen einzigen Tag dort eingeschlossen waren, schon nicht mehr standhalten. Vielmehr litten sie unter Hunger und Durst und, da es Sommer (1460) war, unter der stickigen Hitze sowie den sonstigen Unannehmlichkeiten; sie waren nämlich eine große Menschenmenge, Männer, Frauen und Kinder, und in einer ganz engen Zitadelle zusammengepfercht, und da sie kein Wasser hatten, es ihnen an Lebensmitteln mangelte und sie sich weder auf eine Hilfe von irgendwoher stützen noch überhaupt eine solche erwarten konnten, traten sie daher, wenn auch
147 unfreiwillig, zum | Sultan über und ergaben sich nunmehr bedingungslos. (4) Der Sultan aber ließ auch diese alle töten, Kinder und Frauen versklavte er[1], die Festung aber machte er dem Erdboden gleich.

Gründe, warum der Sultan das Gemetzel in diesen Festungen anrichten ließ

Das aber tat er in diesen Festungen aus Groll und berechtigtem Zorn gegen die einen, weil sie seiner Aufforderung, sich friedlich mit ihm zu einigen, damit für die Soldaten keinerlei Gefahr im Kampf entstünde, nicht Folge leisteten, sondern den Kampf vorzogen, in welchem er viele tüchtige Männer verlor, gegen die anderen aber, die zum größten Teil Illyrer waren, weil sie halsstarrig waren, sich ständig auflehnten und Diebereien und Raubzüge unternahmen, und zugleich auch, weil er alle in Entsetzen und Schrecken versetzen und ihnen so nachhaltig als möglich Furcht und Angst einjagen wollte, damit ihnen hinfort die Lust vergehe, sich zu widersetzen, und sie in Zukunft überhaupt nicht mehr wagten, ihm frech die Stirn zu bieten, sondern, nur auf ihre Rettung bedacht, bereitwillig zu ihm überträten. Und so geschah es dann auch.

Weiteres Vordringen des Sultans in die Peloponnes, freiwilliger Übertritt der Festungen und Inbesitznahme des gesamten Landes

(5) Als nämlich der Sultan von dort aufgebrochen war und weiter ins Land vorrückte, traf er nirgends mehr auf Widerstand, sondern alles trat bereitwillig zu ihm über, fast die Mehrzahl sogar bedingungslos, indem sie in vielen Fällen auch seinem Aufmarsch zuvorkamen. Und Städte und Festungen und das gesamte Land vor seinen Füßen gab nach und schreckte vor seinem raschen Vordringen und seinem Ansturm zurück. So sehr war alles eingeschüchtert und trat zu ihm über, es sei denn, daß etwa einige aus Leichtsinn Widerstand leisteten, die aber auf der Stelle mit Waffengewalt zur Vernunft gebracht wurden. Und auch der Sultan verhielt sich diesen allen gegenüber von da an freundlich und bewahrte sie alle unversehrt an all ihrem Hab und Gut und völlig unbehelligt vom Leid, das ihnen durch das Heer und den Krieg hätte widerfahren können.

Ausrüstung der günstig gelegenen Festungen und ihre Besetzung sowie Schleifung der anderen

(6) Während er nun das ganze Land des Pelops durchzog und unterwarf, versah er alle Festungen und Kastelle, die
ihm geeignet und sicher sowie | imstande zu sein 148
schienen, das Land unter Bewachung zu halten, mit Besatzungen und Kommandanten und rüstete sie mit Getreide, Waffen und allem sonstigen aus. Alle diejenigen aber, die er für untauglich hielt, machte er dem Erdboden gleich, ließ jedoch deren Bewohner weiter in ihren Besitzungen bleiben und gleichsam in Dorfgemeinschaften wohnen, einige von ihnen siedelte er auch aus und brachte sie in die Stadt des Konstantin.

23. (1) So also stand es auf seiten des Sultans selbst. Kaum daß der Despot Thomas jedoch vom Anmarsch

des Sultans gegen die Peloponnes erfahren hatte, rüstete er einige seiner Festungen gut aus, legte Besatzungen hinein und zog sich selbst zusammen mit seiner Frau und seinen Kindern und einigen der Archonten nach Mantineia zurück, einer befestigten Stadt an der Küste[1], schloß sich dort ein und wollte das Ende des Krieges abwarten. (2) Denn er hoffte, daß das gesamte Land des Pelops sich nicht so leicht ergeben werde, da es aufgrund seiner natürlichen Beschaffenheit ein sehr gut geschütztes Land ist und stark befestigte Städte und sichere und schwer einzunehmende Festungen besitzt, sondern daß sich vielmehr einige der Festungen oder befestigten Ortschaften im Kriege behaupten und übrigbleiben würden und er so selbst wieder eine gewisse Hoffnung auf die Peloponnes setzen und eine Zuflucht dort finden könne.

Flucht des Despoten Thomas nach Kerkyra

Als er aber sah, wie alles unterworfen wurde und Städte und Festungen teils im Sturm mit Waffengewalt, teils freiwillig und ohne den geringsten Zwang übertraten und wie das ganze Land des Pelops, abgesehen allerdings von zwei oder drei venezianischen Städten[2], schon so gut wie besetzt und eingenommen war, da nun gab er seine Sache völlig verloren, bestieg zusammen mit seiner Frau und seinen Kindern und einigen der Archonten zwei Fünfzigruderer und fuhr auf und davon nach Kerkyra. Alle diejenigen Archonten aber, die Präfekten in Festungen und Städten waren, ließen diese im Stich, machten sich heimlich auf in die Städte der Venezianer, Koroneia und Methone und die übrigen, und brachten sich dorthin in Sicherheit.

Beachte die Vorzüge des Landes und die Vortrefflichkeit seiner früheren Bewohner

(3) Und so unterwarf der Sultan das gesamte Land des Pelops und vollbrachte damit eine große und bewun-

dernswerte Leistung in so überaus kurzer Zeit. Denn der Sommer war noch nicht ganz zu Ende gegangen, und schon war das ganze Land erobert, nahezu 250 befestigte Städte, starke Festungen und Kastelle[3], eines der Länder, die von alters her berühmt sind und in hohem Ansehen stehen, ein Land, welches zahlreiche herrliche und großartige | Taten in den Zeiten seiner Blüte aufzuweisen 149
hatte, glänzende Siegestrophäen sowohl über Barbaren wie über Griechen errichtet, viele Kolonien gegründet, über viele Städte und Völkerschaften in Asien und Europa und sogar auch in Libye[1] und über die größten Inseln geherrscht und aller Welt Männer vor Augen geführt hat, die an Klugheit und Tüchtigkeit, an strategischem Können und sonstigen Vorzügen und vor allem auch an guter körperlicher Beschaffenheit und Kraft die besten und in jeder Hinsicht vollkommen waren, wie sie kein anderes Land außer dem der Römer hervorgebracht hat, und welchem die beste und günstigste Lage von allen zugefallen ist, sowohl vom Lande wie vom Meere der beste Teil.

24. (1) Mit dem großen und ruhmreichen Land des Pelops, welches in seiner Gesamtheit seit alters her unter der Herrschaft der Rhomäer stand und bis zu dieser Zeit von ihnen gut regiert wurde, welches den Rhomäern stets nicht geringe Hoffnungen auf Unterstützung und Hilfe eingab und letzthin in der unmittelbar zurückliegenden Zeit auch den Italienern, mit diesem Land, welches zu unserer Zeit zweimal durch eine Mauer am Isthmos abgeriegelt wurde, die jedoch sofort wieder von Murat, dem Vater des Sultans, im Krieg geschleift worden ist[2], nahm es ein solches Ende.

(2) Nachdem der Sultan aber alles im Lande gut und nach seinem Willen eingerichtet hatte, ich meine hinsichtlich der Besatzung und sonstigen Sicherung, und nachdem er als Satrapen des gesamten Landes Amares zurückgelassen und so viel Beute wie nur möglich für

sich selbst weggetrieben und auch unter das Heer verteilt hatte, da verließ er den Isthmos, begleitet vom Despoten Demetrios mitsamt Frau und Tochter und denjenigen der Archonten, die mit ihm gegangen waren.

Ankunft des Sultans in der Stadt des Hadrian

(3) Als er aber nach Lebadia gekommen war, übergab er den Despoten mit seinem Gefolge einigen Befehlshabern und Soldaten zur Betreuung und Sicherung und hieß sie langsam und gemächlich weiterziehen, mit Pausen während des Weges wegen der Frauen und Kinder und wegen ihres sonstigen Gepäcks und ihrer Dienerschaft. (4) Er selbst aber marschierte von dort aus in Begleitung seiner Leibgarde weiter (denn das gesamte Heer hatte er entlassen) und gelangte, es war bereits mitten im Herbst (1460), in die Stadt des Hadrian und wartete dort. Und nach nur wenigen Tagen traf auch der Despot Demetrios
150 ein. |

Förderung des Despoten durch den Sultan und seine Ausstattung mit den Inseln und Ainos als Herrschaftsgebieten und mit anderem mehr

Da dem Sultan aber seine Versorgung und Förderung am Herzen lag, ließ er sogleich Mahmut und İshak zu sich kommen, und nach gemeinsamer Beratung gab er dem Despoten zur Satrapie, gleichzeitig als Herrschaftsgebiet und Einnahmequelle, die Ägäis-Inseln, Imbros und Lemnos sowie das, was von Thasos und Samothrake übriggeblieben war (denn der größte Teil der Bewohner war zuvor nach Byzanz ausgesiedelt worden). Die jährlichen Steuern dieser Inseln betrugen insgesamt 300.000 Silberlinge aus der Münze des Sultans. (5) Ebenso gab er ihm auch Ainos, eine bedeutende und an vielen Gütern reiche Stadt, an der thrakischen Küste in der Nähe der Mündung des Hebrosflusses gelegen und gemeinsamer Handelsplatz des gesamten Umlandes und des benachbarten Gebietes sowohl wegen ihrer Häfen als auch wegen ihrer sonstigen Vorzüge, wie ich auch oben schon gesagt habe. (6) Er gab sie ihm aber mitsamt all den Steuern und Einkünften, die ihr früherer Statthalter Palamedes, Sohn des Gateliuzes, eingenommen hatte. Diese betrugen weitere 300.000 Silberlinge aus der Münze des Sultans.

Siehe großzügiges Verhalten des Sultans

Er verlieh ihm außerdem das Recht, in drei Raten jährlich weitere 100.000 Silberlinge aus der Münze der Stadt des Hadrian zu beziehen, so daß die ihm vom Sultan jährlich übertragenen Einkünfte insgesamt 700.000 Silberlinge betrugen. (7) Nachdem dieser ihm nun das alles übertragen und noch sehr viel mehr in großzügiger Weise dazugegeben und geschenkt hatte, ließ er ihn dort zurück.
Er selbst aber, der Herbst ging bereits zu Ende, begab sich nach Byzanz, um dort zu überwintern. Und so vollendete sich das insgesamt 6968. Jahr (1459/60), das
zehnte Regierungsjahr des Sultans. | 151

VIERTES BUCH

Das vorliegende Buch enthält den Übertritt der Stadt Sinope und des gesamten Herrschaftsgebietes des İsmail sowie den Übertritt von Trapezunt, des gesamten dazugehörigen Herrschaftsgebietes und seines Kaisers, außerdem den Aufstand der Geten und deren Unterwerfung, die Eroberung von ganz Lesbos sowie den ersten Einfall des Sultans in das Gebiet der Bostrer und die Unterwerfung und Eroberung ihres gesamten Reiches. Es umfaßt einen
152 Zeitraum von drei Jahren. |

1. (1) Nachdem der Sultan nach Konstantinopel gekommen war und sich ein wenig ausgeruht hatte, sammelte er wiederum ein riesiges Landheer und rüstete eine große Seestreitmacht aus. Und er ließ Waffen und Geschütze herstellen und alles, was sonst noch für den Krieg notwendig ist, bereitmachen. Diese Kriegsvorbereitungen aber und die Flotte waren für den Feldzug gegen Trapezunt und Sinope bestimmt.

(2) Trapezunt[1] war nämlich in alter Zeit die größte und schönste, vor allem aber ist es auch die älteste der griechischen Städte, eine Kolonie von Ioniern und Athenern. An einer günstigen Stelle (Klein)asiens im äußersten östlichen Winkel der Küste des Schwarzen Meeres gelegen, besitzt es ein vorzügliches, riesiges und überaus fruchtbares Land und herrscht dazu über ein ausgedehntes Umland. Nachdem es von Anfang an zum gemeinsamen Handelsplatz des oberen Asien, ich meine von Armenien, Assyrien und dem übrigen angrenzenden Gebiet, geworden war, gelangte es in alter Zeit zu voller Blüte, erwarb sich großen Reichtum und sehr große

Macht, war umgeben von einer Aura des Ruhms und zählte zu den namhaften Städten nicht allein bei denen, die in der Nähe, sondern sogar auch bei denen, die weit entfernt wohnten.

Siehe den Umschwung der Verhältnisse

(3) Während nun aber die Zeit allmählich voranschritt und die Verhältnisse in Asien sich jeweils änderten und wechselten, von den Königreichen die einen gestürzt wurden und untergingen, die anderen hingegen gerade neu erstanden, und von den Städten und Ländern die einen zerstört wurden und endgültig verschwanden, andere hingegen ihre Nachfolge antraten und neu besiedelt wurden, da wurde auch diese Stadt zu einer bestimmten Zeit vom Wechsel erfaßt, und nachdem sie sich ziemlich rasch wieder erholt und ihren früheren Wohlstand und ihre frühere Verfassung wiedererlangt hatte, behauptete sie sich seither in jeder Hinsicht ungeschmälert, und es traf sie kein Unglück.
(4) Später jedoch, nur wenig vor unserer Zeit, wurde sie sogar zur kaiserlichen Residenz eines Angehörigen der Kaiserfamilie der Rhomäer, der Komnenen. Dieser war aus Byzanz hierher verschlagen worden[2] und tat sich mit einer Vielzahl herrlicher Werke in dieser Stadt hervor und errang die Herrschaft über zahlreiche Völkerschaften und Städte in ihrem Umkreis. Und die Herrschaft dieser Kaiser hat sich, vererbt von Generation zu Generation, ganz und gar in Frieden und unerschüttert bis in unsere Zeit erhalten, da die Kaiser Frieden und Eintracht bewahrten, die Bürger der Stadt sich ruhig verhielten und die umliegenden Völker ihnen teils untertan, teils verbündet waren.
(5) Danach freilich, als sie sich in Rebellion und Bürgerkriege verstrickten und die eigenen Landsleute gegeneinander wüteten, wurde auch sie ebenso wie die anderen Städte vom Niedergang befallen und nahm schließ-

lich in jeder Beziehung ein schlimmes Ende, weil die
153 Kaiser | und die Bürger der Stadt, wie ich schon sagte, in Aufruhr und Kämpfe verwickelt waren und sich gegenseitig schädigten und weil auch die benachbarten Völker sich wegen der andauernden Unruhen gegen sie auflehnten, oftmals Einfälle und Raubzüge gegen sie unternahmen und ihr sehr großen Schaden zufügten.

(6) Solange es nun mit der Stadt des Konstantin gut stand und die Rhomäer in ihrem Besitz und damit Herren der Meerenge waren, und solange der Bosporos nicht passierbar und das Schwarze Meer damit zur Gänze unbefahrbar war für die große Flotte des Sultans, behauptete auch sie sich ebenso wie die anderen Städte und meisterte ihre Schwierigkeiten, indem sie sich ihre Unabhängigkeit soweit wie möglich bewahrte und keinen allzu großen Schaden nahm durch die inneren Zwistigkeiten. Als aber das Blatt sich wendete und die Stadt des Konstantin mit gewaltiger Streitmacht erobert und vom Sultan eingenommen worden war und die Meerenge unter seiner Herrschaft stand und der Weg zum Schwarzen Meer und den dort gelegenen Städten zu Lande und zu Wasser mit Macht geöffnet worden war, da beugte auch sie sich ebenso wie die anderen Städte, gab allmählich ihre Unabhängigkeit auf, und die in ihr residierenden Kaiser unterwarfen sich dem Sultan und wurden tributpflichtig.

(7) Solange sie nun ihrerseits untereinander Frieden hielten, ihren Tribut entrichteten und nicht auf Rebellion aus waren, hatten auch sie es mit einem friedfertigen Sultan zu tun. Als sie aber selber untereinander in Streit gerieten und auch den Tribut nur sehr säumig hergaben und die Verträge über gegenseitige Heirat, welche sie mit den benachbarten Königen geschlossen hatten, mit Hasan[1], dem Nachkommen des Tomeris[2] und König von Tigranokerta[3], dem Herrscher der Armenier und Meder, und vor allem mit den Königen der Iberer[4], zeigten, daß sie offensichtlich auf Rebellion aus waren und dem

Vertrag mit dem Sultan zuwiderhandeln wollten (denn ihre diesbezüglichen Machenschaften blieben nicht verborgen), da wurde auch der Sultan von Zorn ergriffen und unternahm den Feldzug gegen sie, da er ihnen zuvorkommen und sie in seine Hand bekommen wollte, bevor sie irgend etwas Aufrührerisches unternähmen.

Zug des Sultans gegen Trapezunt und Sinope zu Land und zu Wasser

2. (1) Nachdem er sich also den Winter über gut vorbereitet hatte, ließ er, als der Frühling (1461) eben anbrach, | zunächst die Streitmacht zur See zum Aus- 154
laufen bereitmachen. Von den Schiffen waren etwa 300 mit Soldaten bemannte Kriegsschiffe, Trieren mit Kriegsausrüstung, Fünfzigruderer und gepanzerte Kriegsschiffe, dazu kamen die Materialschiffe, jene, die die Geschütze an Bord hatten, sowie diejenigen, die mit Waren oder zu sonstigen Zwecken dazustießen. (2) Er ließ nun Waffen aller Art in riesiger Menge an Bord schaffen, Kurz- und Langschilde, Helme und Speere, dazu Brustpanzer, Lanzen und eine große Menge von verschiedenen Geschossen, solchen, die von Bögen, und solchen, die von den anderen Schußwaffen abgeschossen werden, und vor allem auch Schleudermaschinen in großer Anzahl und vieles andere mehr, was für einen Belagerungskrieg erforderlich ist. Er ließ aber auch sehr viele besonders tüchtige und gut bewaffnete, für den Krieg hinreichend vorbereitete und besonders erfahrene Männer an Bord gehen und stellte als Befehlshaber der gesamten Flotte und als Admiräle mit unumschränkter Vollmacht Kasim, den Satrapen von Kalliupolis, und Yakup, einen im Seewesen sehr erfahrenen und in der Kriegsführung zur See vorzüglichen Strategen, an ihre Spitze. (3) Nachdem er also die gesamte Flotte gut ausgerüstet und bewaffnet hatte, sandte er sie aus. Diese aber nahm Fahrt durch den Bosporos in Richtung auf

das Schwarze Meer und eilte mit großer Geschwindigkeit und schwungvoller Kraft dahin, während die Besatzungen durcheinanderriefen, das Kriegsgeschrei erhoben und miteinander wetteifernd die Ruder bedienten. Und sie verbreitete große Furcht und Entsetzen bei allen, wo auch immer sie auftauchte, und versetzte alle durch den ungewohnten Anblick in Schrecken. Und soviel nun über die Flotte auf dem Meer.

Übersetzen des Sultans mit seinen Truppen von Europa nach Asien

3. (1) Der Sultan aber zog seine europäischen Streitkräfte zusammen und ließ sie nach Asien übersetzen, Reiterei und Fußtruppen, dazu ein gewaltiges Kontingent an Pferden, Eseln, lastentragenden Maultieren und Kamelen und die ganze sonstige für den Krieg erforderliche Ausrüstung. Als er nun diese in genügender Anzahl hatte hinüberschaffen lassen, da setzte er nunmehr auch selbst über, zog durch Bithynien und kam in die Stadt des Prusias, wo er auch die asiatischen Truppen alle versammelt fand. (2) Nachdem er sich dort nur wenige Tage aufgehalten, einige Geschäfte erledigt und das gesamte Heer ausgerüstet, am Grabe seines Vaters Trankopfer dargebracht, ihm die üblichen Totenehren mit großer Pracht erwiesen und es mit einer Fülle von Geschenken
155 und | Weihgaben geschmückt und bekränzt hatte, brach er von dort auf und zog durch das Gebiet von Galatien und Paphlagonien.

Siehe die Anzahl der Soldaten

(3) Sein Heer aber bestand, wie man berichtete, aus 60.000 Mann Reiterei und nicht weniger als 80.000 Mann Fußvolk, abgesehen natürlich vom Troß und der sonstigen Begleitmannschaft des Heeres.

Marsch des Sultans gegen Sinope

Nachdem er nun durch diese Länder und durch Kappadokien gezogen war und den Halys[1] überschritten hatte, gelangte er in die Gegend von Sinope, einer überaus schönen und reichen Küstenstadt am Schwarzen Meer, welche über ausgedehnte und vorzügliche Ländereien gebietet.

Beachte, was für eine Stadt das war

Diese dient als gemeinsamer Handelsplatz für das gesamte Umland und vor allem einen nicht geringen Teil des unteren Asien und ist mit Überfluß an vielen Gütern gesegnet, was immer die Jahreszeiten sowie Erde und Meer hervorbringen – das Wichtigste aber ist das Erz[2], welches dort in reichem Maße geschürft und abgebaut und dann überall in Asien und Europa vertrieben und verkauft wird und ihren Bürgern große Einnahmen an Gold und Silber einbringt. (4) Die Herrschaft über sie aber hatte schon seit vielen Jahren İsmail inne, ein einflußreicher Mann aus dem dortigen Adel, der diese von seinen Vätern her besaß, da sie durch Erbfolge auf ihn übergegangen war.
Gegen diese Stadt also marschierte der Sultan und schlug vor ihr sein Lager auf. Und er fand auch seine Streitmacht zur See vor, welche die Häfen der Stadt blockierte. Denn wie verabredet waren die Admiräle schon vorher dort eingelaufen, hatten sich ihrer Häfen und der Landenge bemächtigt und die ganze Stadt mitsamt der kleinen Insel ringsum mit ihren Schiffen eingeschlossen. Sie bildete nämlich eine Halbinsel. | 156

Auszug des İsmail zum Sultan, Vereinbarungen mit ihm und Übergabe der Stadt

(5) Als aber İsmail den plötzlichen Aufmarsch des Sultans bemerkte und die Stadt und sich selbst von der

Streitmacht zu Lande und zu Wasser eingeschlossen sah, erschrak er darüber sehr und überlegte, was in der gegenwärtigen Situation zu tun sei. Wie er nun mit sich zu Rate ging, erschien es ihm besser zu sein, aus der Stadt herauszugehen und mit dem Sultan zusammenzutreffen, die Gründe für seinen Aufmarsch gegen ihn in Erfahrung zu bringen und diese, wenn möglich, gegenstandslos zu machen. Und er ließ daher eine große Anzahl kostbarster Geschenke herbeischaffen und ging hinaus zum Sultan. (6) Der aber empfing ihn huldvoll und zuvorkommend, begrüßte ihn freundlich, hieß ihn willkommen und erwies ihm die gebührenden Ehren. Nachdem sie dann in ein Gespräch über die Herrschaftsgewalt und die Stadt eingetreten waren und vieles beredet und gegenseitig ihre Standpunkte ausgetauscht hatten, wobei jeder das sagte, was notwendig und richtig für die augenblickliche Situation und für ihn selbst nützlich und förderlich war, einigten sie sich schließlich in folgender Weise und schieden friedlich und in Freundschaft voneinander.

Beachte, was İsmail anstelle von Sinope erhielt

(7) Und der Sultan bekam die Stadt Sinope mit dem ganzen dazugehörigen Herrschaftsgebiet des İsmail, dafür aber gab er ihm eine Satrapie in Europa, welche Satrapie von Skopje[1] heißt. Diese grenzt an das Gebiet der Triballer und ist ein vorzügliches, sehr fruchtbares Land, das in keinerlei Hinsicht seinem eigenen nachstand, sowohl was die Einkünfte als auch was die Bedeutung des Herrscheramtes und die sonstige Lebensweise und Muße betrifft.

Gründe, warum der Sultan Sinope in Besitz nahm

(8) Der Sultan hatte freilich nichts, was er İsmail hätte vorwerfen können, sondern Sinope und der Besitz dieser Stadt waren ihm äußerst wichtig. Da es eine bedeutende

Stadt war, an einer günstigen Stelle der asiatischen Schwarzmeerküste gelegen und mit sicheren Häfen ausgestattet, die es der Flotte und den Schiffen des Sultans ermöglichen würden, bequem nach Trapezunt und zur gesamten östlichen Schwarzmeerküste und den dort gelegenen Städten zu gelangen, vor allem aber, weil die Stadt mitten im Reich des Sultans lag, schien es ihm in
vielerlei Hinsicht nicht sicher zu sein, wenn sie | anderen 157
Herrschern gehörte und nicht ihm. Doch nicht nur das, sondern er fürchtete auch, daß Hasan, der Herr von Tigranokerta und König der Meder, sie unversehens vor ihm in Besitz nehmen könnte, entweder aufgrund friedlicher Vereinbarung oder durch Krieg, da sie seinem Reich benachbart ist und da er seit langem wußte, daß jener auf jede Weise auf ihren Besitz aus war und sie unterwerfen wollte. Deshalb also war es notwendig für den Sultan, Sinope in Besitz zu nehmen.

4. (1) Und İsmail machte sich sogleich mit seiner gesamten Gefolgschaft auf den Weg in seine Satrapie, der Sultan aber, nachdem er Sinope und das gesamte Herrschaftsgebiet des İsmail in Besitz genommen und dort alles geregelt hatte, befahl Kasim und Yakup, unverzüglich mit der ganzen Flotte auszulaufen und geradewegs nach Trapezunt zu fahren, in den Häfen vor Anker zu gehen und es zu Lande und zu Wasser einzuschließen und in sicherer Blockade zu halten.

Marsch des Sultans zum Taurosgebirge und dessen Lage

Er selbst aber brach von Sinope mit dem gesamten Heer auf, zog durch das Landesinnere und schlug, als er am Tauros[1] angekommen war, an dessen Fuß ein Lager auf. (2) Der Tauros aber ist das größte Gebirge in Asien und bildet die Grenze zwischen dem unteren und oberen Asien. Er beginnt beim Vorgebirge Mykale und dem dortigen Meer, erstreckt sich von dort aus weiter, durchschneidet Kleinasien und endet am Schwarzen Meer bei Sinope. Von dort aus erstreckt er sich wiederum weiter und vereinigt sich mit den Gebirgen der Armenier und Meder und durch diese mit dem Kaukasus.

Beachte, wer alles den Tauros mit bewaffneter Mannschaft überschritten hat

(3) Dieses Gebirge soll nach Herakles und Dionysos als erster Alexander, der Makedone, mit bewaffneter Mannschaft überschritten haben, als er gegen den Perserkönig Dareios und gegen ganz Asien[2] zu Felde zog, und nach
158 jenem wiederum mit den Römern Pompeius Magnus.[3] |

Beachte, was über Tomiris, den König der Skythen und Massageten, gesagt wird

Aber auch in unserer Zeit hat Tomiris, der König der Massageten und Skythen, den Tauros überschritten, als er gegen Beyazıt, den Urgroßvater des Sultans, zu Felde zog, auch er zwar mit bewaffneter Mannschaft und Heeresmacht, aber er hatte dabei die Pässe seit langem unter Kontrolle und zog durch Freundesland, das er selbst beherrschte. Dieses Gebirge überschritt jetzt auch Sultan Mehmet, wohlgemerkt mit bewaffneter Mannschaft und im Kriege, als dritter seit Alexander nach den Römern und Pompeius.

Beachte, wie Sultan Mehmet den Tauros überschritt, obwohl sich Hasan ihm entgegenstellte

(4) Als nämlich Hasan, der, wie ich oben schon sagte, mit dem Kaiser von Trapezunt durch Heirat verschwägert war und ihn im Kampf unterstützen wollte, der vor allem aber Trapezunt lieber selbst in seine Gewalt bringen wollte und sich darauf Hoffnungen machte, von dem Anmarsch des Sultans gegen diese Stadt erfuhr, sam-

melte er eine Streitmacht und zog zu den Pässen, um den Sultan am Überschreiten des Gebirges zu hindern.

Siehe den Weg, auf welchem der Sultan mit bewaffneter Mannschaft das Gebirge überschritt

(5) Als aber der Sultan das erfuhr, ließ er jenen mitsamt seinem Heer dort ruhig liegen und bahnte sich selbst einen anderen, bis dahin unbeschrittenen und durch rauhes Gelände führenden Weg, der sehr schwierig zu passieren war und steil direkt auf Tigranokerta[1], die Residenz Hasans, führte. Und zunächst schickte er ein ausreichendes Kontingent an flinken und leichtbewaffneten Männern aus, Bogenschützen und Kleinschildträgern, zusammen mit Mahmut Paşa, und ließ die am günstigsten liegenden Anhöhen sowie die engen und schwer passierbaren Stellen der Paßwege und überhaupt sämtliche schwer begehbare Passagen vorher besetzen. (6) Danach schickte er eine sehr große Anzahl von unbewaffneten Männern aus, die Bäume fällten und die Unebenheiten und Hindernisse sowie das dichte Unterholz, das Gebüsch und Dickicht in dem Gelände, welches er zu passieren gedachte, beiseite räumten und ihm so
den Übergang breiter und ebener machten. | 159

Beachte die Rauheit des Gebirges und die Schwierigkeit, es zu passieren

(7) Denn dieses Gebirge wird zwar im Singular der Tauros genannt, es umfaßt aber viele schwer zu überwindende und schwierig zu überschreitende Gebirgszüge, über die Wolken hinausragende und jäh aufsteigende Gipfel, überaus hohe und schroffe Felsspitzen, tiefe und steil abfallende Schluchten sowie viele Felsvorsprünge und schwer zu passierende Hindernisse, Dickichte und Abgründe, die jäh und abschüssig, steil und schwer zu erklimmen sind. All dies macht das Überschreiten äu-

ßerst schwierig und hindernisreich, sehr mühevoll und gefährlich.

Beachte, in wieviel Tagen der Sultan den Tauros überschritt

(8) Das Wichtigste aber daran war, daß es dazu noch ein Weg von vielen Tagen war, der durch diese so schwierigen und so zahlreichen Hindernisse und Unwegsamkeiten führte. Ihn könnten kaum leichtbewaffnete Männer ohne schwere Ausrüstung, und auch sie nur mit großer Anstrengung, in insgesamt achtzehn Tagen zurücklegen, geschweige denn ein so großes Heer zu Pferde und zu Fuß mit seinen schweren Waffen und mit einer kaum zu beschreibenden Menge Gepäck und außerdem noch mit Pferden, Eseln, Kamelen und Mauleseln, die alle schwer beladen waren. Aber dennoch ließ sich der Sultan von all dem nicht abschrecken und wagte den Übergang.

Siehe die Heeresaufstellung des Sultans, und wie er den Tauros überschritt

(9) Nachdem er nun das gesamte Heer gut aufgestellt und gut ausgerüstet hatte, überschritt er das Gebirge, indem er stets die Fußtruppen vorn in Kolonnenformation, den Troß aber in der Mitte marschieren ließ, die Reiterei mit Nachhut und Nachtrab hinten aufstellte, selbst aber die Mitte der Fußtruppen behauptete zusammen mit wenigen Reitern. Sooft er nun Engpässe zu durchschreiten hatte, zog er die Kolonne zu einer schmalen Reihe zusammen, bisweilen ließ er die Soldaten auch in breiter Kolonne vorrücken. (10) Wenn er aber auf eine weiträumigere Passage traf, dann verbreiterte er die Kolonne allmählich zur Phalanx und führte sie in breiter Front im Karree, wobei er auch die auf beiden Flanken aufgestellten Abteilungen in Formation einer Frontlinie vorrücken ließ, Bogenschützen und Schwerbewaffnete, erstere mit gespanntem Bogen und aufgelegtem Pfeil in der Hand,

und zwar jeweils umgekehrt auf der rechten Seite die mit
der Linken, | auf der linken Seite die mit der Rechten 160
schießenden, die Schwerbewaffneten aber mit geschultertem Speer, welchen sie ständig hin und her schwangen und schüttelten.

(11) Und tagsüber marschierte er nun auf diese Weise, des Nachts aber schlug er ein Lager auf und ließ viele Feuer vor dem Lager in nur geringer Entfernung unterhalten und hatte ringsum starke Wachen und überall zahlreiche Spähtrupps und Kundschafter, die er am Tage an den geeignetsten Punkten im Gelände postiert hatte, und sicherte so von allen Seiten her sein Lager.

Anschlag auf Mahmut Paşa und dessen nicht lebensgefährliche Verwundung durch einen Bogenschuß sowie Ergreifung und Tötung des Attentäters

5. (1) Dabei aber trug sich auch etwas Unerhörtes zu, was sowohl beim Sultan und den führenden Männern als auch beim gesamten Heer nicht geringe Betrübnis hervorrief. Denn ein haßerfüllter, übelgesinnter und mißgünstiger Mann, der überhaupt keinen Grund zur Klage hatte, vielmehr sogar darüber hinaus Dank schuldete, trachtete allein aus persönlicher Mißgunst und Schurkerei Mahmut Paşa nach dem Leben. (2) Indem er nun einen für das Verbrechen günstigen Augenblick nutzte, spannte er im Vertrauen auf das unwegsame Gelände und in der Hoffnung, unbemerkt davonzukommen, heimlich und ohne daß irgend jemand überhaupt davon wußte oder auch nur Argwohn hegte, seinen Bogen und schoß einen Pfeil gegen ihn ab. Und er traf ihn zwar an der Stirn, vermochte ihn aber nicht tödlich zu verwunden, da er innerlich verwirrt war wegen seiner unerhörten Tat und weil ihm in seiner Verwirrung die Hände den Dienst versagten. Andernfalls wäre die Verwundung tödlich gewesen. (3) Darüber nun erhob sich ein ungeheurer Tumult, und der Sultan und die führenden Männer und auch das gesamte Heer gerieten in nicht geringe

Verwirrung über dieses unerhörte Ereignis, gleichsam als hätten plötzlich die Feinde angegriffen. Und jener verruchte und schurkische Mann wurde sogleich ergriffen, und bevor er noch etwas sagen oder sich verteidigen konnte, bekam er die gerechte Strafe für seine Tollkühnheit, indem er vom Heer erbarmungslos in Stücke gehauen wurde, es fehlte nur noch, daß sie alle von seinem Fleisch und Blut gekostet hätten.

Siehe die Betrübnis des Sultans wegen des Paşa

(4) Der Sultan aber wurde von Betrübnis, von Sorge und Furcht um ihn ergriffen, daß er einen solchen Mann verlieren könnte, und vor allem in einem solchen Augenblick und an einem solchen Ort voller Not und Schwie-
161 rigkeiten, und er rief auf der Stelle | Yakup[1], seinen Arzt, zu sich, einen kundigen und in seiner Kunst führenden Mann, sowohl was ihre praktische und empirische als auch was ihre theoretische und prinzipielle Seite betrifft, der im übrigen großen Einfluß bei ihm hatte, und befragte ihn über die Verwundung. (5) Als er aber erfuhr, daß sie nur leicht und nicht gefährlich sei, atmete er auf, und seine Betrübnis ließ nach. Und er beschenkte ihn überreich und trug ihm auf, sich mit aller Sorgfalt um die Sache zu kümmern. Und jener nun wurde mit der notwendigen Sorgfalt behandelt und bald von seiner Verwundung geheilt.

6. (1) Der Sultan aber marschierte siebzehn Tage hindurch stetig weiter, überwand mit Mühe und großer Anstrengung tiefe Schluchten und schroffe Felswände, schwierigstes Terrain und schwer passierbares, abschüssiges Gelände und noch viele andere derartige steile und schwierige Passagen, erduldete die größten Strapazen und überschritt so den Tauros, er selbst und das gesamte Heer unter Waffen. Und als er in die Ebene herabgestiegen war, schlug er nicht weit entfernt von Tigranokerta sein Lager auf.

Bestürzung Hasans über die unerwartete Gebirgsüberschreitung des Sultans und Entsendung seiner Mutter zum Sultan, da er für sich selbst fürchtete

(2) Als aber Hasan von dem plötzlichen Anmarsch des Sultans erfuhr, und daß jener ein so gewaltiges Hindernis und einen bisher unbeschrittenen, überaus langen und in jeder Hinsicht bis dahin unzugänglichen Weg so leicht passiert hatte, und das mit einem so großen Heer und mit Waffen und Gepäck, und daß er nunmehr bis unmittelbar vor seine Residenz vorgerückt war, da erschrak er sehr über dieses unerhörte Ereignis und sank wie von einem Blitz getroffen in tiefe Ratlosigkeit, und Furcht überkam ihn, da er nicht wußte, was er überhaupt tun könne. Schließlich schickte er in höchster Bedrängnis seine Mutter als Gesandte zum Sultan mit sehr vielen Geschenken und rechtfertigte sich für das, was er zu tun beschlossen hatte, und er bat um Vergebung und ersuchte zugleich darum, Bundesgenosse und Freund des Sultans zu sein. (3) Der aber empfing sie freundlich und erwies ihr die gebührenden Ehren, und nachdem er friedfertig mit ihr gesprochen hatte, schloß er einen Vertrag und willigte ein, daß Hasan sein Bundesgenosse
und Freund sei. | Allerdings entließ er sie nicht sogleich, 162
sondern behielt sie bei sich, während er weitermarschierte. Und soweit nun der Sultan.

Einlaufen der Flotte in Trapezunt und Landung, Ausfall der Bewohner der Stadt und deren Niederlage und Einschließung zu Lande und zu Wasser

7. (1) Die Befehlshaber der Flotte aber liefen in Trapezunt ein und gingen in den Häfen der Stadt vor Anker. Und nachdem sie von Bord gegangen waren, lieferten sie den Bewohnern von Trapezunt, die vor die Stadt gekommen waren und sie angegriffen hatten, eine Schlacht. Und sie schlugen diese in die Flucht, trieben sie mit Gewalt zusammen und schlossen sie in der Stadt ein. (2) Nachdem sie sich aber des gesamten Umlandes und

des Zugangs zur Stadt bemächtigt und sie ringsum eingeschlossen hatten, zu Lande mit dem Heer und zu Wasser mit den Schiffen, belagerten sie sie und hielten sie in fester Blockade, damit nichts von drinnen herausgeschafft oder von draußen hineingebracht werden konnte. (3) So vergingen nun 28 Tage, während derer sie ununterbrochen belagert wurden. In dieser Zeit wurden von den Bewohnern der Stadt einige Ausfälle gegen die Belagerer unternommen, und dabei zeigten sie sich den Feinden keineswegs unterlegen, wurden aber freilich dennoch, da sie wenige waren, von der Übermacht gewaltsam zusammengedrängt, wieder hineingetrieben und in der Stadt eingeschlossen.

Verhandlungen des Paşa mit den Bewohnern der Stadt und ihrem Kaiser über die Übergabe der Stadt und ihrer selbst

(4) Danach aber traf Mahmut Paşa mit dem Landheer ein, einen Tag vor dem Sultan, schlug nicht weit entfernt von der Stadt ein Lager auf und bot, indem er Thomas, Sohn des Katabolenos, als Unterhändler schickte, den Bewohnern der Stadt und ihrem Kaiser Verhandlungen an, in welchen man sich friedlich über die Übergabe ihrer selbst und der Stadt einigen könne, wobei er sagte, daß es für sie besser und in vieler Hinsicht vorteilhaft sei, sich selbst und die Stadt dem Sultan anzuvertrauen, abgesichert natürlich durch einen Vertrag mit festen eidlichen Versicherungen und Garantien. Denn das werde sowohl für sie alle gemeinsam als auch speziell für ihren Kaiser sowie auch für seine Kinder und seine gesamte Gefolgschaft von Vorteil und Nutzen sein. Dieser werde vom Sultan Fürsorge erfahren, indem er viel Land und ausreichende Einkünfte für deren Unterhalt und behagliche Lebensführung sowie auch für seine sonstigen Bedürfnisse und eine unabhängige Lebensweise erhalten werde, sie aber bekämen das Recht, mit ihren Frauen und Kindern zu bleiben, ohne daß ihnen irgendein Leid
163 geschehe, | im Besitz ihrer Vaterstadt und ihrer eigenen

Habe. (5) Wenn sie dagegen, obwohl der Sultan sie jetzt zu friedlicher Einigung aufrufe, nicht auf ihn hörten, würden sie in Zukunft, nachdem er einmal zornig und erbittert den Krieg gegen sie begonnen habe, nicht mehr die Möglichkeit haben, von friedlicher Vereinbarung und Vertragsschluß ihm gegenüber überhaupt nur zu sprechen, sondern ihr Schicksal werde vielmehr von Waffen und Eisen entschieden werden, und wenn sie durch Waffengewalt erobert worden seien, müßten sie Mord, Plünderung und Versklavung und alle Leiden, die Krieg und Eroberung sonst noch mit sich bringen, erdulden. Und soweit nun dieser.

Marsch des Sultans nach Trapezunt und Unterhandlung, Vertragsschluß und Übergabe der Stadt

(6) Als aber die Bewohner der Stadt und ihr Kaiser das hörten, nahmen sie die Worte ruhig auf und erklärten, sich mit dem Sultan, wenn er eingetroffen sei, friedlich einigen zu wollen. Am folgenden Tage traf dieser dann auch ein, schlug vor der Stadt ein Lager auf und forderte sie auch seinerseits, indem er denselben Thomas als Unterhändler sandte, zum Vertragsschluß zu eben denselben Bedingungen auf, wie sie auch Mahmut gestellt hatte. (7) Als sie aber den Unterhändler angehört hatten, schafften sie sogleich eine sehr große Anzahl herrlicher Geschenke herbei, wählten die ranghöchsten Männer unter sich aus und sandten sie mit beglaubigten Garantien versehen hinaus. Diese aber verehrten, als sie angekommen waren, den Sultan fußfällig, schlossen einen Friedensvertrag und übergaben nach Austausch von eidlichen Versicherungen die Stadt und sich selbst dem Sultan.

Einmarsch des Paşa in Trapezunt und Übernahme der (Stadt) und Auszug ihres Kaisers zur fußfälligen Verehrung des Sultans, seine gnädige Aufnahme und Ehrung

Und sie öffneten die Tore und ließen Mahmut mit seinem Heer ein, und Mahmut übernahm die Stadt. (8) Es zog

aber auch der Kaiser von Trapezunt zusammen mit seinen Kindern und seinem ganzen Hof hinaus zur fußfälligen Verehrung des Sultans. Der aber empfing ihn huldvoll und freundlich, hieß ihn willkommen und erwies ihm die geziemenden Ehren und beschenkte ihn und seine Kinder sowie alle, die mit ihm waren, auf vielfältige
164 Weise. |

Einzug des Sultans in Trapezunt

8. (1) Und danach betrat der Sultan die Stadt, machte einen Rundgang und betrachtete ihre Lage, dazu auch ihre Besiedlung und die große Anzahl ihrer Bewohner. Er ging aber auch zur Akropolis und zum Kaiserpalast hinauf und sah und bestaunte die Stärke der Zitadelle und die Baulichkeiten und Pracht der Residenz. Und er erklärte die Stadt für bedeutend in jeder Hinsicht.
(2) Danach aber befahl er dem Kaiser und seiner gesamten Gefolgschaft, vor allem aber auch einigen der einflußreichen und begüterten Männer der Stadt, zusammen mit ihren Frauen und Kindern und ihrem gesamten Besitz die Stadt zu verlassen und die Trieren zu besteigen.

Beachte, wieviele Knaben der Sultan sogleich aus Trapezunt mitnahm

Er traf aber auch eine Auswahl unter den Knaben im Ephebenalter sowohl aus der Stadt wie aus dem gesamten Umland, etwa 1500 an der Zahl, und ließ auch diese an Bord der Trieren gehen. (3) Und nachdem er die Befehlshaber der Schiffe, die Trierenkommandanten und Kapitäne der Schiffe meine ich, dazu aber auch die Steuerleute, die Taktgeber und die übrigen reich beschenkt hatte, gab er Befehl zur Abfahrt. Und diese nun fuhren ab. Er selbst aber hielt den einen der beiden Oberbefehlshaber der Flotte, Kasim, den Satrapen von Kalliupolis, dort zurück und gab ihm die Satrapie von

Trapezunt. Er gab ihm aber auch 400 ausgewählte Männer aus seiner Leibgarde als Besatzungstruppe. (4) Nachdem er sich aber wenige Tage dort aufgehalten und die Angelegenheiten in der Stadt alle nach seinem Willen geregelt hatte, brach er von dort auf und zog auf demselben Weg wieder nach Hause zurück.

Entlassung der Mutter Hasans durch den Sultan mit Geschenken und Ehrenbezeigungen und Gesandtschaft Hasans zum Sultan und gegenseitiger Freundschafts- und Bündnispakt

Als er aber ins Land des Hasan gekommen war, entließ er dessen Mutter, nachdem er sie reich beschenkt und ihr große Ehren erwiesen hatte. Er schickte aber auch Gesandte zusammen mit ihr zu Hasan, ihrem Sohn, da er vorhatte, den Vertrag zu erneuern, und weil er ihn, wie ich oben schon gesagt habe, zum Freund und Bundesgenossen haben wollte. (5) Der aber schickte auch seinerseits | Gesandte zum Sultan, die Geschenke brachten, 165
ihn zu seinen erfolgreichen Unternehmungen beglückwünschten, ihm für die Ehrungen dankten, die er seiner Mutter erwiesen hatte, und das Freundschafts- und Waffenbündnis bekräftigten.

Ankunft des Sultans in Byzanz

Der Sultan aber brach von dort auf, marschierte immer zügig vorwärts und überschritt wohlbehalten den Tauros. Und nachdem er das ganze dazwischenliegende Land in insgesamt 28 Tagen durchquert hatte, gelangte er in die Stadt des Prusias, entließ das Heer und gönnte sowohl sich selbst als auch seinen Begleitern dort einige wenige Tage Ruhe und kam dann, der Herbst ging schon zu Ende, nach Byzanz. Und so vollendete sich das insgesamt 6969. Jahr (1460/61), das elfte Regierungsjahr des Sultans.

Beachte, wie er den Kaiser von Trapezunt versorgte

9. (1) Die Ereignisse um Sinope und Trapezunt, bedeutende und namhafte Städte unserer Zeit, nahmen also einen solchen Verlauf. Sultan Mehmet aber, in der Stadt des Konstantin angelangt, kümmerte sich als erstes um die Versorgung des Kaisers von Trapezunt und gab ihm und seiner Gefolgschaft ein ausreichend großes Land in der Gegend des Strymonflusses zu ihrem Lebensunterhalt, so daß sie von dort als jährliche Abgabe 300.000 Silbermünzen bezogen.[1]

Beachte, was über den Philosophen Georgios Amerukes gesagt wird, wie ihn der Sultan empfing und in Ehren hielt

(2) Es befand sich aber unter den Gefolgsleuten des Kaisers auch ein Mann namens Georgios Amerukes, ein überragender Philosoph sowohl auf dem Gebiet der Natur- und Prinzipienlehre, der Mathematik, Geometrie und der Lehre von den Zahlenproportionen als auch auf dem philosophischen Gebiet, dem sich die Anhänger des
166 Peripatos und der Stoa gewidmet haben, dazu | beherrschte er auch noch den gesamten Kanon der Allgemeinbildung, ich meine Rhetorik und Poetik. (3) Als der Sultan von diesem Manne hörte, ließ er ihn zu sich kommen, und nachdem er sich aus der Begegnung und dem Gespräch mit ihm hinreichend von seiner Bildung und Klugheit überzeugt hatte, bewunderte er ihn über die Maßen, würdigte ihn einer entsprechenden Stellung an seinem Hofe und ehrte ihn durch häufige Audienzen und Gespräche, wobei er ihm Lehrsätze der Alten sowie philosophische Aporien, Erörterungen und Lösungen vorlegte. Denn der Sultan gehört zu den hervorragenden Philosophen.

(4) Dann aber widmete er sich wieder der Sorge um die Polis und kümmerte sich energisch um ihre Besiedlung und um ihre allseitige Ausschmückung sowie ihre sonstige Verschönerung und Ausstattung, indem er Gottes-

häuser errichten ließ und Werften, Theater[1], Märkte und was es dergleichen mehr gibt, erbaute, dazu aber auch alle Fertigkeiten und Künste in sie hineinlenkte; denn von überall her zog er die entsprechenden Handwerker und Künstler zusammen, siedelte sie um und ließ sie in ihr Wohnung nehmen, wobei er keinerlei Aufwand oder Kosten scheute. Denn er hatte seinen ganzen Ehrgeiz darein gelegt, die Stadt in jeder Hinsicht völlig unabhängig zu machen, so daß sie keinerlei zusätzlichen Gutes von außen bedürfe für ihre ruhmvolle Stellung, ihre Bedürfnisse und zugleich für ihre Ausschmückung und ihre Pracht.

Siehe den Aufstand des Getenfürsten Drakulis

10. (1) Während der Sultan also nun damit beschäftigt war und die Einrichtungen der Polis während des Winters (1461/62) verbesserte, wurde ihm gemeldet, daß der Getenfürst Drakulis[2] auf Rebellion aus sei und sich auflehne, daß er ein ausreichend starkes Heer, Pferde und Waffen gesammelt und sich gegen den Sultan, der ihm erst jüngst dieses Herrscheramt gewährt hatte, erhoben habe. (2) Denn nachdem er und sein Bruder von dem Herrscher der Paioner und Daker, Johannes dem Geten, vertrieben worden waren, der sie mit Heeresmacht angegriffen, ihren Vater getötet und das Herrscheramt einem anderen übergeben hatte[3], hatte der Vater des Sultans die beiden Vertriebenen, als sie bei ihm Zuflucht suchten, aufgenommen[4] und sie, die noch Kinder waren, sehr generös im Sultanspalast aufgezogen und sie bei seinem Tode dem Sultan, seinem Sohn, hinterlassen. Der aber behandelte und erzog sie an seinem Hof mit großen Zuwendungen und Ehren und mit seiner kaiserlichen Fürsorge. (3) Als aber in den Herrschaftsverhältnissen der Geten ein Umsturz eintrat und derjenige, der die (Herrschaft) innehatte, schimpflich davongejagt worden war, führte der Sultan den Drakulis mit starker Heeres-

macht und großem Aufwand wieder zurück und übertrug ihm die gesamte Herrschaft der Geten, wobei er ihn durch vertragliche Abmachungen und Eide feierlich
167 verpflichtete, | ohne Trug und Hinterlist die Liebe und Freundschaft zum Sultan und die gegebenen Versicherungen und die Verträge wahren zu wollen. (4) Der aber hielt sich nur kurze Zeit daran, vergaß dann alles, erwies sich dem gegenüber, der ihm vertraut hatte, als ein Schuft und erhob sich wider den Sultan.

Beachte, wie Drakulis den Istros überschritt und das Gebiet um Nikopolis und Vidin überrannte

Und zunächst überschritt er heimlich mit einer nicht geringen Heeresmacht den Istros und überrannte das gesamte ihm benachbarte Gebiet des Sultans, ich meine die Gegend um Nikopolis und Vidin. Und nachdem er so viel Beute wie nur möglich weggetrieben und nicht wenige Mordtaten begangen hatte, überschritt er wiederum den Istros und kehrte in sein Land zurück. (5) Als aber danach der Sultan Gesandte zu ihm schickte, die ihn an den Vertrag erinnern, friedfertig mit ihm sprechen und den Grund für seine Abtrünnigkeit erfragen sollten, da ließ er sie, bevor er noch erfahren hatte, zu welchem Zweck sie gekommen waren, ergreifen und pfählen, wobei er viele Schmähungen drohend gegen den Sultan ausstieß.

Ausmarsch des Sultans gegen die Geten, Überschreitung des Istros, Überrennen ihres gesamten Gebietes und Plünderung

(6) Der Sultan aber nahm diese Freveltat übel auf und sammelte, von gerechtem Zorn gepackt, sogleich ein riesiges Heer, bereitete sich den Winter über gut vor und überschritt bei Frühlingsbeginn (1462) den Istros. Und nachdem er ihn überschritten hatte, überrannte er in wenigen Tagen fast das ganze Gebiet der Geten, zerstörte und verwüstete es, brach wie ein reißender Wildbach

über es herein und riß alles mit sich fort, was ihm in den Weg kam, unterwarf Festungen, plünderte Dörfer und trieb so viel Beute weg, wie er nur konnte. (7) Jener dreiste Aufschneider aber hielt dem plötzlichen Angriff des Sultans nicht stand, sondern ergriff sogleich die Flucht und machte sich auf und davon. Und nachdem er die sicherste Gegend seines Landes und der Berge erreicht hatte, blieb er dort und beobachtete den Ausgang des Geschehens. Der Sultan aber plünderte sein Land und setzte am Ende seinen Bruder Rhados[1] zum Herrscher über die Geten ein; denn diesen hatte er bei sich. (8) Drakulis aber gab nunmehr seine Sache völlig verloren, und da er keinerlei Hoffnung mehr hatte, jemals wieder Herrscher zu sein, beschloß er voller
Todesverlangen, | einen Anschlag auf die Feinde zu 168
verüben und dabei selbst zu fallen. Und nachdem er also diesen wahnwitzigen Beschluß gefaßt hatte, wollte er bei Nacht das Lager angreifen. Und so überfiel er um Mitternacht mit seiner Truppe eine Ecke des Lagers, planlos und ohne jede Schlachtordnung, und richtete ein großes Blutbad unter den Tieren an, Kamelen, Pferden und Mauleseln; denn auf Männer traf er nicht.[1]

Niederlage und Flucht des Drakulis

(9) Als der Sultan nämlich den Überfall bemerkte, befahl er den Soldaten mit voller Absicht, ein wenig zurückzuweichen, damit jener weiter vorrücke, so daß man ihn leicht überwältigen könne. Dann gab er dem Heer ein Zeichen und befahl, ihn von allen Seiten her anzugreifen. Sie aber stürzten sich mit Kriegsgeschrei, großer Kampfkraft und Eifer auf sie und schlugen alle seine Leute nieder, abgesehen von denen, die sie lebend fingen, nur sehr wenige an der Zahl. Drakulis aber konnte ihnen dort irgendwo unbemerkt entkommen und floh zu den Paionern. Die aber ergriffen ihn und warfen ihn in den Kerker.

(10) Der Sultan aber setzte, wie ich schon sagte, als Herrscher und Fürsten der Geten Rhados ein, indem er ihm die gesamte Herrschergewalt über sie und das gesamte Reich übertrug und dafür von ihm Garantien erhielt, er selbst aber überschritt, nachdem er so viel Beute wie nur möglich an Sklaven und Vieh weggetrieben und auch unter das Heer verteilt hatte, wiederum den Istros und ließ, als er im Sommer (1462) in der Stadt des Hadrian angelangt war, das Heer dort eine kurze Weile ausruhen. Danach aber ließ er die Befehlshaber der Flotte zu sich kommen und befahl ihnen, ein Geschwader von 200 Schiffen gegen Lesbos zum Auslaufen bereitzumachen.

Beachte die Gründe, aus welchen der Sultan gegen Lesbos und Mitylene zu Felde zog

11. (1) Nikorezos[2] nämlich, der Sohn des Dorieus, der zusammen mit seinem Bruder Dominikos nach dem Tode ihres Vaters als Erbe der väterlichen Herrschaft zurückgeblieben war und einen Vertrag mit dem Sultan
169 hatte und | diesem tributpflichtig war, ließ zuerst (ein übler Plan und eine ruchlose Tat) seinen Bruder ergreifen, einkerkern und hinterrücks ermorden. Dann zahlte er dem Sultan weder den Tribut bereitwillig noch wollte er aufrichtig seinen Vertrag einhalten, sondern er paktierte heimlich mit den Italienern und traf mit ihnen vertragliche Vereinbarungen, wie schon oben von mir berichtet worden ist, und handelte auch sonst in vielen anderen Dingen dem Vertrag mit dem Sultan zuwider und vor allem auch dadurch, daß er die Landungen der Piratenschiffe duldete und auch selbst solche bemannte und ihnen Führer für die Landstriche, Häfen und Ortschaften zur Verfügung stellte und dadurch der gesamten Lesbos benachbarten Küste des Sultans heimlich Schaden zufügte, doch nicht nur dieser, sondern auch der Chersones selbst und der gegenüberliegenden Küste von Thrakien und Makedonien.

(2) Als aber dem Sultan dies zu Ohren kam, ließ er ihn wiederholt durch Boten auffordern, solches Tun zu unterlassen, da er einen Vertrag zu erfüllen habe und sich im Frieden befinde (denn er könne diese Übeltaten nicht verborgen halten), vielmehr solle er ohne Betrug den Vertrag einhalten und den Tribut bereitwillig zahlen, oder aber er werde gegen ihn Krieg führen. (3) Der aber kümmerte sich wenig um die Drohungen des Sultans, indem er einerseits ableugnete, im Glauben, sein Tun bleibe doch verborgen, andererseits aber auch eitle Hoffnungen auf die Italiener setzte. Nun hatte aber der Sultan ihm wiederholt gedroht und schließlich auch die Flotte ausgeschickt, wie ich schon gesagt habe, und einen Teil von Lesbos überrannt, um ihn zur Vernunft zu bringen, er aber ließ dennoch nicht im geringsten von seinem Treiben ab, sondern es schien zwar für einen Augenblick so, als tue er dies aus Furcht und halte sich von dergleichen Machenschaften fern, aber er blieb um nichts weniger wieder bei demselben Tun.

Kriegszug des Sultans gegen Lesbos zu Lande und zu Wasser

(4) Aus Zorn also über dieses Verhalten unternahm der Sultan den Feldzug gegen ihn. Nachdem er nun so schnell wie möglich die Flotte aufgestellt und gut gerüstet, eine große Anzahl Schwerbewaffneter und Waffen aller Art sowie steinschleudernde Geschütze und Wurfmaschinen an Bord der Schiffe gebracht und zum Feldherrn mit unumschränkter Vollmacht und Befehlshaber der gesamten Flotte Mahmut Paşa bestimmt hatte, ließ er sie auslaufen. Er selbst aber überquerte mit dem Landheer den Hellespont und marschierte durch das untere Phrygien. | 170

Beachte, wie der Sultan die Gräber der Heroen aufsuchte, als er durch Troja zog, und wie er sie rühmte und glücklich pries

(5) Und als er nach Ilion gelangt war, betrachtete er eingehend dessen Trümmer und die Spuren der alten

Stadt Troja, ihre Größe und Anlage, die sonstigen Vorzüge des Landstrichs und seine günstige Lage auf dem Lande und am Meer. Außerdem aber suchte er auch die Gräber der Heroen auf, ich meine die von Achilleus und Aias und den übrigen[1], und rühmte diese und pries sie glücklich sowohl wegen ihres Ruhmes und ihrer Taten als auch deswegen, weil sie ihren Lobredner in dem Dichter Homer gefunden hatten.[2] (6) Dabei soll er auch mit einer leichten Bewegung des Kopfes gesagt haben: „Mich hat Gott während all der vielen Jahresumläufe als Rächer dieser Stadt und ihrer Bewohner aufbewahrt. Denn ich habe ihre Feinde unterworfen, deren Städte zerstört und deren Hab und Gut wie das der Myser[3] geplündert. Griechen waren es nämlich, Makedonen, Thessalier und Peloponnesier, die diese Stadt einst zerstört haben, deren Nachfahren jetzt nach so vielen Jahresumläufen von mir für den Frevel bestraft wurden, den sie an uns Asiaten damals und später noch oftmals begangen haben."[4]

12. (1) Von dort aus nun gelangte er zum (Kap) Lekton, und nachdem er von dort weitermarschiert war, lagerte er das Heer auf dem Lesbos gegenüberliegenden Festland direkt gegenüber von Mitylene. Mahmut aber, der aus Kalliupolis mit der gesamten Flotte, zweihundert Schiffen, ausgelaufen war, landete am dritten Tage in Mitylene und schlug nach Ausschiffung des Heeres nicht weit entfernt von der Stadt ein Lager auf.

Belagerung von Mitylene

(2) Die Mitylenäer indessen unternahmen zunächst einmal einen Ausfall, aber da sie nichts ausrichteten, sondern von den Schwerbewaffneten gewaltsam wieder in die Stadt zurückgedrängt wurden, schlossen sie die Tore und warteten ab. Mahmut aber bot ihnen und ihrem Herrscher zunächst Verhandlungen an, ob sie bereit

seien, sich selbst und die Stadt auszuliefern und sich
friedlich mit dem Sultan zu einigen. Als er sie aber nicht
überzeugen konnte, | verwüstete und verheerte er als 171
erstes alles Land außerhalb der Stadt, dann verschanzte
er sie und schloß sie ringsum mit dem Heer ein, setzte Geschütze gegen sie an und belagerte sie. Und es gelang ihm immerhin, in insgesamt sechs oder sieben Tagen einen nicht geringen Teil der Mauer mit den Geschützen zu zertrümmern und niederzureißen. (3) Als aber die in der Stadt Eingeschlossenen sahen, daß die Mauer niedergerissen war, schleppten sie große Balken herbei und stützten sie damit von innen und von außen ab, häuften dazu Erde und anderes Material auf der Innenseite auf und kämpften von dort aus.

(4) Der Sultan aber, der von seinem Lager vom anderen Ufer aus das Geschehen beobachtete, glaubte, daß er nicht mehr zögern dürfe, sondern sich so schnell wie möglich bereitmachen müsse, mit dem ganzen Heer und der gesamten Streitmacht die Stadt anzugreifen, um sie im Handstreich zu erobern. Und er gab auf der Stelle Befehl, das gesamte schwerbewaffnete Heer auf dem schnellsten Wege auf die Insel zu transportieren. Und diese nun setzten über.

Übersetzen des Sultans nach Lesbos

(5) Der Sultan aber bestieg eine Triere und setzte auch selbst zur Insel über, traf sich mit Mahmut und ließ sich über alles unterrichten. Dann inspizierte er zu Pferde die Stadt, wo sie angreifbar und wo sie unangreifbar war sowohl von der Land- wie von der Seeseite aus, und gab Befehl, das gesamte Heer in Schlachtordnung aufzustellen und die Trieren kampfbereit zu machen, da sie von der Seeseite her vom Hafen aus angreifen sollten.

Einnahme von Mitylene und Übertritt von ganz Lesbos

(6) Als aber die Bewohner der Stadt und ihr Herrscher nun sahen, daß der Sultan übergesetzt war und das Heer

sich bereitmachte, sie zu Lande und zu Wasser anzugreifen, und da sie fürchteten, daß sie im Sturm mit Waffengewalt erobert und sogleich verschleppt würden (denn sie sahen die von den Geschützen niedergerissene Mauer, das unermeßlich große, kampfstarke und in seiner Gesamtheit schwer gepanzerte Heer und die unnachgiebige Entschlossenheit des Sultans, was auch immer geschehen möge, nicht eher von der Insel abzuziehen, als bis er sie vollständig erobert habe), da sandten sie einen Boten und lieferten sich selbst und die Stadt dem Sultan aus und baten zugleich um Nachsicht dafür, daß sie nicht gleich seiner Aufforderung Folge geleistet hatten. (7) Und der Sultan empfing sie und gab ihnen die entsprechenden Garantien. Die Mitylenäer aber kamen mit ihrem Herrscher aus der Stadt heraus und übergaben diese dem
172 Sultan unter fußfälliger Verehrung. | Der aber empfing sie gnädig und beschenkte sie großzügig. Dann betrat er die Stadt und besichtigte sie eingehend, und sie erschien ihm großartig und wunderschön zugleich. Es kamen aber auch die Bewohner der übrigen Festungen und befestigten Ortschaften und lieferten sich und die Festungen aus. (8) Als nun der Sultan insgesamt vier Tage auf der Insel verbracht, sie selbst und alles, was es auf ihr gab, besichtigt und ihre Größe und Schönheit sowie die sonstigen Vorzüge des Landes und seine Beschaffenheit bewundert hatte, bestieg er eine Triere und setzte wieder zum Lager über, indem er Mahmut zurückließ, damit dieser die Angelegenheiten in der Stadt und auf der Insel nach seinen Anordnungen regle.

(9) Dieser aber ließ alle Bewohner der Stadt zusammenkommen, ich meine Männer, Frauen und Kinder, und teilte sie in drei Gruppen ein, und die erste ließ er im Stadtgebiet bleiben und weiter dort wohnen, indem sie ihre Ländereien behielten und weiter bewirtschafteten und jährlich den üblichen Tribut entrichteten, die zweite Gruppe aber ließ er nach Konstantinopel überführen und dort ansiedeln, die dritte hingegen machte er zu

Sklaven und verteilte sie unter die Soldaten. Alle Söldner der Italiener aber, die er in der Stadt fand, ließ er töten.
(10) Die sonstigen Festungen und befestigten Ortschaften auf der Insel aber ließ er damals fürs erste so, wie sie waren. Später aber schleifte er einige von ihnen und zerstörte sie und siedelte die Männer, Kinder und Frauen nach Konstantinopel aus.
(11) Nachdem nun Mahmut auf diese Weise die Verhältnisse in Mitylene und auf ganz Lesbos geregelt, eine ausreichende Besatzung in die Stadt und die übrigen Festungen gelegt und als Satrapen einen Mann namens Samios Ali dort zurückgelassen hatte, der zu den namhaften und wegen ihrer Tapferkeit, ihrem strategischen Können und ihrer sonstigen Tüchtigkeit bei ihnen besonders anerkannten Männern gehörte, setzte auch er zum Sultan über.
(12) Nachdem die Befehlshaber der Flotte aber den Herrscher der Lesbier und seinen ganzen Hof und diejenigen Männer, Kinder und Frauen unter ihnen, die für die Besiedlung der Polis bestimmt waren, mit sich an Bord genommen und so viel sonstiges Beutegut wie nur möglich auf die Schiffe verladen hatten, fuhren sie heim nach Kalliupolis und Byzanz und lösten die Flotte auf.
(13) Der Sultan selbst aber gelangte nach Entlassung des Heeres zusammen mit seiner Hofgarde nach Byzanz, als der Herbst bereits zu Ende ging. Und es vollendete sich das insgesamt 6970. Jahr (1461/62), das zwölfte Regierungsjahr des Sultans. | 173

13. (1) Lesbos und Mitylene also wurden auf diese Weise vom Sultan erobert, nachdem die Insel nun schon 150 Jahre jetzt in unserer Zeit in Glück und Wohlstand gelebt und einen Aufschwung zu großem Ruhm, Macht und Reichtum genommen hatte, seit jener erste Sproß aus dem Geschlecht der Gattilusi, Nikorezos, ein Italiener von adligem Geblüt, sie vom Kaiser der Rhomäer als eigenes Herrschaftsgebiet erhalten hatte.[1]

(2) Dieser, ein sehr kluger und gebildeter Mann von großer Tapferkeit des Herzens und auch reich versehen mit den übrigen körperlichen Vorzügen, der sich sehr wohl darauf verstand, ein Reich vorzüglich zu regieren, brachte die Insel zu solcher Blüte und bereicherte sie in jeder Hinsicht durch den allmählichen Aufschwung und Zuwachs, den sie unter seiner Herrschaft nahm, so sehr, daß sie es fast in allem mit ihrem Wohlstand in alter Zeit aufnehmen konnte. (3) Denn sie hatte sich nicht nur die benachbarten und umliegenden Gebiete untertan gemacht, sondern auch ganz Syrien und Ägypten fürchtete sie und entrichtete ihr einen jährlichen Tribut, indem es sich damit den Frieden von ihrem Herrscher erkaufte. Die (Insel) besaß und unterhielt nämlich eine bedeutende Flotte und verfügte über sehr viele Trieren, die zum Teil auf See waren, zum Teil aber auch in Arsenalen lagerten. Mit deren Hilfe hatte sie nicht nur das Meer in ihrer Nähe, sondern auch das Meer vor der Küste Ägyptens, Syriens und sogar von Libyen fest in ihrer Gewalt; denn dieses ganze Gebiet plünderte und verwüstete sie durch ihre Räubereien. Später aber, nachdem die Herrschaft über sie durch Erbfolge auf die Nachkommen jenes Mannes übergegangen war und sie mit der Zeit allmählich an Macht verloren hatte und andererseits die Vorfahren des Sultans, aber dann vor allem auch der Sultan selbst, die Herrschaft über das Meer in ihrem Machtbereich erlangt und das gesamte dortige Inselgebiet unterworfen hatten, da wurde auch sie zusammen mit den anderen dem Sultan untertan und tributpflichtig und schließlich jetzt völlig unterworfen. Und soviel nun hierüber.

Beachte, daß der Sultan eine große Flotte bauen lassen und die Herrschaft über das Meer erlangen wollte

14. (1) Als nun der Sultan in der Stadt des Konstantin angekommen war, siedelte er die Mitylenäer in ein und

demselben Viertel der Stadt an und gab den einen von ihnen Häuser, den anderen Plätze zum Hausbau, wieder anderen, was sie sonst brauchten. Ihren Herrscher Nikorezos aber ließ er damals zunächst einkerkern, kurze Zeit später jedoch aus (guten) Gründen töten. Er selbst nun gab Befehl, eilends zu den vorhandenen Schiffen weitere in nicht geringer Anzahl hinzuzubauen und eine möglichst große Flottenmannschaft aus seinem ganzen Reich anzumustern, die allein und speziell für diesen Dienst eingeschrieben sein sollte. (2) Denn da er die Herrschaft über das Meer für wichtig ansah und da er sah, daß die Flotte der Italiener | stark war und das Meer beherrschte, 174
sämtliche Inseln der Ägäis unter Kontrolle hatte und seinem Küstengebiet keinen geringen Schaden zufügte, sowohl dem asiatischen wie dem europäischen, und zwar vor allem die Flotte der Venezianer, wollte er dies auf jede Weise unterbinden und sich, wenn möglich, zum mächtigen Gebieter des gesamten Meeres aufwerfen oder doch zumindest jene daran hindern, seiner Küste Schaden zuzufügen. Deshalb also beeilte er sich, eine große Flotte zusammenzustellen und die Herrschaft über das Meer zu erlangen.

Beachte, wie der Sultan den Plan faßte, zwei einander gegenüberliegende Festungen auf der Chersones zu bauen, sowohl auf der asiatischen wie auf der europäischen Seite, und so die Meerenge und das gesamte obere Meer, den Hellespont und das Schwarze Meer, abzuschließen

(3) Danach aber schien es ihm bei seinen Überlegungen das beste und dringend erforderlich zu sein, die Meerenge des Hellespont und der Chersones durch besonders starke Festungen auf beiden Seiten zu sperren und damit die Kontinente auf beiden Seiten, Asien und Europa, zu verbinden und so das gesamte obere Meer, das Schwarze Meer und den Hellespont[1] meine ich, durch die Schließung der Meerenge zu seinem Binnenmeer zu machen und wirksam zu sichern, damit die dortige Küste nicht

durch feindliche Überfälle ausgeplündert würde, wie er es ja auch schon vorher am Bosporos gemacht hatte. (4) Nachdem der Sultan also diesen Plan gefaßt hatte, sandte er sogleich Männer aus, die das Gelände prüfen und die engste Stelle der Meerenge, wo die Strömung besonders stark sei, ausmessen sollten. Als diese sich nun dorthin begeben und ihre Messungen vorgenommen hatten, fanden sie die engste Stelle der Meerenge mit der stärksten Strömung an der Landzunge zwischen Madytos und Eleus hinüber zum gegenüberliegenden asiatischen Festland, welche Landschaft Dardania genannt wird, eine Strecke von höchstens etwa 8 Stadien.[2] Dort befand sich auch die Ruine eines alten Turms, da einer der früheren Sultane, wie es heißt, die Meerenge mit einer Kette hatte absperren wollen, aber gescheitert war, da sich die Kette durch die Gewalt der starken Strömung leicht verdrehte, verwickelte und zerbrach.[3] (5) Nachdem die Männer zurückgekehrt waren, berichteten sie also dies dem Sultan. Der aber ließ auf dem schnellsten Wege Yakup, den Satrapen von Kalliupolis und der Chersones und Befehlshaber der gesamten Flotte und der ganzen Küste, zu sich kommen und trug ihm auf, so schnell wie
175 möglich den Bau der Festungen | vorzunehmen und auch sonst alle Mühe und Sorgfalt daran zu wenden mit nicht nachlassender Energie. Und dieser machte sich unverzüglich sogleich mit einem großen Aufgebot an Arbeitskräften, Eifer und Kosten ans Werk und baute die Festungen.

Beachte die Beschreibung des Volkes der Bostrer und wie der Sultan gegen sie zu Felde zog

15. (1) Der Sultan aber traf in diesem Winter Vorbereitungen, um bei Frühlingsbeginn einen Feldzug gegen die diesseits des Saosflusses ansässigen Paioner zu unternehmen, welche man auch Dalmater, in neuerer Zeit aber Bostrer nennt, ein großes und zahlenmäßig starkes Volk,

das ein großes Herrschaftsgebiet besitzt, ein riesiges und fruchtbares Land bewirtschaftet und seine Erträge daraus zieht und das durch äußerst unwegsames Gelände, schwer passierbare und steile Gebirge und rauhes und abschüssiges Terrain geschützt ist, dazu aber auch über starke Festungen sowie sicher befestigte und schwer zu erobernde Ortschaften und reiche und mächtige Fürsten verfügt. (2) Auch pflegen sie stets freundschaftliche Beziehungen mit dem König der Paioner und haben ein Waffen- und Kampfbündnis mit ihm mit der festen Zusicherung, einander im Falle eines Angriffs zu unterstützen. Auf all dies bauend, waren sie zu keiner Zeit bereit, etwa mit dem Sultan einen Vertrag zu schließen oder ihm jährlich Tribut zu zahlen, wie die übrigen Nachbarvölker, Illyrer und Triballer, noch wollten sie überhaupt auf ihn hören, sondern sogar trotz der wiederholten Aufforderung des Sultans an sie, mit ihm einen Vertrag zu schließen, hielten sie dies für unter ihrer Würde und willigten in keinerlei Vertragsschluß ein, da sie selbständig und frei und ohne jede vertragliche Verpflichtung sein wollten. (3) Deshalb hatte der Sultan auch mehr als einmal ein Heer geschickt und ihr Gebiet geplündert, indem er es überrannte und so viel Beute wegtrieb wie nur möglich an Männern, Kindern, Frauen und Vieh. Jene rückten aber dennoch keinen Deut von ihrer ursprünglichen Haltung ab, sondern blieben bei dem einmal gefaßten Entschluß, freilich zu ihrem eigenen Schaden.

Kriegszug des Sultans gegen die Bostrer

(4) Aus Zorn nun über dieses Verhalten unternahm der Sultan den Feldzug gegen sie. Und so rückte er denn, nachdem er sich gut vorbereitet und eine große Anzahl von Waffen und Geschützen aller Art und ein sehr großes Heer, Reiterei und Fußtruppen, gesammelt hatte, als der Frühling (1463) eben anbrach, mit starker Streitmacht gegen sie aus. | 176

Verheerung des Landes der Bostrer

(5) Nachdem er also aus der Stadt des Hadrian mit dem gesamten Heer, Reiterei und Fußvolk, aufgebrochen war, durchquerte er in Eilmärschen stetig vorrückend rasch sein eigenes Gebiet, lagerte sich, als er das Grenzgebiet der Bostrer erreicht hatte, dort eine kurze Weile und fiel dann mit Macht in deren Land ein und überrannte es, indem er wie ein Blitz hereinbrach und alles in Brand setzte und zerstörte und vertilgte und Festungen dem Erdboden gleichmachte, in einige aber auch Besatzungen legte, Beute wegtrieb und überhaupt alles Land, was vor ihm lag, unterwarf, ohne auf irgendeinen Widerstand zu treffen.

Ankunft des Sultans in Iaitza und Belagerung der Stadt

(6) Nachdem er aber den größten Teil des Landes in wenigen Tagen durchzogen und überrannt hatte und nachdem er, wie ich schon sagte, viele Festungen und befestigte Ortschaften, die einen im Sturm mit Waffengewalt, andere aber auch durch freiwilligen Übertritt eingenommen hatte, gelangte er zu der Stadt, in die sich der Herrscher der Bostrer[1] geflüchtet hatte (7) (denn diese war auf das stärkste befestigt, Iaitza nennt man sie in der Landessprache). Und er schloß diesen dort ein und bot den Bewohnern der Stadt Verhandlungen über ihre eigene Auslieferung und die der Stadt an. Als er sie aber nicht überzeugen konnte, verschanzte er die Stadt von allen Seiten, schloß sie ringsum mit dem Heer ein, setzte Geschütze gegen sie an und belagerte sie. Und es gelang ihm, in nur wenigen Tagen einen großen Teil der Mauer mit den Geschützen zu zertrümmern und niederzureißen; dann traf er Vorbereitungen, sie mit der gesamten Streitmacht anzugreifen. (8) Als aber die in der Stadt Eingeschlossenen sahen, daß ein Großteil der Mauer niedergerissen und der Sultan im Begriff war, sie mit

geballter Kraft anzugreifen, verhandelten sie – ohne Wissen ihres Herrschers – aus Furcht, sie könnten im Sturm mit Waffengewalt erobert werden und umkommen, durch einen Herold mit dem Sultan und lieferten ihm sich selbst und die Stadt aus. Ihr Herrscher jedoch wurde dessen gewahr und verließ unbemerkt bei Nacht die Stadt und machte sich heimlich davon. Die Wachtposten des Lagers aber erkannten ihn, verfolgten ihn hartnäckig, fingen ihn lebendig ein und brachten ihn vor den Sultan. Der aber ließ ihn auf der Stelle töten. | 177

Übertritt der Stadt Iaitza

(9) Die Bewohner der Stadt aber kamen heraus und übergaben sich selbst und die Stadt dem Sultan. Und dieser empfing sie gnädig, beschenkte sie auf vielfältige Weise und gewährte ihnen das Recht, die Stadt weiter mit ihren Frauen und Kindern und all ihrer Habe heil und unversehrt zu bewohnen, wobei sie freilich jährlich den üblichen Tribut, und zwar nur diesen, zu entrichten hatten. (10) Danach aber betrat er auch selbst die Stadt und besichtigte sie eingehend. Und sie schien ihm stark befestigt und ihre Einnahme und Besetzung daher unbedingt erforderlich und für sein Vorhaben äußerst nützlich zu sein. Sie liegt nämlich an einem günstigen Punkt des Landes an der Grenze zum Land der Paioner und vermag daher mit einem ausreichend starken Heer in ihren Mauern diesem großen Schaden zuzufügen.

Verwüstung des gesamten Gebietes der Bostrer und Eroberung sämtlicher Ortschaften des Landes, etwas weniger als dreihundert an der Zahl

(11) Deshalb war auch die Einnahme dieser Stadt dem Sultan sehr wichtig. Nachdem er nun eine genügend große Besatzung hineingelegt und als Kommandanten einen seiner persönlichen Vertrauten zurückgelassen

hatte, wandte er selbst sich mit dem Heer dem restlichen Teil des Landes zu, und ehe noch der Sommer zu Ende gegangen war, hatte er das gesamte Gebiet der Bostrer und Dalmater verwüstet und geplündert und kaum weniger als dreihundert Festungen in seine Gewalt gebracht, aber auch vier der Fürsten des Landes gefangengenommen.

Beachte die Gründe, aus welchen die Venezianer ihren Vertrag mit dem Sultan aufkündigten und gegen ihn einen Krieg begannen

16. (1) Im selben Sommer (1463) aber kündigten auch die Venezianer ihren Vertrag mit dem Sultan auf und begannen einen Krieg gegen ihn, wobei sie folgende Anschuldigungen und Klagepunkte vorzubringen hatten: Amares nämlich, der Satrap der Peloponnes und des übrigen Hellas, hatte aus ganz geringfügigen Anlässen, eher aber nicht einmal deshalb, sondern aus Zorn gegen die Venezianer, weil diese ihm nicht freundlich begegneten und sich ihm nicht als einem Satrapen, der ihr Nachbar war und die Macht hatte, ihnen Schaden zuzufügen, erkenntlich zeigten, er sich vielmehr verachtet glaubte und sich dafür an ihnen rächen wollte, einen günstigen Augenblick abgewartet und die Bewohner von Naupaktos
angegriffen, die nichts Böses ahnten. Und | er über- 178
rannte Naupaktos und das umliegende Land und trieb so viel Beute weg, wie er nur konnte, an Männern, Vieh, Kindern und Frauen. Denn da er plötzlich und ohne daß jene überhaupt irgend etwas Derartiges erwartet oder vorhergesehen hätten, im Frieden und bei bestehendem Vertrag über sie hergefallen war, richtete er großen Schaden an, ja mehr noch, es hätte nicht viel gefehlt und er hätte auch die Stadt Naupaktos selbst eingenommen. Doch nicht nur dies, sondern er verfuhr auch mit ihren Städten in der Peloponnes, Koroneia und Methone und den übrigen, in übler Weise, wobei er stets haltlose Begründungen und Anschuldigungen vorbrachte. (2)

Dies nun erschien den Venezianern gar zu arg und ein mehr als ausreichender Grund zum Krieg zu sein, zumal sie sowieso schon vorhatten, gegen den Sultan Krieg zu führen, seit dieser die Peloponnes in seine Gewalt gebracht hatte. Denn sie hatten immer gehofft, sie einmal zu besitzen, und suchten nun in der Meinung, sie hätten sie als etwas, das ihnen gehörte, verloren, eine günstige Gelegenheit und irgendwelche Vorwände, um einen Krieg gegen den Sultan zu beginnen und einen Feldzug gegen die Peloponnes zu unternehmen. (3) So ergriffen sie also sogleich diese Anlässe und rüsteten ohne irgendeinen diplomatischen Kontakt oder die Bereitschaft, die Streitigkeiten lieber durch Verhandlungen zu schlichten, ein großes Heer und eine Hochseeflotte mit siebzig Trieren und großen Transportschiffen gegen die Peloponnes aus.

Kriegszug der Venezianer gegen die Peloponnes

(4) Nachdem sie also diese bemannt und in großer Anzahl Schwerbewaffnete und gepanzerte und kampfstarke Soldaten aus ihren eigenen Reihen und Abteilungen, aber auch Söldner in sehr großer Zahl an Bord gebracht, Waffen aller Art und steinschleudernde Geschütze und Wurfmaschinen verladen, dazu aber auch viel Eisen, Holz und Kalk sowie Handwerker, Bauleute und die für Bauvorhaben erforderlichen Werkzeuge und was es dergleichen mehr gibt auf die Schiffe verfrachtet und sich in allen Stücken gut gerüstet und zum Feldherrn mit unumschränkter Vollmacht einen Mann bestimmt hatten, der bei ihnen in höchstem Ansehen stand und zu denen gehörte, die wegen ihrer Tapferkeit und ihrer strategischen Tüchtigkeit zu Lande und zu Wasser einen Namen hatten[1], sandten sie die Flotte aus.

(5) Nachdem sie nun aus ihrer (Stadt) mit starker Streitmacht und all dieser Ausrüstung, einem ansehnlichen Heer und glänzenden Erwartungen aufgebrochen

waren, fuhren sie durch das Adriatische und Ionische Meer, und nachdem sie an Kerkyra und Leukas vorbei zwischen den dort der Küste vorgelagerten Inseln Ithaka und Kephallenia hindurchgesegelt waren, steuerten sie das Elische Kap der Peloponnes an und gelangten von
179 dort weiter nach Rhion in Achaia, | passierten den Krisäischen Golf und gingen an der Küste von Korinth am Isthmos vor Anker und schlugen dort nach Verlassen der Schiffe ihr Lager auf. Denn als erstes wollten sie die Landenge durch eine Mauer absperren und besetzen, danach die Peloponnes insgesamt angreifen.

Beachte, wie die Venezianer die Landenge der Peloponnes durch eine Mauer abriegelten

(6) Sie luden nun ihre Fracht und alles, was sie brauchten, aus, schlossen den Isthmos von einem Ende zum anderen mit dem gesamten Heer ab und bauten eine Befestigungsmauer mit einem großen Aufgebot an Menschen und Arbeitskräften, dazu aber auch mit großem Eifer und ganzem Einsatz. Sie brachten aber auch damals gleich einige der Festungen und befestigten Ortschaften des Sultans im Landesinneren und an der Küste zum Abfall, zogen sie auf ihre Seite und legten Besatzungen hinein. Doch nicht nur das, sondern auch die gesamte übrige Peloponnes beobachtete gespannt die Entwicklung, bereit, ebenfalls vom Sultan abzufallen.

(7) Amares aber sammelte alle, die unter seinem Befehl standen, nahm auch einige der in der Peloponnes ansässigen Illyrer dazu und lag nun, nachdem er ein nicht eben großes Heer zusammengebracht hatte, in Korinth und bewachte es und wartete auf ein Heer vom Sultan, denn er hatte sofort nach der Landung der Flotte einen Boten zu ihm gesandt, der ihm ihren Angriff melden sollte, und zugleich lauerte er auf eine günstige Gelegenheit, um sie anzugreifen. Und soviel nun über diesen.

Beachte, wie der Sultan Mahmut mit einem Heer in die Peloponnes gegen die Venezianer sandte

(8) Als aber der Sultan von dem Kriegszug der Venezianer in die Peloponnes und der Befestigung des Isthmos erfuhr, schob er die Angelegenheit nicht länger auf, sondern ließ unverzüglich Mahmut Paşa holen, gab ihm ein ausreichend großes Heer von Schwerbewaffneten, Bogenschützen und den kampftüchtigsten und am besten bewaffneten Männern seiner Hofgarde und sandte ihn in die Peloponnes.

(9) Er selbst aber kehrte, nachdem er bei den Bostrern alles gut und nach seinem Willen geregelt und Besatzungen und Kommandanten in Iaitza und allen übrigen Festungen, die er nicht dem Erdboden gleichgemacht hatte, eingesetzt und für das Land als Satrapen mit einem ausreichend großen Heer einen Mann zurückgelassen
hatte, | der zu denjenigen gehörte, die bei ihm wegen 180
ihrer Tapferkeit und ihres strategischen Geschicks in Ansehen standen, und nachdem er so viel Beute wie er nur konnte für sich selbst weggetrieben und auch unter das Heer verteilt hatte – der Herbst ging bereits zu Ende –, in die Stadt des Hadrian zurück. Und es vollendete sich das insgesamt 6971. Jahr (1462/63), das dreizehnte
Regierungsjahr des Sultans. | 181

FÜNFTES BUCH

Das vorliegende Buch enthält den Krieg gegen die Venezianer und den zweiten Einfall des Sultans in Bostrien, ferner auch den ersten und zweiten Feldzug des Sultans gegen die Illyrer und wie er ihr Land unterwarf und eine befestigte Stadt darin erbauen
182 ließ. Es umfaßt einen Zeitraum von vier Jahren. |

1. (1) Als aber Mahmut in der Peloponnes angekommen war, schlug er vor dem Isthmos am Fuße des Kithairon ein Lager auf und nahm heimlich durch Boten mit Amares Verbindung auf, zeigte ihm seine und des Heeres Ankunft an und ließ sich über alles, was auf dem Isthmos und bei den Feinden vor sich ging, informieren. Und nachdem sie verabredet hatten, daß der Angriff an einem bestimmten Tag auf ein gegebenes Zeichen hin erfolgen sollte, verhielten sie sich ruhig. (2) Die Venezianer aber, die mit viel Energie und Eifer und vielen Arbeitskräften ans Werk gingen, waren dabei, es rasch zu vollenden. Sie hatten nämlich schon die ganze Mauer bis auf drei oder vier Stadien fertiggebaut, sie allerdings nicht auf die volle Höhe hochgezogen, sondern nur so hoch, daß sie sich in ihrem Schutz sicher verteidigen konnten.

Gefecht zwischen Mahmut und den Venezianern auf dem Isthmos und Niederlage der Venezianer, deren Flucht und Niedermetzelung

Währenddessen aber gab Amares, der auf einen günstigen Moment zum Angriff gewartet hatte, Mahmut das Signal, und auf dasselbe Zeichen hin stürmten sie beide los und attackierten das Lager der Feinde, indem der eine von innen[1], der andere von außen angriff, wobei die

Soldaten lautes Rufen, Gebrüll und Kriegsgeschrei erhoben. Und da entstand ein gewaltiges Ringen und Gedränge und ein heftiger Kampf Mann gegen Mann und ein großes Gemetzel. Dabei nun hielten die Venezianer nur eine kurze Zeit lang dem Ansturm der Schwerbewaffneten stand. Dann wandten sie sich zur Flucht und liefen nach Kräften in wildem Durcheinander davon. Die Schwerbewaffneten aber setzten ihnen nach, wobei sie sie schonungslos niedermachten und auch lebendig einfingen, bis sie zum Meer und zu den Schiffen kamen. (3) Dort aber bestiegen die Venezianer in großer Bedrängnis und nur mit Mühe die Trieren, fuhren aufs Meer hinaus, wobei sie ihre Fahrt ein wenig hemmten, so daß sie gerade außer Schußweite waren, und nahmen die im Meer Schwimmenden auf. Denn viele hatten, von den Feinden bedrängt, ihre Waffen weggeworfen und sich ins Meer gestürzt, einige aber auch mit Waffen, und den einen gelang es, bis zu den Schiffen zu schwimmen, die anderen aber ertranken durch das Gewicht der Waffen. In diesem Kampf fiel eine große Anzahl von Venezianern, Bürger der Stadt und Söldner, darunter auch der Feldherr selbst als tapferer Kämpfer. Es wurden aber auch etwas weniger als dreihundert lebend gefangengenommen. | 183

Plünderung des Lagers der Venezianer

(4) Die Soldaten aber plünderten nun das ganze Lager. Es fand sich darin eine Menge an Geld, Hausrat und Trinkbechern und auch sonstige Gebrauchsgegenstände in großer Zahl, und es fielen ihnen auch viele Waffen in die Hände, teils von den Gefallenen erbeutet, teils noch in Reserve liegend, dazu Geschütze aller Art und dergleichen mehr.

2. (1) Mahmut aber rückte danach mit dem Heer zusammen mit Amares ins Innere der Peloponnes gegen

die abtrünnigen Festungen und diejenigen Peloponnesier vor, die sonst irgendwie aufsässig geworden waren, und in wenigen Tagen unterwarf er sowohl die Festungen als auch die übrigen Ortschaften alle, indem er sie teils im Sturm mit Waffengewalt, teils auch durch Überredung auf seine Seite brachte.

Übertritt von Argos auf die Seite Mahmuts, Aussiedlung der Argiver nach Byzanz und Zerstörung von Argos

(2) Danach aber gelangte er nach Argos, einer Stadt der Venezianer, lagerte sich vor der Stadt und bot ihren Bewohnern Verhandlungen über ihre eigene Auslieferung und die der Stadt an. Als nun die Argiver das riesige Heer sahen, das ihre Stadt ringsum eingeschlossen hatte, und wie schwach und leicht anzugreifen ihre ganze Mauer war, und da sie sich auf keinerlei Hilfe von irgendeiner Seite stützen noch überhaupt eine solche erwarten konnten, und weil sie befürchteten, sie könnten im Sturm durch Waffengewalt eingenommen werden und umkommen, da übergaben sie kampflos sich selbst und die Stadt Mahmut, nachdem sie von diesem die entsprechenden Garantien erhalten hatten. (3) Dieser aber siedelte sie alle mitsamt ihren Frauen und Kindern und all ihrer Habe heil und unversehrt nach Byzanz aus, die Stadt aber machte er dem Erdboden gleich.

Nachdem er aber alles auf der Peloponnes gut und nach seinem Willen geregelt und als Besatzungen in alle Festungen die kampftüchtigsten Männer aus der Hofgarde des Sultans eingesetzt und das, was sich sonst irgendwie aufgelehnt hatte, befriedet und alles Amares übertragen hatte, nahm er selbst die auf dem Isthmos lebend gefangengenommenen Männer und diejenigen Venezianer, die er in den Festungen vorgefunden hatte, vor allem aber auch diejenigen Peloponnesier, die aufsässig geworden waren, und dazu noch etwas Beute mit sich und kehrte – es war bereits tiefer Winter (1463/64) – in

die Stadt des Konstantin zurück. (4) Der Sultan aber siedelte die Argiver sämtlich | im Bezirk des sogenannten 184
Peribleptos-Klosters[1] an, indem er ihnen Häuser, Weingärten und Felder gab. Die vorhin erwähnten gefangenen Feinde aber und die in den Festungen gefangengenommenen sowie die aufständischen Peloponnesier ließ er allesamt töten.

Beachte, wie die Festungen am Hellespont von Yakup vollendet und gut ausgerüstet und die Meerenge gesperrt wurde

3. (1) In eben diesen Tagen aber vollendete auch Yakup, der Satrap von Kalliupolis, die Festungen am Hellespont und legte eine Besatzung hinein, ließ eine gewaltige Menge an Waffen hineinschaffen und steinschleudernde Geschütze und Wurfmaschinen aufstellen, wodurch er jeweils die Einfahrt und Ausfahrt der (die Meeresengen) hinauf- und hinabfahrenden Schiffe hindern konnte, wann und bei welchen er es wollte. Und auch alles übrige führte er nach den Anweisungen des Sultans aus.
(2) Und damit war ein großes, unvergleichliches und sehr bemerkens- und staunenswertes Werk vollbracht worden, wie es weder irgendeiner der alten Griechen noch einer der Großkönige und Feldherren aus früherer Zeit, der Römer und Perser meine ich, jemals geplant noch, wenn er es plante, auch durchzuführen vermocht hat, nämlich das nördliche vom südlichen Meere abzuschneiden und völlig abzuriegeln und es somit für alle, die hinauf- oder hinabfahren wollen, unzugänglich und unbefahrbar zu machen, außer für die, die seine Zustimmung hätten, indem er die Festungen auf beiden Seiten dort gleichsam wie Tore errichtete und steinschleudernde Geschütze aufstellte, durch welche selbst die größten Trieren und Lastschiffe schon von weitem in Schrecken versetzt werden und auch jedes andere Fahrzeug, ob klein oder groß. Denn kaum daß sie sich nur nähern, werden sie schon zerschmettert und vernichtet von den

gewaltigen aus den Geschützen abgefeuerten Steinen, als ob sie es mit Skylla und Charybdis zu tun hätten.

(3) Denn zwar hat Xerxes dereinst eben diesen Hellespont überbrückt, aber mit Pontons und einer Brücke aus Holz[2], die nicht einmal den Angriffen der Winde und des Meeres lange hätte standhalten können und in der Tat auch nicht standgehalten hat. Und auch der Angriff einer feindlichen Streitmacht hätte sie leicht mit Gewalt zerstören können. Hier aber gibt es nichts dergleichen noch kann etwas Derartiges geschehen. Denn weder Meeresfluten und einfallende Winde noch ein Angriff einer gegnerischen und feindlichen Streitmacht können
185 diese Absperrung ganz versenken | oder ihr auch nur in irgendeiner Weise Gewalt antun. So uneinnehmbar und stark war diese Verbindung und dieser Brückenschlag.

Beachte, wie der König der Paioner nach dem Abzug des Sultans gegen Iaitza zu Felde zog und die Stadt einnahm, da ihre Bewohner sie ihm durch Verrat preisgaben; ebenso bekam er auch einige der übrigen Festungen durch Kapitulation in seine Hand.

4. (1) Im selben Winter (1463/64) aber zog auch der König der Paioner und Daker[1] gegen das Land der Dalmater und Bostrer zu Felde, welches der Sultan erst jüngst unterworfen hatte, um es, wenn möglich, zu besetzen und die in ihm gelegenen Festungen, vor allem Iaitza, unschädlich zu machen, indem er die Besatzungen des Sultans verjagte. (2) Denn als das Schlimmste von allem, als größter Schaden für sein Land und offensichtliche Zerstörung seiner Herrschaft erschien ihm die Besetzung dieses Landes und der in ihm gelegenen Festungen durch den Sultan, da es günstig im Hinblick auf sein eigenes Land liegt und von allen Seiten an das Land der Paioner angrenzt und daher sehr geeignet ist, um von dort aus Paionien zu überfallen. (3) Nachdem er es also mit einem ausreichend großen Heer und gut gerüstet angegriffen

hatte, brachte er sogleich die Mehrzahl der Festungen zum Abfall vom Sultan, indem er die einen durch Überredung und Verhandlungen, andere durch Furcht und Drohungen auf seine Seite brachte, manche aber auch, indem er sie durch Waffengewalt unterwarf. Als er aber nach Iaitza kam, nahm er auch diese Stadt kampflos ein, da ihre Bewohner in Aufruhr waren und sich gegenseitig niedermetzelten und freiwillig auf seine Seite übertraten. Nachdem er aber nur wenige Tage dort verbracht, eine starke Besatzung in die Stadt und die übrigen Festungen gelegt hatte, gepanzerte und kampftüchtige Männer, Waffen und Getreide in sehr großer Menge hatte hineinschaffen lassen, kehrte er nach Hause zurück. So weit also dieser.

5. (1) Als aber der Sultan davon erfuhr, nahm er die Nachricht übel auf. Und er traf daher sogleich Vorbereitungen, um mit einer starken Streitmacht nicht nur gegen das Gebiet der Bostrer und die abtrünnigen Festungen zu Felde zu ziehen, sondern vor allem auch in das Land der Paioner selbst einzufallen. Nachdem er also ein riesiges Heer, Reiterei und Fußtruppen, gesammelt und viele Waffen und steinschleudernde Geschütze und Wurfmaschinen zusammengebracht und sich den Winter über mit allem zur Verfügung stehenden Material gut ausgerüstet hatte, rückte er, als der Frühling (1464) eben
anbrach, gegen sie aus. | 186

Zweiter Kriegszug des Sultans gegen die Paioner und Bostrer

(2) Er brach also aus der Stadt des Hadrian mit dem gesamten Heer, Reiterei und Fußtruppen, auf, wobei er zugleich auch die Geschütze und eine große Menge an Bronze und Eisen[1] mit sich führte, und gelangte zum Land der Bostrer. Und dort angekommen, hielt er es für richtig, als erstes nach Iaitza zu ziehen und sich an dieser

Stadt zu versuchen, ob es ihm gelänge, sie entweder durch Kapitulation oder durch Waffengewalt in seine Hand zu bekommen und danach dann gegen die übrigen Festungen vorzurücken.

Zweite Belagerung von Iaitza

(3) Nachdem er also dorthin gezogen war und vor der Stadt ein Lager aufgeschlagen hatte, bot er ihren Bewohnern zunächst Verhandlungen über ihre eigene Auslieferung und die der Stadt nach Empfang entsprechender Garantien an. Als er sie aber nicht überreden konnte, verwüstete und brandschatzte er als erstes das gesamte Land außerhalb der Stadt, dann ließ er vor der Stadt eine Palisade errichten, schloß sie ringsum mit dem Heer ein, setzte Geschütze gegen sie an und belagerte sie. Und einige Tage lang, nicht sehr lange, ließ er die Mauer durch die Geschütze erschüttern und niederreißen. Als ihm aber die Bresche groß genug erschien, traf er Vorbereitungen, die Mauer mit seiner gesamten Streitmacht zu bestürmen.

Erster Ansturm des Sultans gegen Iaitza und Mißerfolg

(4) Nachdem er nun das Heer gut aufgestellt und bewaffnet hatte, unternahm er einen Sturmangriff von allen Seiten her. An der Mauerbresche aber postierte er sich selbst zusammen mit seiner Garde und der Kerntruppe des Heeres, ich meine den Schwerbewaffneten, Bogenschützen, Schleuderern und vor allem den Gewehrschützen. Kaum hatten nun die Soldaten das Signal bekommen, da erhoben sie ein lautes und Schaudern erregendes Kriegsgeschrei und stürmten mit großer Begeisterung und Kampfeseifer im Laufschritt gegen die Mauerbresche vor und versuchten mit Gewalt, sie zu erklimmen. (5) Doch die Paioner begegneten dem Ansturm auch ihrerseits mit großer Kühnheit und Kampfes-

kraft unter unartikuliertem Geschrei und Gebrüll. Und es entbrannte da ein heftiger Kampf Mann gegen Mann und ein gewaltiges Ringen und großes Gedränge, ein unentwirrbares Geschrei und Fluchen auf beiden Seiten und ein nicht geringes Gemetzel, da beide Seiten heldenhaft kämpften, die einen, indem sie mit Gewalt hineindrängten und die Stadt einnehmen wollten, die anderen, indem sie diese abzuwehren und ihren Besitz zu schützen suchten, ich meine ihre Kinder, Frauen und was ihnen das Wertvollste war. (6) Und bald brachten die Schwerbewaffneten die Paioner in Bedrängnis und gewannen die Oberhand und bestiegen die Mauer, bald wieder wurden
sie | von den Paionern zurückgedrängt und gewaltsam 187
vertrieben. Und es starben dort nicht wenige, die kämpften und fielen. Und dies währte lange genug, da beide Seiten tapfer kämpften. Dann aber gewannen die Paioner klar die Oberhand, und es erging den arg bedrängten Schwerbewaffneten sehr übel, und es fielen dort von ihnen viele tüchtige und tapfere Männer. (7) Als aber der Sultan sah, wie übel es seinen Männern erging und wie sie fielen, da war er sehr bekümmert, ließ für dieses Mal zum Rückzug blasen und gab Befehl, sich außer Schußweite zu begeben. Und so zogen sie sich zurück.

Zweiter Ansturm und Mißerfolg

Danach aber, nachdem er das Heer einige Tage hatte ausruhen lassen und nachdem er es gut bewaffnet und ausgerüstet hatte, bestürmte er die Stadt ein zweites Mal mit Macht (und er selbst schritt in vorderster Linie voran), nachdem er sehr zahlreiche und wertvolle Kampfpreise ausgelobt, teils auch öffentlich ausgestellt hatte sowie auch Ehrenstellungen und Vergünstigungen in großer Zahl für diejenigen, die als erste die Mauer besteigen würden, außerdem auch die Plünderung und Ausraubung von allem, was in der Stadt war, proklamiert hatte. (8) Und die Soldaten erhoben ein lautes und

Schaudern erregendes Kriegsgeschrei und stürmten sogleich wie Vögel ungestüm und im Laufschritt ohne jede Schlachtordnung und in wildem Durcheinander ohne Überlegung gegen die Mauer an und versuchten, sie zu besteigen, die einen, indem sie Leitern ansetzten, die anderen, indem sie Taue an ihr befestigten, andere wieder, indem sie Pflöcke in die Mauer trieben, und wieder andere, indem sie auf irgendeine andere nur mögliche Weise sich den Zutritt zu erzwingen suchten. Denn da der Sultan zugegen war und das Geschehen beobachtete und die Begeisterung und den Eifer jedes einzelnen, seine Kampfstärke, Tapferkeit und Disziplin im Kampf, und da sie sehr wertvolle Kampfpreise damit zu erringen hofften, waren sie nicht zaghaft, sondern ein jeder wollte der erste sein, der erste, der die Mauer erklomm, der erste, der einen Paioner tötete, und der erste, der das Feldzeichen auf der Mauer und der Brüstung aufpflanzte. (9) Die Paioner aber traten ihnen mit starker Kampfkraft und großer Kühnheit entgegen, mit Ungestüm und Schnelligkeit, wobei sie unartikuliert brüllten, und hielten ihrem Ansturm tapfer und kraftvoll stand. Und da entstand ein heftiger und schauerlicher Kampf, wie keiner ihn je bei der Bestürmung einer Mauer gesehen oder je von einem solchen gehört hat, vor
188 allem an der Mauerbresche. |

Beachte den heftigen Kampf

Denn berauscht von der Schlacht und sich ganz und gar ihrer Erbitterung und Wut hingebend und geradezu die menschliche Natur vergessend, mordeten und erschlugen sie sich gegenseitig erbarmungslos, indem sie schossen und beschossen wurden, verwundeten und verwundet wurden, töteten und getötet wurden, schrien, verhöhnten und verfluchten und dabei überhaupt nichts von dem wahrnahmen, was um sie war oder vor sich ging, wie es Rasende tun. (10) Es fielen nun viele tüchtige Männer im

Kampf, sowohl von den Schwerbewaffneten als auch von Angehörigen der Hofgarde des Sultans, da diese sich am wenigsten schonten und besonders bei ihrer Ehre gepackt waren, da sie den Sultan vor Augen sahen; denn er kämpfte mit ihnen zusammen. Die Paioner aber obsiegten überall deutlich, da sie von oben kämpften und aus der Höhe schossen und da sie sehr wacker fochten. Denn sie waren allesamt tapfere und kampfstarke Männer, ausgewählt aufgrund ihrer Tüchtigkeit.
(11) Als aber der Sultan sah, wie seine Männer in Scharen aufgerieben wurden und das Unternehmen überhaupt nirgendwo mehr voranging, sondern es so gut wie unmöglich wurde, die Stadt durch Krieg und Waffengewalt im Sturm zu erobern, dies vielmehr allein durch Aushungern und eine lange Belagerung möglich wäre, gab er dem Heer das Zeichen zum Rückzug. Und so begaben sie sich außer Schußweite. (12) Nachdem sich nun der Sultan ins Lager zurückgezogen hatte, traf er Vorbereitungen, für die Stadt ein ausreichend großes Heer zurückzulassen, welches diese belagern und darüber wachen sollte, daß nichts von drinnen herausgeschafft oder von draußen hineingebracht werde, selbst aber mit dem restlichen Heer in das übrige Land zu den abtrünnigen Festungen, vor allem aber auch in das Land der Paioner einzumarschieren.

Marsch des Königs der Paioner gegen den Sultan

6. (1) Währenddessen erreichte ihn aber eine Nachricht, die besagte, daß der König der Paioner ein riesiges Heer versammelt habe und bereits im Begriff sei, gegen ihn zu ziehen. Denn kaum hatte dieser vom Einfall des Sultans ins Land der Bostrer und der Belagerung der Stadt Iaitza erfahren, da sammelte er ein großes Heer, rüstete sich mit allen ihm zur Verfügung stehenden Mitteln gehörig aus und rückte gegen den Sultan aus in der Meinung, daß er auf diese Weise entweder die Belagerung der Stadt

aufheben werde, wenn er den Sultan und dessen Heer auf sich ablenkte, oder daß sich dessen Heer für Feldschlacht und Belagerung teilen und der Sultan so ein schwächerer Gegner im Kampf für ihn sein werde. Doch darin
189 täuschte er sich. (2) Denn als der Sultan dies erfuhr, | erachtete er es als notwendig, selbst vor Iaitza zu bleiben, indem er es belagerte, und auf keinen Fall von der Stadt abzulassen, vielmehr sandte er Mahmut mit einem genügend großen Heer, Reiterei und Fußtruppen, und einem nicht geringen Teil seiner Garde gegen den König der Paioner ins Feld. Denn er selbst hielt es nicht für richtig, sich mit diesem in einen Kampf einzulassen.

(3) Mahmut aber nahm das Heer und legte den Weg in Eilmärschen zurück. Und als er in unmittelbarer Nähe der Feinde angekommen war, ließ er das Heer dort lagern. Der Abstand zwischen den beiden Lagern aber betrug etwa 25 Stadien, so daß sie einander sehen konnten, es trennte sie aber voneinander der mitten zwischen ihnen hindurchfließende Erygonfluß, der in der Landessprache heute Brynos[1] genannt wird. Denn hier, auf der anderen Seite des Flusses, hatte der König der Paioner sein Lager aufgeschlagen. (4) Mahmut nun wollte den Fluß überqueren und den Paionern ein Treffen liefern, der Sultan aber hielt ihn durch einen Boten davon zurück, indem er sagte, daß zum gegenwärtigen Zeitpunkt keinerlei Notwendigkeit für die Überquerung des Flusses bestehe, sondern es genüge, wenn er dort bleibe und aufpasse, was bei den Feinden vor sich gehe. Mahmut also verhielt sich ruhig und beobachtete die Bewegungen der Feinde.

(5) Als der Herrscher der Paioner aber erkannte, daß der Sultan die Stadt weiter belagerte und keineswegs wieder von ihr abließ und daß Mahmut ihm mit einem gewaltigen Heer auflauerte, verlor er jede Hoffnung, der Stadt offen helfen zu können, und ließ daher heimlich durch einen Boten den in ihr Eingeschlossenen mitteilen, daß sie standhalten und keinesfalls kapitulieren sollten, da

der Sultan in Kürze wieder abziehen werde, und daß auch er seinerseits sie nicht vergessen werde, sondern im richtigen Augenblick und, wenn die Lage es dringend erfordere, nach Kräften helfen wolle, da er sich irgendwo in ihrer Nähe aufhalte. Das nun (sagte er zu) ihnen.

Rückzug des Königs der Paioner und seine überstürzte und schimpfliche Flucht, als Mahmut ihn verfolgte

Er selbst aber zündete des Nachts sein Lager an und machte sich mit seinem Heer auf und davon. (6) Als Mahmut aber dessen gewahr wurde, überquerte er rasch den Fluß und setzte ihnen in Eilmärschen nach. Und als er sie eingeholt hatte, griff er die zahlenmäßig nicht eben kleine Nachhut des Heeres, die zum Schutz des Trosses eingesetzt war, an, schlug sie in die Flucht und verfolgte sie dann, bis sie das übrige Heer erreicht hatten. Als diese aber so plötzlich heranstürmten, brachten sie das Heer und den König in Verwirrung, und es kam zu einer heftigen Flucht, da alle zugleich überstürzt und in wildem Durcheinander kopflos flohen. (7) Mahmut aber setzte ihnen nach und tötete und mordete erbarmungslos. Und nachdem er sie ein gutes Stück weit verfolgt und ein großes Blutbad angerichtet und viele auch lebend
gefangengenommen hatte, kehrte er um und kam | mit 190
ihrer gesamten Ausrüstung, mit Wagen, Waffen, Pferden und den Troßknechten selbst zum Sultan. Von den Feinden waren sehr viele gefallen, aber auch etwas weniger als zweihundert waren lebend gefangengenommen worden. Sie führte der Sultan später nach Byzanz und ließ sie allesamt töten.

(8) Dieser aber führte die Belagerung der Stadt noch einige wenige Tage lang fort und versuchte auf vielfältige Weise, sie einzunehmen. Als er jedoch nichts ausrichtete, gab er die Hoffnung auf, sie erobern zu können, und wandte sich mit dem Heer den übrigen Festungen zu, brachte sie in wenigen Tagen in seine Gewalt und setzte

in allen, die ihm tauglich erschienen, starke Besatzungen ein, einige aber machte er auch dem Erdboden gleich. Die männlichen Bewohner ließ er töten, Kinder und Frauen machte er zu Sklaven. (9) Und nachdem er auch den größten Teil des übrigen Landes, aber auch nicht wenig vom Lande der Paioner verheert und so viel Beute wie er nur konnte für sich selbst weggetrieben und auch unter das Heer verteilt und einen Satrapen für das Land zurückgelassen hatte, kehrte er, als der Sommer (1464) bereits zu Ende ging, in die Stadt des Konstantin zurück und entließ das Heer. Und soweit nun der Sultan.

Kriegszug der Venezianer gegen Lesbos mit siebzig Schiffen

7. (1) Die Venezianer aber unternahmen im selben Sommer einen Kriegszug gegen Lesbos und Mitylene mit siebzig Trieren, großen Frachtschiffen und dreitausend Schwerbewaffneten, die sie an Deck hatten. Sie brachten aber auch viele Waffen auf den Frachtschiffen mit und steinschleudernde Geschütze, Wurfmaschinen und Leitern und alles, was sonst noch an Material für einen Belagerungskampf erforderlich ist. (2) Und als sie Lesbos erreicht hatten, gingen sie im Hafen von Mitylene vor Anker, verließen die Schiffe und schlugen vor der Stadt ein Lager auf und boten den Bewohnern der Stadt Verhandlungen über ihre eigene Auslieferung und die der Stadt an. Diese akzeptierten jedoch diesen Vorschlag nicht. Denn es befanden sich in der Stadt als Besatzung vierhundert ausgewählte gepanzerte Männer aus der Hofgarde des Sultans.

(3) Jene verwüsteten nun zunächst einen Teil des Landes (sie wollten nämlich nicht das ganze Land zerstören, da sie es einzunehmen hofften), danach aber schlossen sie die ganze Stadt ringsum ein, auf der Landseite mit dem Heer, auf der Seeseite mit den Schiffen, setzten Geschütze gegen sie an und belagerten sie. (4) Und zwar konnten sie nun tagsüber jeweils ein kleines Stück der Mauer mit

den Geschützen zertrümmern und niederreißen, doch richteten die Bewohner der Stadt dieses des Nachts wieder auf, indem sie Steine, Holz und Erde aufschütteten. Außerdem brachten sie auch große Balken herbei und verstärkten die Mauer durch eine Palisade. Einige
davon aber hängten sie auch | an Ketten auf und 191
milderten so die Wucht der Steine, und diese richteten daher keinen so großen Schaden an.

(5) Es fanden aber auch täglich Scharmützel und Ausfälle von seiten der Leute des Sultans statt, welche die Venezianer angriffen. Allerdings wurde dabei niemand getötet, sondern es wurden viele verwundet. Sie unterminierten auch die Mauer an einigen Stellen, indem sie unterirdische Gänge zur Stadt gruben, brachten Leitern an ihr an und bereiteten alle möglichen Maschinen vor.

(6) Es traten aber auch zwei der übrigen befestigten Ortschaften zu ihnen über; und sie hegten bereits die größten Hoffnungen, auch Mitylene und das gesamte übrige Lesbos in ihre Hand zu bekommen und zu unterwerfen. Und so nun stand es bei diesen.

Auslaufen der Flotte des Sultans gegen die Flotte der Venezianer vor Lesbos

(7) Kaum aber hatte der Sultan von dem Angriff der venezianischen Flotte gegen Mitylene und dessen Belagerung erfahren, und auch, daß es in Gefahr war, von ihnen erobert zu werden, falls es nicht schnellstens Hilfe bekäme, da bemannte er in Windeseile 110 Trieren, ließ eine große Zahl von Schwerbewaffneten, Waffen aller Art sowie Wurfmaschinen an Bord bringen, rüstete sie mit allen ihm zur Verfügung stehenden Mitteln aus und bewaffnete sie gut und übergab dann die Flotte Mahmut Paşa, mit dem Befehl, so schnell wie möglich zu segeln und den Schiffen der Feinde eine Schlacht zu liefern, wo immer diese sich befänden. (8) Dieser stach nun von Byzanz aus in See, fuhr durch den Hellespont und lief am zweiten Tage in Kalliupolis ein. Und als er dort die

Nachricht erhielt, daß vier Trieren der Feinde als Patrouillenschiffe im Hafen von Tenedos lagen, die sogar bis zur Einfahrt der Meerenge hinüberfuhren, um diesen Meeresabschnitt auszukundschaften, und dann wieder umkehrten, lief er unverzüglich des Nachts noch mit der gesamten Flotte aus Kalliupolis aus, damit er nicht gesehen und nicht sein Kommen dadurch bekannt werde. Und mit günstigem Wind erreichte er bei Tagesanbruch Tenedos.

Aufbringen zweier der vor Tenedos liegenden Patrouillenschiffe der Venezianer

(9) Und er traf die Trieren tatsächlich im Hafen ankernd an. Und zwei von ihnen konnte er mitsamt ihrer Besatzung an der Einfahrt des Hafens abfangen (denn es war ihnen nicht mehr gelungen, vorher hinauszufahren), die beiden anderen aber waren zuvor noch aufs Meer hinausgefahren und konnten mit knapper Not entkommen. Es waren aber zwei der sehr schnell fahrenden Schiffe, und nach eiligster Fahrt erreichten sie Mitylene und meldeten ihren Admirälen das Anrücken der Flotte des
192 Sultans und die Aufbringung der zwei Schiffe. |

Überstürzte Flucht der Flotte der Venezianer aus Lesbos, als sie erfuhren, daß die Flotte des Sultans gegen sie anrückte

(10) Als sie dies gehört hatten, wurden sie von der Nachricht wie von einem Blitz getroffen, ließen alles dort stehen und liegen, Geschütze, Waffen und ihre ganze sonstige Ausrüstung, bestiegen Hals über Kopf in wildem Durcheinander und ohne jede Überlegung die Trieren, nahmen auch die Männer, Frauen und Kinder aus den Festungen, die zu ihnen übergetreten waren, mit sich an Bord und lichteten die Anker etwa acht Stunden, wie berichtet wird, bevor die Flotte des Sultans Mitylene erreichte.

(11) Als aber Mahmut in Mitylene angelangt war und erfuhr, daß sie kurz zuvor abgefahren waren, verfolgte er

sie eilends. Und als er das offene Meer erreicht hatte, konnte er gerade noch sehen, wie sie auf Lemnos landeten. Da gab er ihre Verfolgung auf und kehrte nach Mitylene zurück. Und nachdem er sich dort vier Tage lang aufgehalten, die Verhältnisse dort alle gut geregelt und eine ausreichende Besatzung, Waffen und viel Getreide und alles, was die Stadt sonst noch brauchte, zurückgelassen hatte, kehrte er, als der Herbst bereits zu Ende ging, nach Byzanz zurück und löste die Flotte auf. Und so vollendete sich das insgesamt 6972. Jahr (1463/64), das vierzehnte Regierungsjahr des Sultans.

Siehe ein Schreckenszeichen

8. In eben diesen Tagen aber wurde auch eine außergewöhnliche Himmelserscheinung beobachtet. Zur hohen Mittagszeit nämlich verfinsterte sich die Sonne, die ungetrübt und wolkenlos schien, in einem plötzlichen Wechsel und wurde dunkel, und ihr Aussehen veränderte sich, und sie nahm die Farbe von dunklem Kupfer an und wurde ganz und gar finster und schwarz, nicht in der gewohnten Weise wie bei den Sonnenfinsternissen (denn es war keine Sonnenfinsternis damals[1]), sondern auf eine andere noch nie dagewesene Art, gleichsam wie wenn ein Nebel oder eine dichte, dunkle Wolke sie überziehe und überschatte, und sie blieb so insgesamt drei Tage und ebenso viele Nächte lang, und es haben sie auch alle so gesehen. Dies erschien allen als eine bedeutsame Himmelserscheinung und ein offenkundiges göttliches Zeichen, welches großes Unheil für die Zukunft ankündigte, was dann wenig später ja auch eintraf. Und soviel nun
hierüber. | 193

Beachte, wie der Bau der Residenz des Sultans seine Vollendung fand

9. (1) Der Sultan nun, der in Byzanz überwinterte (1464/65), kümmerte sich sowohl um alle übrigen Ange-

legenheiten, ich meine diejenigen, die die Besiedlung und die Ausstattung und Ausschmückung der gesamten Stadt betrafen, vor allem aber vollendete er seine Residenz, ein Wunder an Schönheit und in keinem Punkte hinsichtlich dessen, was das Auge erfreut und der Lustbarkeit dient, was Ausstattung und Schönheit betrifft, hinter den berühmten und prächtigen und auch schon altehrwürdigen Bauten und Sehenswürdigkeiten zurückbleibend. Es waren nämlich in ihr hoch aufragende, schön und stattlich angelegte Türme erbaut worden, Männer- und Frauengemächer, Ruheräume, Speisesäle und Schlafräume, Gemächer in riesiger Zahl und schönster Ausstattung und verschiedene kleine Pavillons, außerdem Vorhäuser, Höfe und Vorhöfe, Tore und Portikos, Küchen und bemerkenswerte Bäder und eine riesige Mauer, die alles umfriedet. (2) All dies ist, wie ich schon sagte, zugleich farbenprächtig und schön, stattlich und kostbar angelegt, und es erglänzt ringsum von allen Seiten und erstrahlt von viel Gold und Silber, innen wie außen, und ist geschmückt mit dem wechselnden Glanz und dem bunten Farbenspiel von durchscheinenden Steinen und Marmorplatten, welche durch ihren Schimmer, ihre Glätte und ihre Durchsichtigkeit hervorstechen, und es ist in allen Stücken mit allererster und bester Kunstfertigkeit ehrgeizig gearbeitet, mit allem, was es nur an höchster und schönster Qualität in der Steinmetz-, der Bildhauer- und in der Malkunst gibt. Außerdem ist alles mit einer großen Menge Blei bis tief ins Gemäuer hinein ganz und gar abgedichtet und überall dicht besetzt und bedeckt und durch unzählige andere prächtige und schöne Dinge verziert und geschmückt. (3) Doch nicht nur dies, sondern es sind auch rings um den Palast weit ausgedehnte, herrliche Gärten angelegt, in welchen die verschiedensten Pflanzen aller Art in üppiger Fülle wachsen und Früchte aller Jahreszeiten gedeihen, überall reichlich frisches und klares trinkbares Wasser fließt und wunderschöne Haine und Wiesen sich anmutig breiten, außerdem überall auch Scharen von eßbaren und von Singvögeln zwitschern und tirilieren und Herden von zahmen und wilden Tieren sich nähren. Und sie sind mit vielen anderen schönen Dingen verschiedenster Art geschmückt und üppig ausgestattet, die zugleich zur Zierde und Ergötzung, zur Lustbarkeit und zum Vergnügen dienen. So großzügig und aufwendig war dies alles vom Sultan ausgestaltet worden. | 194

10. (1) Nachdem also der Sultan hiermit den Winter zugebracht hatte, rüstete er, als der Frühling (1465) eben anbrach, zu einem Feldzug und traf dafür auch Vorbereitungen. Als er jedoch merkte, daß die Soldaten und auch seine Hofgarde unwillig waren, da sie sich in schlechter Verfassung befanden und äußerst erschöpft waren durch die häufigen und weiten Expeditionen und Feldzüge, da sie ständig unterwegs in der Fremde waren und Strapazen auf sich nehmen mußten und dabei all ihr Hab und Gut verloren, körperliche Gesundheit, Vermögen, Pferde und Zugtiere, und in jeder Hinsicht übermäßig beansprucht wurden und zu leiden hatten, da ließ er von seinem Vorhaben ab. Und auch der Sultan selbst war sowohl körperlich als auch geistig völlig erschöpft und aufgerieben von den andauernden und unablässigen Überlegungen und Sorgen und den unaufhörlichen Mühen, Gefahren und Bewährungsproben und bedurfte daher wenigstens eine Zeitlang einer Ruhepause und Erholung. (2) Deshalb hielt er es für angebracht, an Ort und Stelle zu bleiben und sich selbst und das Heer den kommenden Sommer über auszuruhen, damit er dann in Zukunft mit umso frischeren und bereitwilligeren Streitkräften an seine übrigen Unternehmungen herangehen könne.

Beachte, wie der Sultan das Heer auf vielfältige Weise beschenkte

Nachdem er also diesen Entschluß gefaßt hatte, entließ er das übrige Heer, nachdem er es mannigfach beschenkt hatte, indem er den einen Pferde, den anderen Gewänder, anderen wieder Geld und wieder anderen etwas anderes gab. Die Männer seiner Hofgarde aber, von denen er wußte, daß sie gern Mühen und Gefahren auf sich nahmen und überhaupt gute, tüchtige und brave Kämpfer waren, zeichnete er mit den gebührenden Ehrenstellungen und Ämtern, prächtigen Geschenken und vielen anderen Gütern aus und beförderte sie und ließ sie an Rang aufsteigen aufgrund ihrer Tüchtigkeit.

(3) Und nachdem er diese nun, wie ich eben sagte, auf so vielfältige Weise geehrt und beschenkt hatte, entließ er sie. Er selbst aber verbrachte den Sommer (1465) in Byzanz und kümmerte sich in der gewohnten Weise sehr um die Belange der Stadt, um ihre Besiedlung, meine ich, und ihre sonstige Ausstattung und Verschönerung, indem er sich für all dies sehr einsetzte. (4) Er widmete sich aber auch der Philosophie, der arabischen, persischen und vor allem der griechischen, soweit sie ins Arabische übersetzt worden war, indem er täglich mit den führenden Männern und Lehrern auf diesem Gebiet Umgang pflegte (und er hält nicht wenige von diesen an seinem Hof) und zusammen mit ihnen Probleme untersuchte
195 und erörterte und sich mit den | philosophischen Lehrmeinungen befaßte, vor allem mit denen aus dem Peripatos und der Stoa.[1]

Beachte, wie der Philosoph Georgios auf Anweisung des Sultans die gesamte von Ptolemaios aufgezeichnete geographische Gestalt der Welt in einer einzigen Karte zusammenfaßte

(5) Als er aber zufällig auch auf die Karten des Ptolemaios[2] stieß, auf welchen jener mit wissenschaftlicher und philosophischer Einsicht die gesamte geographische Gestalt der Welt und ihren Umriß darstellt, wollte er diese zunächst einmal, da sie in dem Buch in lauter kleine Teile zerlegt ist und man sich schwer hindurchfinden kann, auf eine einzige Leinwand übertragen lassen, zusammenge-

faßt in einem Stück und auf einer Karte, da sie auf diese Weise klarer erkennbar sei und es einem leichter falle, sie sowohl im Ganzen geistig zu erfassen als auch sich einzuprägen und dann genau zu kennen. Denn ihm schien dieses Wissen notwendig und sehr wichtig zu sein. (6) Er ließ also Georgios, den Philosophen[3], zu sich kommen und übertrug ihm die schwierige Durchführung dieser Aufgabe, ein seiner Würde und Größe als Sultan angemessenes Unternehmen. Und dieser unterzog sich ihr gern und war dem Vorhaben und Geheiß des Sultans bereitwillig zu Diensten. Und er nahm also das Buch zur Hand[4], und nachdem er sich den ganzen Sommer hindurch damit beschäftigt, es eingehend studiert und sich eine ausreichende Kenntnis von ihm verschafft und das in ihm enthaltene Wissen in sich aufgenommen hatte, zeichnete er in vortrefflicher Weise und mit großem Sachverstand die Gesamtdarstellung der Erde, sowohl der Landmasse als auch des Meeres, in einem Stück und auf einer Karte, ich meine Flüsse, Seen, Inseln, Gebirge, Städte und schlechthin alles, indem er auch Richtmaße, Maßstäbe und Entfernungen und alles übrige darauf verzeichnete, so daß man die richtige Kenntnis davon erhielt. Und er übergab dem Sultan damit ein Studien- und Lehrwerk, welches für alle wissenschaftlich interessierten, lernbegierigen und der höheren Kultur gegenüber aufgeschlossenen Menschen dringend notwendig und nützlich ist. (7) Er gab aber auch in arabischer Sprache die Namen der Länder, Gebiete und Städte auf der Karte an, wobei ihm sein eigener Sohn als Dolmetscher diente, da dieser sowohl in der arabischen wie in der griechischen Sprache gut bewandert war. (8) Über dieses Werk nun war der Sultan hoch erfreut, und er bewunderte Weisheit und reiche Kenntnis des Ptolemaios, aber auch desjenigen, der dieses Werk so anschaulich dargestellt hatte, und er beschenkte ihn daher auf vielfältige und großzügige Weise und befahl, sie sollten das gesamte Buch in arabischer Sprache herausgeben[5],

indem er ihnen große Belohnungen und Geschenke dafür
196 in Aussicht stellte. Und soviel nun hierüber. |

(9) Während nun der Sultan sich mit diesen und ähnlichen Dingen beschäftigte und seine Zeit damit zubrachte, verging der ganze Sommer und auch der Herbst. Und als Sommer und Herbst vergangen waren, vollendete sich das insgesamt 6973. Jahr (1464/65), das fünfzehnte Regierungsjahr des Sultans.

Gründe, die den Sultan veranlaßten, gegen die Illyrer zu Felde zu ziehen

11. (1) Nachdem sich aber der Sultan und das Heer das ganze vergangene Jahr über gut ausgeruht hatten, traf dieser im Winter (1465/66) Vorbereitungen, um mit Frühlingsbeginn in das Gebiet der Illyrer einzufallen. Die Illyrer sind nämlich, wie schon oben gesagt, am Ionischen Meer ansässig und siedeln seit alters her in gewaltigen und überaus hohen Gebirgen, verfügen über sichere und schwer einzunehmende Festungen im Landesinneren und an der Küste und über schwer zugängliche und steil aufragende Plätze, und sie sind von allen Seiten geschützt und abgesichert. Im Vertrauen auf all dies wollten sie selbständig und in jeder Hinsicht frei sein und waren daher nicht bereit, weder dem Vater des Sultans noch dem Sultan selbst wie die übrigen Nachbarvölker einen Jahrestribut zu entrichten oder Soldaten bei den Feldzügen zu stellen oder überhaupt auf ihn zu hören. Und nicht nur das war der Grund, sondern weil sie auch oftmals mit ihrem Herrscher über die Grenze ihres Landes Streifzüge unternahmen und so das an sie angrenzende Gebiet des Sultans dreist verheerten und plünderten.

(2) Es waren zwar auch früher schon sowohl der Sultan als auch dessen Vater vor ihm gegen diese zu Felde gezogen[1], und sie hatten ihr ganzes Land überrannt, geplündert und zerstört, ihre Festungen dem Erdboden

gleichgemacht und große Mengen an Vieh und Sklaven und so viel Beute wie sie nur konnten weggetrieben. Diese aber lenkten zwar damals und solange der Einfall selbst dauerte, wenn sie sahen, wie ihr Land verwüstet und zerstört wurde, ein und schlossen für den Augenblick einen Vertrag, wenig später jedoch wurden sie wieder dreist und plünderten und verwüsteten das Gebiet des Sultans. Und dies taten sie, weil ihnen die Berge und die Unzugänglichkeit des Landes Zuflucht und Schutz boten. Denn da es nur ein oder zwei durch das Gebirge in ihr Land führende Pässe gab, sicherten sie diese mit starken Wachen und hatten auf diese Weise erreicht, daß ihr Land vor dem Einmarsch | von Feinden völlig sicher 197
war und vor Schaden bewahrt blieb, es sei denn, daß etwa eine gewaltige Streitmacht es angriffe und sich des Gebirges und der Pässe gewaltsam bemächtigte und wirklich ein Tor zu diesem Lande öffnete. Gerade das nun hatte der Sultan zu tun beschlossen und hat es dann auch erfolgreich ausgeführt.

Kriegszug des Sultans gegen die Illyrer

(3) Nachdem er also, wie ich schon sagte, den Winter über die erforderlichen Vorbereitungen getroffen hatte, rückte er gleich bei Frühlingsbeginn (1466) mit großer Streit- und Heeresmacht, Reiterei und Fußtruppen, gegen sie aus, wobei er auch Geschütze, Waffen und Baumaterialien, Baumeister und Zimmerleute sowie Werkzeuge für Zimmer- und Bauleute und eine Menge Eisen und Bronze und alles, was sonst noch dazugehört, mit sich führte für einen Mauerbau und die Errichtung einer Festung.

Angriff des Sultans an den Pässen, Kampf, Sieg und Eroberung der Pässe

(4) Er brach also aus der Stadt des Hadrian mit dem gesamten Heer, Reiterei und Fußtruppen, auf und zog

rasch durch sein eigenes Gebiet. Nachdem er aber dieses so schnell wie möglich durchquert hatte und an die Grenze Illyriens gelangt war, ließ er an diesem Tage das Heer dort lagern und griff am nächsten Tag gleich bei Tagesanbruch mit den Leichtbewaffneten, den Bogenschützen, Schleuderern, Lanzenträgern und der leichten Garde die Pässe an, welche die Illyrer stark gesichert hatten, und erst nach heftigem Kampf, Mann gegen Mann, nach starkem Gedränge und Ringen und großer Anstrengung, da die Illyrer ihnen kraftvoll entgegentraten und gegen sie kämpften, schlug er diese in die Flucht und bemächtigte sich der Pässe mit Gewalt, setzte ihnen dann nach und richtete ein großes Blutbad unter ihnen an. (5) Danach aber legte er in die Pässe eine starke Schutztruppe, damit diejenigen, die das Land betreten oder verlassen wollten, nicht von den räubernden Illyrern behelligt würden, und er befahl den Holzfällern und einem Teil der Fußtruppen, ins Land vorzudringen und die mit dichtem Unterholz und Buschwerk bewachsenen und schwer zu passierenden Stellen des Geländes zu roden und zu säubern und die rauhen, holprigen und ganz und gar unbegehbaren Wege zu ebnen und zu glätten und für das ganze Heer breit und eben zu
198 machen, für Reiterei | und Fußvolk, und auch für die lastentragenden Tiere, die Wagen und den übrigen Troß.

Verheerung des gesamten Landes der Illyrer und dessen völlige Zerstörung

(6) Er selbst aber drang mit dem gesamten Heer zunächst in den niedrig gelegenen Teil ihres Landes ein, soweit es eben und für die Reiterei zugänglich war, und verheerte und plünderte dieses ganze Land. Danach aber lagerte er sich immer etappenweise, nahm sich das Gebiet dort besonders vor und verwüstete es, indem er die Feldfrüchte anzündete, abweidete, zerstörte und vernichtete. (7) Die Illyrer aber führten ihre Kinder und Frauen, ihr

Vieh und ihre gesamte sonstige Habe in die hochgelegenen, steilen und schwer zugänglichen Gegenden des Gebirges hinauf. Sie selbst aber besetzten mit Waffen die unwegsamen Geländeabschnitte, die festen Stellungen und die Pässe und ließen sich dort nieder, bereit, sich im Falle eines Angriffs zu verteidigen.

Angriff des Heeres, Kampf und Aufstieg ins Gebirge

(8) Der Sultan aber rückte, nachdem er den ganzen in der Ebene gelegenen Teil ihres Landes verwüstet und zerstört hatte, mit dem gesamten, gut gerüsteten und gut formierten Heer ins Gebirge, ins unwegsame Gelände und auf die starken Bergstellungen vor gegen die Illyrer, ihre Kinder und Frauen und ihre sonstige Habe. Vorn in vorderster Linie ließ er die Bogen- und Gewehrschützen und die Schleuderer Aufstellung nehmen, damit sie die Illyrer mit Gewehren, Bogen und Schleudern beschössen, sie soweit wie möglich zurückdrängten und durch ständigen Beschuß zum Rückzug in höher gelegenes Gelände veranlaßten. Hinter diesen aber ließ er die Leichtbewaffneten, die Lanzenträger und die leichte Garde hinaufsteigen, gefolgt von der gesamten schwerbewaffneten Infanterie.

Siehe das Blutbad unter den Illyrern

(9) Und sie stiegen nun langsam und Schritt für Schritt bis zu einer bestimmten Höhe aufwärts und drängten dabei die Illyrer nach und nach ins höher liegende Gelände zurück. Dann erhoben die Leicht- und die Schwerbewaffneten und die Lanzenträger ein lautes Kriegsgeschrei und stürmten im Laufschritt gegen die Illyrer vor, schlugen sie in die Flucht und verfolgten sie nach Kräften, und wenn sie sie einholten, töteten sie diese, manche | aber nahmen sie auch lebend gefangen. 199
Einige von ihnen stürzten sich auch, bedrängt von den

Schwerbewaffneten, in die schroffen Abgründe und die Felsen hinab und kamen um. Die Schwer- und die Leichtbewaffneten aber und somit das gesamte Heer ergossen sich nun über das Gebirge, das dort gelegene unzugängliche Gelände und die Schluchten, und sie fingen und versklavten die Kinder und Frauen der Illyrer und plünderten alles, was diese bei sich hatten. Doch nicht nur dies, sondern sie trieben auch sehr viele Herden von Weide- und anderem Vieh weg, überrannten und durchsuchten das ganze Gebirge gründlich und trieben so viel Beute von dort weg wie sie nur konnten, Sklaven, Vieh und alles übrige, und brachten alles hinunter ins Lager.

(10) Und es kam eine große Zahl von Illyrern um, die einen im Kampf, die anderen hingegen, nachdem sie lebend gefangengenommen worden waren, auf Befehl des Sultans. Insgesamt aber waren etwa 20.000 Kinder, Frauen und Männer in jenem Gebirge gefangengenommen worden. Die übrigen Illyrer aber hatten sich teils in starke Festungen, teils in andere Gebirgszüge geflüchtet, zusammen mit ihrem Herrscher Alexander.

Vorbeimarsch an Krues

12. (1) Die Illyrer aber hatten dort auch eine völlig unangreifbare und äußerst starke Festung namens Krues, welche denn auch gleichsam eine Akropolis und Warte des gesamten Landes war. Diese hatte schon früher der Vater des Sultans auf vielfältige Weise zu erobern versucht sowohl mit Waffengewalt als auch mit steinschleudernden Geschützen und durch lange Belagerung, aber dennoch hatte er es nicht vermocht, sie einzunehmen. So uneinnehmbar war sie. (2) Als nun der Sultan zu dieser Festung gekommen war und ihre Stärke sah und wie schwer einzunehmen und gänzlich unangreifbar sie war, da hielt er es für völlig sinnlos, ein derartiges Bollwerk anzugreifen und sich erfolglos abzu-

mühen, und er wollte auch nicht das Heer mit zusätzlichen Strapazen belasten und aufreiben, indem er die Stadt in langwieriger Belagerung umzingelt hielt, und dadurch vergeblich Menschen und Geldmittel verlieren, zumal es doch möglich war, die Stadt und das Land auf andere Weise ohne Strapazen und Gefahren in seine Gewalt zu bekommen. (3) Er hielt es deshalb für erforderlich, ein Bollwerk gegen sie zu errichten und hier mitten in ihrem Lande eine starke Festung zu bauen und dann ein ausreichend großes Heer darin zurückzulassen, welches das Land ständig verheeren und plündern und keinesfalls zulassen sollte, daß die Illyrer die Stadt verließen oder von den Bergen herabstiegen und des Winters ihre Feldarbeiten verrichteten oder ihre Herden hüteten oder sie auf die Weiden trieben oder irgend etwas anderes täten, sondern sie sollten ständig eingeschlossen bleiben und drangsaliert werden, so daß sie schließlich zu einer Einigung mit dem Sultan gezwungen würden. | 200

Bau der neuen Festung bei den Illyrern durch den Sultan

(4) Während er nun das Land auf der Suche nach einem geeigneten Ort für den Bau durchstreifte, fand er die Spuren und Grundmauern einer alten Stadt, welche an einem günstigen Punkt des Landes lag und offenbar in alter Zeit eine vortreffliche und sehr schöne Siedlung war. Diese beschloß er aufzubauen.[1] Und nachdem er damit zu Anfang des Sommers (1466) mit vielen Arbeitskräften, Energie und Aufwand und unter seiner, des Sultans, ehrgeiziger Aufsicht begonnen hatte (denn er war überall persönlich bei der Arbeit zugegen, gab für jede Einzelheit persönlich seine Anweisungen und trieb alle zur Eile an, die einen mit Worten, die anderen mit Geld, und machte sie so bereitwilliger zur Arbeit), vollendete er den Bau der Festung, noch bevor der Sommer ganz zu Ende gegangen war, eine bedeutende und staunenswerte Leistung, und er besiedelte sie gut,

indem er für sie so viele Bewohner wie möglich aus den benachbarten Landstrichen, Plätzen und Städten zusammenbringen ließ.
(5) Er ließ aber auch alles Lebensnotwendige und Nahrungsmittel in Hülle und Fülle hineinschaffen und, was sie zu ihrer Bequemlichkeit und überhaupt zu ihrer Unabhängigkeit und ihrem Lebensunterhalt brauchten, reichlich bereitstellen, dazu aber lagerte er auch viele Waffen, steinschleudernde Geschütze und Wurfmaschinen und alles, was sonst für den Krieg an Aufwendungen und Ausrüstung benötigt wird, in sehr großer Menge ein und rüstete die Festung mit allen Dingen gut und in einer Weise aus, als wäre sie nicht damals zum ersten Mal, sondern schon seit vielen Jahren bewohnt, und als wäre sie mit allen nützlichen und notwendigen Gütern reichlich ausgestattet gewesen.
(6) Er ließ aber auch eine ausreichend starke Besatzung in ihr zurück, vierhundert Männer aus seiner Hofgarde, und zwar die kampftüchtigsten und kräftigsten, und als Satrapen für das Land und Feldherrn mit einem genügend großen Heer den besten seiner Leute, einen sehr tüchtigen Strategen, damit er das gesamte Land der Illyrer andauernd und ununterbrochen verheerte und zerstörte und die Stadt Krues belagerte.
(7) Nachdem aber der Sultan dies ausgeführt und sehr viel Beute sowohl an Sklaven wie an Vieh für sich selbst weggetrieben und auch unter das Heer verteilt hatte, kehrte er im Herbst nach Byzanz zurück. Und so vollendete sich das insgesamt 6974. Jahr (1465/66), das
201 sechzehnte Regierungsjahr des Sultans. |

Beachte, wie die Venezianer gegen Patrai in Achaia zu Felde zogen

13. (1) Im selben Herbst aber unmittelbar nach Herbstanfang unternahmen auch die Venezianer einen Kriegszug gegen Patrai in Achaia mit vierzig Schiffen und

zweitausend Schwerbewaffneten, und nach der Landung belagerten sie die Stadt, nachdem sie diese ringsum mit dem Heer eingeschlossen und steinschleudernde Geschütze gegen sie angesetzt hatten. Sie hatten aber auch einige von den Peloponnesiern im Kampf auf ihrer Seite, die vor kurzem vom Sultan abgefallen waren und sich ihnen angeschlossen hatten. Sie belagerten diese Stadt nun viele Tage hindurch, indem sie sie umzingelt hielten und die Mauer mit den Geschützen niederrissen.

Beachte, wie Amares die Venezianer aus dem Hinterhalt angriff, sie in die Flucht schlug und bis zum Meer verfolgte, ein großes Blutbad unter ihnen anrichtete und viele auch lebend gefangennahm

(2) Amares aber, der Satrap der Peloponnes, lag mit einem nicht eben großen Heer außerhalb der Stadt lauernd im Hinterhalt und beobachtete sie und wartete auf einen günstigen Augenblick, um sie unvermutet anzugreifen. Er hatte aber auch Kundschafter, die vom Bus-Gebirge aus alles beobachteten, was im Lager vor sich ging, und ihm davon Meldung machten. Nachdem er also einen günstigen Moment abgepaßt hatte, griff er plötzlich an, überrumpelte sie durch seinen Überraschungsangriff und schlug sie in die Flucht. Dann verfolgte er sie bis zum Meer, indem er sie erbarmungslos tötete und auch lebend gefangennahm, bis er sie, die aufs Haupt geschlagen ohne jede Ordnung und in wildem Durcheinander davonstürzten, in die Schiffe und bis ins Meer hineingetrieben hatte. (3) Es fielen aber, wie berichtet wurde, etwa um die sechshundert Mann (etwas mehr als hundert Mann wurden aber auch lebend gefangengenommen), und nicht wenige von ihnen ertranken auch; denn von den Schwerbewaffneten bedrängt und von allen Seiten getrieben, liefen sie mit den Waffen ins Meer, um die Schiffe schwimmend zu erreichen, und versanken durch das schwere Gewicht der Waffen.

(4) Amares aber nahm den Gefallenen die Waffen ab und

plünderte das ganze Lager aus und erbeutete dabei viel Geld sowie Waffen, Einrichtungsgegenstände und was es sonst an Ausrüstung gibt, er selbst und das Heer. Nachdem er aber die Stadt mit den ihm verfügbaren Mitteln gut ausgerüstet hatte, zog er sich mit den gefangengenommenen Männern und der Beute nach Korinth zurück. Später dann kam er mit der Beute und den Kriegsgefangenen nach Byzanz zum Sultan. Der aber empfing ihn freundlich, beschenkte ihn reich und erwies ihm die gebührenden Ehren, die Männer aber ließ
202 er töten. |

Siehe ein befremdliches Vorzeichen

14. (1) In eben diesen Tagen aber wurde auch ein Glanz am Himmel beobachtet, ein Phänomen von merkwürdiger und noch nie dagewesener Art. Denn etwa um die erste Stunde der Nacht (es war dies eine mondlose Nacht) erstrahlte plötzlich von Mitternacht her aus nördlicher Richtung ein großes, feurig glänzendes Licht, als ginge es von irgendeinem Stern aus, und es erfüllte und erhellte alles mit seinem Glanz wie die Sonne. Dann ergoß es sich von dort aus und bewegte sich auf einer schrägen Bahn in Richtung Süden, gleich einer Feuersäule, indem es völlig gleichblieb und unvermindert weiterstrahlte, vielmehr eher noch anwuchs und größer wurde. Dann hielt es in seiner Bewegung inne und leuchtete an einem festen Punkt etwa eine Stunde lang, und danach zerfiel es dann in kleine Teile, verflüchtigte sich allmählich und verschwand. (2) Diese Erscheinung wurde am Himmel beobachtet. Ob es nun ein Komet oder ein Fackelstern oder irgendein anderes verglühendes Gestirn war, weiß ich nicht, nur daß es Unheil und schlimmes Verderben und Untergang von Menschen anzeigte, was ja auch wenig später eintraf, wie im folgenden deutlich werden wird[1]. Und soviel nun hierüber.

15. (1) Der Sultan aber blieb den Winter (1466/67) in Byzanz und erholte sich von den langen Strapazen, nahm wie gewohnt Verbesserungen an den Einrichtungen der Stadt vor und widmete dem Gotteshaus, das in seinem Auftrag gebaut wurde[2], viel Aufmerksamkeit, spornte die damit Beschäftigten zur Arbeit an und wies die Handwerker und Baumeister an, alles an diesem in großzügiger und prächtiger Manier auszugestalten, da auch er seinerseits keinerlei Aufwand und Kosten für den Bau scheue oder es irgend an Großzügigkeit fehlen lasse. Und so wurde es dann auch in der bestmöglichen Weise gestaltet sowohl hinsichtlich seiner Schönheit als auch seines Grundrisses, seiner Lage, seiner Farbenpracht und seiner Größe.

(2) Im selben Winter aber kam auch eine Gesandtschaft von den Venezianern mit dem Ersuchen um Beilegung der Streitigkeiten und Schließung eines Vertrages auf der Grundlage gleichen Rechts für beide Partner unter Wahrung des jeweiligen Besitzstandes. Der Sultan war jedoch zu diesen Bedingungen nicht dazu bereit, sondern entließ sie mit den Worten: „Geht und faßt einen besseren Beschluß, wenn Ihr wirklich Frieden und einen Vertrag von meiner Seite haben wollt.“ Er forderte nämlich von ihnen die Inseln Imbros und Lemnos, die sie eingenommen hatten, und die Entrichtung eines jährlichen Tributs. | 203

16. (1) Während nun der Sultan damit beschäftigt war, erreichte ihn die Nachricht, daß der Herrscher der Illyrer, Alexander, von den Paionern ein Waffenbündnis erbeten und erhalten und seine eigenen Leute versammelt und dann heimlich aus dem Hinterhalt den dort zurückgelassenen Satrapen des Sultans namens Palapanos, der völlig ahnungslos war, angegriffen habe, während dieser die Stadt Krues umzingelt hielt und belagerte. Und nachdem er diesen mit seinem Überraschungsangriff überrumpelt und in die Flucht geschlagen habe, habe er

ihn verfolgt und viele seiner Leute und auch den Satrapen selbst, der sich taper schlug, getötet. Und jetzt habe er eine große Menge Getreide sowie Waffen und alles übrige, was für ihre Unabhängigkeit und ihren Lebensunterhalt nötig war, in die Stadt schaffen lassen und vor allem auch eine bessere Besatzung hineingelegt für eine lange Belagerung und sei dann abgezogen und habe jetzt das gesamte Umland in seiner Gewalt, da die neue Stadt und die in ihr befindlichen Soldaten eingeschlossen seien.

Zweiter Kriegszug des Sultans gegen die Illyrer

(2) Durch diese Nachricht wurde der Sultan in hellen Zorn versetzt, sammelte unverzüglich sogleich ein großes Heer, Reiterei und Fußtruppen, und nachdem er sich gut vorbereitet hatte (auch war der Winter eben zu Ende gegangen), zog er gleich bei Frühlingsbeginn (1467) gegen ihn zu Felde. Und als er das Gebiet der Illyrer erreicht hatte, überrannte er sogleich das ganze Land, brachte die von ihm abgefallenen Ortschaften dieses Landes in seine Gewalt und richtete ein großes Blutbad unter denen an, die von ihm abgefallen waren, unterwarf und plünderte alles, was ihm in den Weg kam, indem er es anzündete, verwüstete, zerstörte und vernichtete. Er verfolgte aber auch ihren Herrscher Alexander. (3) Dieser zog sich jedoch wieder in die geschützten und steilen Gebirgsgegenden und in seine gewohnten Schlupfwinkel und Zufluchtsorte in den Bergen zurück, da er nicht einmal den Anblick des Heeres ertragen konnte, als sei dies die Gorgo. Der Sultan aber stellte den Soldaten Plünderung und als Beute alle Sklaven, die sie machten, in Aussicht und schickte den größten und kampfstärksten Teil des Heeres zusammen mit Mahmut in die Berge hinauf. Er selbst aber nahm sich mit dem restlichen Heer das übrige Land vor und verwüstete es, indem er immer
204 etappenweise vorrückte und wieder ein Lager aufschlug. |

Beachte, wie die Soldaten das gesamte Gelände im Gebirge durchkämmten und viel Beute wegtrieben

(4) Die Soldaten also, ich meine Schwerbewaffnete, Bogenschützen, Schleuderer und Lanzenträger, stürzten, kaum hatten sie das Zeichen vom Sultan erhalten, sogleich los und stiegen mit ihren Waffen in die hoch aufragenden, rauhen und schroffen Gebirgsgegenden hinauf, als wären sie Vögel, und überrannten alles, als handle es sich um ebenes, für Reiter zugängliches Gelände, da sich ihnen niemand in den Weg stellte, und durchkämmten alles genau und gründlicher als Datis Eretria, wie man sagt[1], Berge, Schluchten, Abgründe, Schlupfwinkel, Grotten, Felsspalten, Höhlen, Löcher und sämtliche unterirdischen Winkel, und selbst in dem ganz steilen und schroffen, wilden und völlig unzugänglichen Gelände blieb ihnen nichts verborgen oder entging ihnen etwas abgesehen von den Festungen und denjenigen, die sich dorthin geflüchtet hatten, sondern sie überrannten schlechthin alles und unterwarfen, versklavten und zerstörten es in insgesamt fünfzehn Tagen. Und sie trieben eine riesige Menge an Beute weg, Sklaven, Männer, Frauen und Kinder, Vieh aller Art, Einrichtungsgegenstände, einfach alles, und schafften diese aus dem Gebirge hinunter ins Lager.
(5) Kaum aber hatte der Herrscher der Illyrer, Alexander, bemerkt, daß das Gebirge vom Heer besetzt worden war, da machte er sich sogleich auf und davon, und niemand erfuhr, wo er sich befand. Der Sultan aber zog, nachdem er das ganze Land verwüstet und zerstört hatte, gegen Krues und lagerte sich, dort angelangt, vor der Stadt, ließ eine Palisade errichten und schloß die Stadt rings mit dem Heer ein, setzte Geschütze gegen sie an und belagerte sie.

Siehe den Beginn der Pestilenz, von wo aus sie hereinbrach

17. (1) In eben diesen Tagen, es war bereits Hochsommer (1467), brach auch die Pestilenz[2] über das gesamte

Thema[3] von Thrakien und Makedonien herein, ausgehend von Thessalien und dessen Nachbarländern (ich weiß nicht, woher sie ursprünglich in diese Gebiete kam),
205 und sie breitete sich schnell aus und suchte | sämtliche Städte und Dörfer dieser Länder im Binnenland und an der Küste heim, griff dann auch auf Asien über und verheerte und entvölkerte die ganze Küste des Hellespont und der Propontis. Danach drang sie ins Binnenland vor und fiel über die Stadt des Prusias her und verwüstete sie und ihr gesamtes Umland, und nachdem sie sich bis nach Galatien ausgebreitet hatte, tat sie ein gleiches mit Galatien selbst.

Siehe großes und furchtbares Leid

(2) Als sie aber in der großen Stadt, ich meine der Stadt des Konstantin, ihren Einzug hielt, was braucht man da noch zu sagen, daß sie unglaubliches Leid über diese Stadt brachte, völlig unfaßlich und unerträglich, wenn man davon hört? Tag für Tag wurden mehr Tote zu Grabe getragen als man hätte zählen können, diejenigen aber, die sie bestatteten, reichten nicht aus für ihr Begräbnis. Denn es war niemand da. Die einen nämlich flohen aus Furcht, selbst dahingerafft zu werden, ohne einen Blick zurückzuwerfen und ohne sich selbst um ihre engsten Verwandten zu kümmern oder sich überhaupt nach ihnen umzuwenden, obwohl diese sie zu wiederholten Malen mit Wehklagen und Jammern bei ihrem Namen riefen, sie aber flohen, indem sie Kranke ohne Pflege und Tote ohne Bestattung zurückließen. Die anderen aber waren selbst von der Krankheit befallen und rangen schwer mit dem Tode und konnten nicht einmal sich selber helfen. (3) Manche anderen wiederum schlossen sich auch in ihre Gemächer ein und blieben dort, ohne vor die Tür zu kommen, und viele von ihnen starben dort und lagen zwei und auch drei Tage lang unbestattet, da man oftmals nichts von ihnen wußte. Die Menschen wurden aber auch bestattet, indem sie zu zweit

und zu dritt und oft auch zu mehreren in ein Grab gelegt wurden. Und wer heute den einen bestattete, erfuhr dasselbe morgen selbst von einem anderen, Bischöfe und Priester aber reichten nicht aus für die Begräbnisse, für Gesänge und Gebete bei der Grablegung und beim Leichenzug, ja nicht einmal um die Verstorbenen mit Erde zu bedecken, sondern die Kräfte versagten ihnen. Denn den ganzen Tag über ohne Speise und Nahrung zur Sommerzeit durchzuhalten, waren sie in keiner Weise imstande. Von den Kranken aber starben die einen am dritten Tag, die anderen am vierten, manche auch am siebenten Tag. (4) Und das Unheil nahm täglich zu und erfaßte bereits jedes Alter und wütete immer schlimmer, und die Stadt verlor ihre Bewohner, Einheimische und Fremde, und machte den Eindruck eines völlig menschenleeren Ortes, da die einen | von der Krankheit 206
bereits dahingerafft waren oder gerade dahingerafft wurden, die anderen aber, wie ich schon sagte, ihre Wohnungen verließen und flohen und wieder andere in ihren Häusern eingeschlossen blieben wie verurteilte Verbrecher. Und es herrschte tiefe Mutlosigkeit und unerträglicher Schmerz, überall Wehklagen und Jammer. Verzweiflung und Pessimismus hatten von allen Herzen Besitz ergriffen, der Glaube an die Vorsehung war völlig geschwunden, und man war überzeugt, daß alles willkürlich und zufällig ablaufe, als ob es niemanden gebe, der das Geschehen lenkt. So sehr hat das unfaßliche Leid alle aus ihrer Bahn geworfen.

Beachte, welcher Art die Krankheit war

18. Ich will aber auch eigens beschreiben, wie sich die Krankheit äußerte. Zunächst setzte sich das Übel irgendwo in der Gegend der Lymphdrüsen fest, und das spezifische Symptom zeigte sich an diesen entweder stärker oder schwächer. Dann aber befiel es heftig den Kopf und erzeugte starke Hitzewellen in ihm und eitrige

Entzündungen im Bereich der Gehirnkammern, der zarten und der harten Hirnhäute, und Entzündungen und Rötungen des Gesichts, und als Folge davon bewirkte es bei einigen Bewußtlosigkeit, schweren Schlaf und tiefe Betäubung. Bei anderen führte es gerade im Gegenteil zu Delirium, Raserei und Schlaflosigkeit. Danach warf sich der ganze Schmerz und der Kern des Übels auf die Herzgegend, verbunden mit heftiger und glühender Fieberhitze, welche das Innere des Herzens erhitzte und verbrannte und in ihm sehr heftige Entzündungen hervorrief, das ganze Blut zum Sieden brachte und Auszehrung und starke Schmerzen zur Folge hatte und wütendes Stechen, Schreie der Verlorenen und ständige, heftige Zuckungen, einen schweren und übelriechenden Atem, einen furchtbaren Schüttelfrost und Kälteschauer sowie Absterben der Extremitäten und schließlich den Tod. So etwa war das Bild der Krankheit, jedenfalls nach meinen
207 Beobachtungen, wobei ich das meiste ausgelassen habe. |

19. (1) Der Sultan aber, der Krues nicht allzu viele Tage hindurch belagerte, erkannte, daß er diese Stadt wohl weder im Sturm durch Waffengewalt erobern könne (denn sie war sehr stark befestigt und in jeder Hinsicht unangreifbar) noch sie durch Überredung auf seine Seite bringen werde, und er hielt es daher für richtig, ein ausreichend großes Heer und einen Feldherrn dort zurückzulassen, da eine langwierige Belagerung zu erwarten war, und sich selbst nach Byzanz zurückzuziehen und nicht sich und das Heer vergeblich abzumühen und zu plagen, wo es doch möglich war, durch Aushungern und lange Belagerung der Stadt Herr zu werden. (2) Und nachdem er diesen Entschluß gefaßt hatte, ließ er dort einen Feldherrn mit einem ausreichend großen Heer zurück, noch unverbraucht und eben erst angekommen, so daß es imstande war, die Stadt zu belagern und das gesamte Land außerhalb der Stadt unter Kontrolle zu halten, verteilte die ganze Beute und die Sklaven unter

das gesamte Heer, entließ die Soldaten und machte sich selbst zusammen mit seiner Garde auf den Weg nach Byzanz. (3) Als er aber unterwegs erfuhr, daß ganz Thrakien und Makedonien und sämtliche Städte in diesem Gebiet, durch welche er seinen Weg nehmen würde, von der Pestilenz befallen waren und schlimm heimgesucht wurden und vor allem auch die Hauptstadt selbst von dem Verderben und Übel verheert wurde, änderte er sofort seine Route und schlug den Weg zum Haimon und dem oberen Mysien ein. Denn er hatte gehört, daß dieses gesamte Gebiet jenseits des Haimon von der Seuche frei sei. (4) Als er aber die Gegend um Nikopolis und Vidin erreicht hatte, die gesund war und ein günstiges Klima besaß, blieb er dort den ganzen Herbst über. Als er dann wenig später erfuhr, daß die Plage bereits nachgelassen habe und die Polis von dem Übel befreit sei (er hatte nämlich Kuriere, die ständig, fast täglich, einander ablösend hin und her reisten und ihm über die dortige Lage Bericht erstatteten), begab er sich, als der Winter eben anbrach, nach Byzanz. Und so vollendete sich das insgesamt 6975. Jahr (1466/67), das siebzehnte Regierungsjahr des Sultans.

ANMERKUNGEN

Die Zahlenverweise der Anmerkungen beziehen sich auf die Seiten in der Ausgabe im Corpus Fontium Historiae Byzantinae, die am Rand der Übersetzung ausgeworfen sind.
Wertvolles Material für eine vergleichende Würdigung des Textes findet sich in den lateinischen Anmerkungen, die C. Müller seiner Edition beigegeben hat (Critobuli Imbriotae libri quinque de rebus gestis Mechemetis, in: Fragmenta Historicorum Graecorum, V 1, Paris 1870 (öfter nachgedruckt), einiges auch in der Ausgabe von V. Grecu, Critobul din Imbros din domnia lui Mahomed al II-lea anii 1451–1467, Bukarest 1963.
Für die Halosis und deren unmittelbare Vorgeschichte hat Pertusi die Quellen zusammengetragen und in Anmerkungen kommentiert; Parallelquellen sind über das Register bei Pertusi II leicht aufzusuchen.

3/1 Mit der hier verwendeten Titulatur stellt Kritobulos den Sultan in die Nachfolge sowohl der byzantinischen Kaiser als auch der persischen Großkönige der achämenidischen und sassanidischen Zeit, indem er traditionelle römisch-byzantinische Elemente mit dem persischen Herrschertitel „König der Könige" (= šāhanšāh) mischt. Zu den hier gebrauchten römisch-byzantinischen Titeln vgl. F. Dölger, Die Kaiserurkunde der Byzantiner als Ausdruck ihrer politischen Anschauungen, in: HZ 159 (1938/9), 229–250, dort 245 (= Byzanz und die europäische Staatenwelt, Darmstadt 1976, 9–33, dort 27). O. Treitinger, Die oströmische Kaiser- und Reichsidee nach ihrer Gestaltung im höfischen Zeremoniell, Jena 1938 (Nachdr. Darmstadt 1969), 186–187. Einzelne der hier verwendeten Prädikationen finden sich schon in einem Schreiben Hugos I. Lusignan an Kaikaus, den Seldschuken-Sultan von Ikonion (1211–1219), vgl. Sp. Lampros, in: NE 5 (1908), 45 und 50. Mehmet selbst hingegen ließ sich von seiner griechischen Kanzlei offiziell als „megas authentes" und „megas amiras sultanos" titulieren.

3/2 Hier hat Kritobulos wohl vor allem Herodot, Thukydides und Arrian im Auge, die er nachweislich gut gekannt und als nachahmenswerte Muster angesehen hat. Für die Römer ist besonders an Dionys von Halikarnaß zu denken, von dem wir aber nicht nachweisen können, daß Kritobulos ihn gekannt hat.

4/1 Zitat aus Homer, Ilias 3, 179.

5/1 Derselbe Gedanke von der Überlegenheit und großen Verbreitung der griechischen Sprache bei Chalk. I 2, 12–15 Darkó.

6/1 Kritobulos verwendet oft die Bezeichnung polis = „Stadt" im Sinne von „Konstantinopel", der Stadt im Vollsinn des Wortes; in diesen Fällen wird in der Übersetzung diese Bezeichnung wie ein Name behandelt. Es sei daran erinnert, daß der moderne Name Konstantinopels, İstanbul, aus gr. stimboli („in der/in die Stadt") unter dem Einfluß türkischer Lautgesetze entstanden ist.

7/1 Mit „Sultan" wird in der Übersetzung der griechische Titel „basileus" bzw. „megas basileus" wiedergegeben. Zu den verschiedenen Konnotationen dieses Titels vgl. oben S. 18.

7/2 Kritobulos verwendet durchweg diese Schreibweise statt des „korrekteren" Mytilene.

7/3 Mit diesem altpersischen Titel bezeichnet Kritobulos den Gouverneur einer Provinz des Osmanischen Reiches, türk. sancak beyi.

8/1 Die Jahre 1451–1467.

14/1 Die Vorstellung von der Weltgeschichte als einer Abfolge von Großreichen entstammt dem Hellenismus und ist schon früh zu einem geläufigen Topos geworden. Vgl. W. Goez, Translatio Imperii, Tübingen 1958. Die fünf Reiche als fester Kanon z. B. schon bei Aelius Aristides, or. I, § 335. Der Gedanke ist ganz ähnlich von Enea Silvio Piccolomini (dem späteren Papst Pius II.) geäußert worden: *Omnium rerum vicissitudo est, nulla potentia perpetuo manet. Fuerunt Itali rerum domini, nunc Turchorum inchoatur imperium* (Pertusi II 64, Z. 71–73).

15/1 Josephus Flavius behandelt in seinem Werke *De bello Judaico* den Makkabäeraufstand und dann die Jahre 66 n. Chr. bis zur Eroberung Jerusalems durch die Römer im Jahre 70 n. Chr. Kritobulos sieht sich in einer ganz ähnlichen Situation wie Josephus: Ein übermächtiger Eroberer hat das eigene Volk besiegt und die Hauptstadt des Reiches eingenommen. Wie Josephus, so akzeptiert auch Kritobulos das im historischen Wandel begründete Recht des Eroberers. An mehreren Stellen, die thematisch und von der inneren Haltung des Autors her mit Josephus übereinstimmen, hat Kritobulos Stellen aus dem *Bellum Judaicum* imitiert (vgl. Index locorum und Testimonienapparat der griechischen Edition).

15/2 Als Todestag Murats II. geben die türkischen Quellen übereinstimmend den 1. Muharrem (= 3. Februar) des Jahres 855 (= 1451) an. Vgl. auch Schreiner II 478. Seine Regierungszeit ist mit 31 Jahren in etwa korrekt berechnet, rechnet man die gesamte Zeit seit der Thronbesteigung am 26. Mai 1421 bis zu seinem Tode. Kritobulos läßt dabei die Zeit von Dezember 1444 bis September 1446 unberücksichtigt, als Murat zugunsten seines damals noch unmündigen Sohnes Mehmet abgedankt, aber aufgrund nicht ganz geklärter innenpolitischer Schwierigkeiten das Regiment dann nach knapp zwei Jahren doch wieder übernommen hatte (vgl. dazu Babinger 42–48). Das Lebensalter ist mit 52 Jahren etwas zu hoch angegeben, da Murat etwa 1403/04 geboren ist, also bei seinem Tode etwa 47 Jahre alt war (vgl. Babinger 64).

15/3 Die genealogische Abfolge der Osmanen-Sultane lautet: Osman I. (1326) – Orhan (1326–1362) – Murat I. (1362–1389) – Beyazıt I. (1389–1402) – Mehmet I. (1413–1421) – Murat II.

15/4 Die Türken, sowohl die Seldschuken als auch die Osmanen, wurden von den byzantinischen Historikern seit ihrem massiven Auftreten in Kleinasien im 11. Jahrhundert in archaisierender Redeweise als „Perser" bezeichnet (vgl. Moravcsik II 252–254). Indem man den Namen des alten persischen Königsgeschlechtes der Achaimeniden für das ganze Volk generell gebrauchte, verstand man gelegentlich seit dem 14. Jahrh. unter „Achaimeniden" auch die Türken insgesamt (vgl. Moravcsik II 81). Daß der Ursprung der Herrscherfamilie der Osmanen jedoch so explizit auf die Achaimeniden und Persiden zurückgeführt wird, scheint singulär zu sein.

15/5 Herod. I 125, 3–4.

16/1 Mit diesem Namen („Sumpf") bezeichneten die Griechen das Nildelta. Die Stadt Chemmis allerdings lag in Oberägypten in der Thebais (vgl. Herod. II 91); hier liegt wohl eine Verwechslung mit der ebenfalls bei Herodot (II 156) erwähnten gleichnamigen Insel im Delta vor.

16/2 Mehmet war am 30. März 1432 geboren. Nachdem sein Vater die Herrschaft wieder übernommen hatte (vgl. Anm. 15/2), war er Statthalter in Magnesia (h. Manisa), wo ihn auch die Todesnachricht erreichte. Mehmet mußte also zunächst den Weg von Magnesia nach Edirne zurücklegen, um dort am 18. Februar 1451 inthronisiert zu werden. Vgl. dazu Dukas 225,5–227,8. Schreiner II 478–479.

16/3 Kritobulos erwähnt häufig solche und ähnliche Vorzeichen, nicht nur, weil allgemein der Glaube an ihre Bedeutsamkeit lebendig war – Mehmet selbst war das, was wir heute abergläubisch nennen –, sondern auch deshalb, weil ihre Erwähnung zur Tradition der Geschichtsschreibung seit Thukydides gehörte. Besondere Zeichen beim Regierungsantritt Mehmets werden in den Quellen sonst nicht erwähnt, wohl aber gibt es solche Überlieferungen für seine Geburt.

17/1 Insbesondere die Parallele Mehmet – Alexander durchzieht das gesamte Werk des Kritobulos (vgl. Prolegomena der griechischen Edition, S. 58*–66*). Die Gestalt des Weltherrschers Alexander war Mehmet seit seinen Knabenjahren aus der türkischen und persischen Poesie vertrautes Vorbild, und es ist keineswegs so, daß die Parallele erst von westlichen Gelehrten am Hofe Mehmets entwickelt worden wäre. Westliche Gewährsleute berichten z. T. unabhängig voneinander, daß Mehmet selbst sich Alexander zum Vorbild nahm und sich aus Werken über Alexander vorlesen ließ: Isidor von Kiev (Pertusi I 78 mit Anm. 26 auf S. 381–382); Paolo Dotti (Pertusi II 14 mit Anm. 4 auf S. 429); Lauro Quirini (Pertusi III 80 mit Anm. 30 auf S. 81–82); Niccolò Tignosi (Pertusi III 108); Giacomo Languschi (Pertusi III 172–173). Die von Kritobulos geschriebene Kopie der Anabasis Alexandri des Arrian befindet sich als codex G. İ. 16 noch heute in der Serai-Bibliothek. Richtige Einschätzung gegenüber früheren abweichenden Meinungen durch J. Raby, Mehmed the Conqueror's Greek Scriptorium, in: DOP 37 (1983), 15–34, dort 18–19.

17/2 Ausführlich geschildert von Dukas 232,1–233,3. Vgl. Babinger 73.

17/3 İbrahim Beg, Herrscher von Karaman in Südost-Kleinasien. Kritobulos erwähnt nicht seinen Insurgenz-Versuch, von dem er erst abließ, als Mehmet selbst sich in Bursa zeigte (vgl. Babinger 74. Schreiner II 479).

18/1 Die Janitscharen (türk. yenieri – „neue Truppeneinheit") waren eine dem Sultan direkt zugeordnete stehende Infanterie-Elitetruppe, die von Mehmet II. auf eine Stärke von 10.000 Mann gebracht wurde. Die Soldaten wurden (neben anderen Palastsklaven) durch „Knabenlese" (devşirme) vor allem bei den unterworfenen Balkanslaven, Albanern und Griechen noch im Kindesalter ausgehoben und in scharfem Drill und religiösem Fanatismus für ihre Aufgabe geschult. Sie waren unter ihrem Kommandeur, dem Janitscharen-Ağa, ein oftmals auch für die Sultane selbst gefährlicher bedeutender Machtfaktor. Zur Palast-Organisation insgesamt vgl. H. Inalcik, The Ottoman Empire. The Classical Age 1300–1600, London 1973, 76–88. Eine anschauliche Darstellung gibt Lampo Birago (Pertusi II 120–124).

18/2 Vgl. Nicola Sagundinos Rede an Alfonso V. von Aragon (Pertusi II 128, 12–17).

19/1 Gemeint sind die Galeeren, die Kritobulos in archaisierender Redeweise als „Trieren" bezeichnet.

20/1 Im Vorfeld der Schlacht von Varna wurde Murat II. im Frühsommer 1444 am Übergang über die Dardanellen und den Bosporus zunächst durch eine christliche Flotte gehindert. Vgl. Dukas 220,19–121,4. Chalk. II 95. 99 Darkó. Babinger 37–38.

21/1 Wörtl. „Zusammenschlagende" (Felsen). Solche Felsen, die auseinandertreten und dann plötzlich zusammenschlagen und durchfahrende Schiffe zwischen sich zermalmen, sind eine bei vielen Völkern verbreitete mythische Vorstellung. Vgl. L. Radermacher, Mythos und Sage bei den Griechen. [2]Brünn–München–Wien 1943, 218–219.

21/2 Die Nachricht, Herakles habe vor Jason die Symplegaden durchfahren, ist seltsam, da die griechische Mythologie ihn in dieselbe Generation setzt und am Beginn des Argonautenzuges teilnehmen läßt.

21/3 Jason befehligte den mythischen Zug der Argonauten nach Kolchis. Zur Fahrt durch die Symplegaden vgl. Apollonios Rhodios, Argonautika 2, 317ff.

22/1 Das antike Längenmaß des Stadion schwankte je nach Definition des zugrundeliegenden Fußes um die 180 m. Die Bosporusbreite wird von Kritobulos mit ca. 1,26 km entschieden zu groß angegeben; in Wirklichkeit beträgt sie an dieser Stelle weniger als die Hälfte, ca. 550 m.

22/2 Die Festung ist als imposante Ruine (restauriert) unter dem Namen Rumeli Hisarı erhalten. Vgl. zu den baulichen Gegebenheiten G. Toy, The Castles of the Bosporus, in: Archaeologia 80 (1930), 215–228. Müller-Wiener 335–337.

22/3 Gemeint sind die Vezire Halil, Zağanos und Saruca, vgl. die bei Pertusi I 435 Anm. 3 genannten Quellen.

22/4 Die Bauzeit der Festung betrug nach übereinstimmender Aussage der Quellen fünf Monate (Ende März bis Ende August 1452), vgl. Pertusi I 435 Anm. 3.

23/1 Insgesamt besitzt die Festung 3 Haupttürme („Türme der Vezire") und 9 kleinere Türme. Der Grundriß ist mit der Bezeichnung „Dreieck" etwas abstrakt wiedergegeben (vgl. die Lageskizze bei Babinger 82 nach Toy), doch ist richtig, daß eine längere Partie ganz oder in etwa parallel zur Küstenlinie verläuft und der mächtigste Turm die Höhe (etwa 70 m über Meeresniveau) deckt. Die von K. für die Dicke der Mauer angegebene Zahl liegt etwas über dem realen Wert: 12 Ellen = 24 Fuß ≅ 7,50 m; realiter ist die Mauer an der stärksten Stelle über 6 m dick. Der für die Mauerhöhe angegebene Wert 4 × 12 Ellen = 96 Fuß ≅ 29,98 m stimmt etwa mit der realen Höhe der großen Türme überein; die Kurtine zwischen den Türmen ist etwa 15 m hoch. Zu den anderen Quellen vgl. Pertusi II 457 Anm. 3. Zum gemeinbyzantinischen Fuß (= 31,23 cm) vgl. Schilbach, Metrologie 13–16.

23/2 Beyazıt I. hatte dort am Ende des 14. Jahrhunderts ein Fort erbaut (h. Anadolu Hisarı).

24/1 Murat II. hatte diese Residenz auf einer Insel in der Tunca zu bauen begonnen, und Mehmet gab noch im Sommer 1453 Weisung, den Bau zu vollenden. Neben dem eigentlichen Palast wurden etwa zehn für den Hofstaat bestimmte burgartige Gebäude errichtet. Ein anschauliches Bild von der Pracht des 1878 zerstörten Baus gibt Babinger 78–79; vgl. auch die Photos nach S. 128 und 144.

26/1 Mit „unten" wird (von Konstantinopel aus nach Osten gesehen) der westliche, mit „oben" der östliche Teil des Landes bezeichnet.

27/1 Gemeint ist die Einnahme der Festung Tzympe um 1352, von wo aus die Osmanen unter Süleyman dann im März 1354 nach einem verheerenden Erdbeben Gallipoli eroberten. Damit stand ihnen das Tor nach Thrakien offen. Helle, Schwester des Phrixos und mythische Eponymin des Hellespont, hatte ihr Grabmal auf der thrakischen Chersones (der Halbinsel von Gallipoli) in der Nähe der antiken Stadt Paktye.

29/1 Das Bild, das hier von Konstantinopel am Vorabend der Eroberung gegeben wird, entspricht durchaus den Tatsachen. Tatsächlich war die Stadt gegenüber ihrer Glanzzeit im 12. Jahrhundert, wo man mit einer Einwohnerzahl von weit über 500.000 rechnen kann, schon bis zum Ende des 14. Jahrhunderts auf ca. 100.000 geschrumpft, und im 15. Jahrhundert setzte sich diese Tendenz gesteigert fort (vgl. A. M. Schneider, Die Bevölkerung Konstantinopels im XV. Jahrhundert, Nachr. Akad. Wiss.

Göttingen, phil.-hist. Kl., 1949, 233–244). Reisende, welche die Stadt im 15. Jahrhundert besucht haben, sprechen von Ruinen, von Feldern und Obstgärten (vgl. Runciman 10–12). Die genaue Einwohnerzahl zur Zeit der Halosis zu bestimmen, ist schwierig, da die Zahlenangaben der Quellen nicht unbeträchtlich variieren. Moderne Schätzungen schwanken zwischen einem Maximum und Minimum von 60.000–40.000 (vgl. Pertusi I 405–406 mit weiterer Literatur).

30/1 In der Schlacht von Nikopolis an der Donau vernichtete Beyazıt I. Yıldırım am 25. September 1396 das von König Sigismund von Ungarn angeführte Kreuzheer mit Kontingenten aus fast allen Ländern Europas, die sich auf die Hilfeersuchen Sigismunds und des in Konstantinopel belagerten Kaisers Manuel II. in Ungarn eingefunden hatten. Vgl. Dukas 51,3–52,20; Chalk. I 70, 6–22.

30/2 In der Tat erschütterte das Auftauchen Timurlenks in Kleinasien das Osmanische Reich bis in die Grundfesten und verschaffte Byzanz noch einmal eine Galgenfrist von einem halben Jahrhundert. Am 28. Juli 1402 besiegte Timurlenk in der Schlacht bei Ankara das osmanische Heer unter Beyazıt, der gefangengenommen wurde und bald darauf in der Gefangenschaft starb. Zum Feldzug Timurs vgl. M. Alexandrescu – Dersca, La campagne de Timur en Anatolie (1402), Bukarest 1942. Dafür, daß wirklich diplomatische Kontakte des Kaisers in Konstantinopel zu Timurlenk bestanden haben, gibt es keinen Anhaltspunkt in den Quellen.

30/3 Anspielung auf die wiederholten Versuche der byzantinischen Kaiser Manuel II. und Johannes VIII., nach dem Tode Beyazıts durch die Unterstützung verschiedener Thronprätendenten das Osmanische Reich zu destabilisieren. Vgl. auch unten 73/2 zu Orhan.

30/4 Anspielung auf die z. T. erfolgreichen Kampagnen von János Hunyadi in den Jahren 1441–1448 gegen Murat II.

32/1 In Wirklichkeit Urgroßvaters (vgl. Anm. 15/3).

32/2 Zur Sache vgl. oben Anm. 30/1.

33/1 Timurlenk heißt hier „der Babylonier“, weil er Mesopotamien mit Bagdad (Babylon) erobert hat.

33/2 Zur Sache vgl. oben Anm. 30/2.

33/3 Mehmets Vater, Murat II., hatte Konstantinopel im Sommer 1422 belagert. Ein Eroberungsversuch scheiterte. Schließlich zwang ihn die Rebellion seines jüngeren Bruders Mustafa, die von kleinasiatischen Stammesfürsten gestützt und getragen und von Kaiser Manuel II.

mit beträchtlichen Geldsummen unterstützt wurde, zur Aufhebung der Belagerung. Vgl. Dukas 181,21–188,9. Chalk. II 7,14–22. 11,21–12,22. Ioannes Kananos in: Georgios Phrantzes, Ioannes Cananus, Ioannes Anagnostes, ed. I. Bekker, Bonn 1838, 457–479. J. W. Baker, Manuel II Palaeologus (1391–1425): A Study in Late Byzantine Statesmanship, New Brunswick 1969, 359–366.

33/4 Anspielung auf die Auseinandersetzungen zwischen Anhängern und Gegnern der Kirchenunion mit Rom im Anschluß an das Konzil von Ferrara – Florenz 1438–39.

33/5 Gemeint sind hier vor allem die zum Hofstaat des Sultans gehörenden stehenden Truppen und die Staatskasse, vgl. oben Anm. 18/1.

35/1 Karaca, Beylerbeyi der europäischen Teile des Osmanischen Reiches.

35/2 Sely(m)bria (h. Silivri), etwa 60 km von Konstantinopel entfernt an der Nordküste des Marmarameeres gelegen, gehörte zur äußeren Befestigungslinie im Westen der byzantinischen Hauptstadt. Die Festung wurde nur überrannt, nicht eingenommen; Dukas (258,23) teilt uns mit klareren Worten mit, daß sie erfolgreich Widerstand geleistet hat. Sie ergab sich erst nach dem Fall von Konstantinopel, als weiterer Widerstand sinnlos war (vgl. Pertusi II 466 Anm. 29). Zu den noch bis zuletzt byzantinischen Gebieten außerhalb der Hauptstadt allgemein vgl. A. Bakalopoulos, Les limites de l'Empire byzantin depuis la fin du XIVe siècle jusqu' à sa chute (1453), in: BZ 55 (1962), 64–65.

35/3 Herakleia (h. Ereğli), etwa 40 km westlich von Selymbria an der Küste des Marmarameeres.

35/4 Festung Epibatai (h. Bivados), etwa 9 km östlich von Selymbria. Auch Dukas (258,21) berichtet von ihrer Kapitulation, während sie sich nach Mehmet Nešri wie Selymbria erst nach dem Fall der Hauptstadt ergeben haben soll (vgl. Pertusi II 265–266 und 466 Anm. 29).

35/5 H. Nesebăr (in Bulgarien), an der Westküste des Schwarzen Meeres am Nordeingang des Golfes von Burgas. Die Kapitulation bestätigt Dukas (258,17). Nach Pusculo (3,375ff) soll Mesembria hingegen wie Selymbria erfolgreich widerstanden haben. Zum Zeitablauf vgl. Pertusi I, LXIV und LXVIII.

36/1 Unmittelbar nach Mehmets Thronbesteigung, vgl. Anm. 17/2.

37/1 Zu den verschiedenen in den Quellen genannten Vorzeichen vgl. Pertusi I 444–445 und III 175.

37/2 Zur Sperrung des Hafens im Goldenen Horn durch eine auf Pontons aufliegende Kette, die schon für das beginnende 8. Jahrhundert bezeugt ist, vgl. R. Guilland, La chaîne de la Corne d'Or, in: EEBS 25 (1951), 88–120 (=Études Byzantines, Paris 1959, 263–297, zu Kritobulos dort 268, 291–292). Pertusi I 349–350 Anm. 35.

37/3 Demetrios und Thomas, die Brüder Kaiser Konstantins, regierten als Despotai die den Byzantinern auf der Peloponnes verbliebenen Territorien. Der Despoten-Titel wurde seit dem 12. Jahrhundert den präsumptiven Nachfolgern des regierenden Kaisers verliehen (vgl. R. Guilland, Études sur l'histoire administrative de l'Empire Byzantin. Le despote, in: REB 17 (1959) 52–89). Das Despotat der Peloponnes als administrativ von der Zentralgewalt in K/pel unabhängige, gleichwohl aber der Souveränität des Kaisers unterstehende Provinz des Reiches wurde 1348 von Kaiser Ioannes Kantakuzenos eingerichtet (vgl. Zakythinos, Despotat I 94–95).

38/1 Papst Nikolaus V.

38/2 Zu den Hilfeersuchen Kaiser Konstantins im einzelnen vgl. R. Guilland, Les appels de Constantin XII Dragasès à l'Occident pour sauver Constantinople, in: EEBS 22 (1952), 60–74 (= Études Byzantines, Paris 1959, 135–149). Ders., Les appels de Constantin XII Paléologue à Rome et à Venise pour sauver Constantinople (1452–1453), in: Bsl 14 (1953), 226–244 (= Études Byzantines, Paris 1959, 151–175).

42/1 Für die Topographie von K/pel sei generell verwiesen auf Janin; Müller-Wiener; A. v. Millingen, Byzantine Constantinople. The Walls of the City and Adjoining Historical Sites, London 1899. Leicht zugängliche Karten mit den für die Belagerung von 1453 wichtigen Positionen findet man außerdem bei Pertusi I, 332–333 und Runciman 93 und 97 (besser in der englischen Originalausgabe 88 und 93). Das etwa ein gleichschenkeliges Dreieck bildende Stadtgebiet von K/pel war auf zwei Seiten, im Südwesten (Marmarameer auf ca. 7,5 km) und im Nordosten (Goldenes Horn auf ca. 6,7 km) durch das Meer geschützt. Da die schmalen Uferstreifen vor den diese Seiten deckenden Seemauern einen Angriff nahezu ausschlossen, konnte sich die Verteidigung zunächst auf die 5,6 km lange Landseite im Nordwesten konzentrieren. Sie war durch eine gewaltige Maueranlage gedeckt, deren Überreste noch heute beeindrucken. Nur mit Hilfe der gerade erst entwickelten Waffe des Pulver-Geschützes konnte ein Angreifer überhaupt hoffen, eine Bresche in dieses Mauersystem schießen zu können. Die für die Verteidiger gefährlichste Stelle lag zwischen dem Romanos-Tor und dem Polyandrion-Tor, wo die Mauer ins Tal des von Nordwesten her in die Stadt fließenden Lykos-Baches hinabsteigen mußte. Dieser Stelle gegenüber konzentrierte Mehmet seine Artillerie, hier schlug er auch sein Hauptquartier auf, während innerhalb der Stadt der Kaiser selbst zusammen mit Giustiniani-Longo die Verteidigung dieses Abschnittes leitete.

42/2 An der Stelle gelegen, wo die Seemauer am Goldenen Horn in die Landmauer überging.

42/3 Anderer Name für das Polyandrion- (oder Myriandrion-) Tor (h. Edirne Kapısı).

42/4 Komes entspricht einem comes palatinus, hier wohl = Vezir.

43/1 Vgl. oben Anm. 22/1. Stadion wird im byzantinischen Griechisch nur als archaisierendes Maß gebraucht. Die Abmessungen der einzelnen Mauerabschnitte sind ungefähr richtig angegeben.

43/2 Griech. mechanopoios, wörtl. Maschinenhersteller. In unserem Zusammenhang bezeichnet mechane das gegossene und mit Schießpulver betriebene Geschütz.

44/1 Das griech. Wort omphalos („Nabel") bezeichnet hier den aus Ton hergestellten Gußkern.

44/2 Eine Spanne entspricht als gemeinbyzantinisches Maß 23,4 cm (vgl. Schilbach, Metrologie 19–20. 48). Wir erhalten demnach für das Geschütz folgende Maße: Rohrlänge insgesamt (einschl. Pulverkammer) 9,36 m. Umfang des vorderen Rohr-Kerns 2,81 m; das entspricht einem Rohrdurchmesser von 0,89 m, was wiederum einem Steinkaliber von etwa 0,87 m entspricht. Umfang des Pulverkammer-Kerns 0,94 m, also Durchmesser der Pulverkammer 0,30 m. Wandstärke ca. 25 cm. Während für den Rohrdurchmesser dieses Riesengeschützes ein realistischer Wert angegeben ist, dürfte die Rohrlänge wohl 3–4 m weniger betragen haben. Vgl. V. Schmidtchen, Riesengeschütze des 15. Jahrhunderts – Technische Höchstleistungen ihrer Zeit, in: Technikgeschichte 44 (1977), 153–173 (mit Abbildungen und genauen Maßangaben für mehrere noch erhaltene Exemplare dieser frühen Riesenkanonen; dort Anm. 1 reiche Literaturangaben).

44/3 Legt man das sog. attische Talent der Kaiserzeit zugrunde (entspricht 20,4 kg), entspricht das einem Gewicht von über 30 Tonnen. Das dürfte etwas zu hoch gegriffen sein, selbst wenn man berücksichtigt, daß es sich hierbei ja um das Gewicht der Bronze-Schmelzmasse handelt, nicht etwa um das der gegossenen Kanone, wie Pertusi I, LXXV unterstellt (dort die technischen Angaben der verschiedenen Quellen zusammengestellt).

47/1 Insgesamt gruben die Bergarbeiter (Serben aus Novo Brdo) sieben Minen, die alle durch Kontraminen unschädlich gemacht wurden (vgl. Pertusi I 380 Anm. 18).

47/2 Therapeion/Therapeia (h. Tarabya), etwa 15 km nördlich von K/pel am europäischen Ufer des Bosporus. Die Episode nur von Kritobulos überliefert.

47/3 Sonst unbekannt, die Episode nur hier.

48/1 Prinkipos (Prinkipo, h. Büyük Ada), die größte der sog. Prinzeninseln (h. Kızıl Adalar) im Marmarameer (ca. 20 km südöstl. von K/pel). Die Episode nur von Kritobulos überliefert.

48/2 Außer auf dem nördlichsten Stück im Bereich des Blachernen-Palastes war die Landseite K/pels durch eine Doppelmauer geschützt. Außen vor beiden Mauern lief ein 18 m breiter Graben mit über 5 m hohen Böschungen, der abschnittsweise geflutet werden konnte. Dann folgte die äußere Vormauer mit einer Höhe von 8 m und Stärke von 3 m und erst dann die Hauptmauer mit einer durchschnittlichen Höhe von 15 m und einer Stärke von 4,5 m. Sowohl Vor- als auch Hauptmauer wurden in regelmäßigen Abständen von Türmen gedeckt. Für Einzelheiten vgl. B. Meyer-Plath/A. M. Schneider, Die Landmauer von Konstantinopel, II, Berlin 1943. Eine schematische Skizze bei Runciman 95 (detaillierter in der englischen Originalausgabe 90). Die Verteidiger hatten sich wie schon bei der Belagerung von 1422 für die äußere Vormauer als Verteidigungslinie entschieden.

51/1 Lukas Notaras, ranghöchster Minister unter Kaiser Konstantin und mit dem Titel Megas Dux Befehlshaber der (kaum vorhandenen) Flotte; er leitete die Verteidigung der Stadt zu Wasser und auf der Hafenseite.

52/1 Auch Chalk. schreibt die Erfindung des steil feuernden Mörsers Sultan Mehmet zu (vgl. 177,6–10 Darkó).

52/2 Daß Mehmet Geschütze aufstellen ließ, die über Galata hinweg ins Goldene Horn schossen, bestätigen Barbaro 35 (Pertusi I 22), Leonardo von Chios und andere Quellen (vgl. Pertusi I 396–397). Ein genuesisches Kauffahrerschiff wurde versenkt.

52/3 Vgl. oben Anm. 38/1.

56/1 Griech. Diplus Kion oder (in anderen Quellen) Diplokionion. Nicht sicher lokalisierter Ankerplatz der türkischen Flotte am Bosporus, jedenfalls nicht sehr weit von

Galata entfernt, wahrscheinlich im Bereich des heutigen Stadtteils Tophane (nach Barbaro p. 27 zwei Meilen von K/pel entfernt) oder des Stadtteils Beşiktaş.

56/2 Vgl. oben Anm. 22/1. Die Entfernung ist real auf jeden Fall größer gewesen, selbst wenn man die überhaupt kürzest mögliche Route hinter den Mauern von Galata vorbei annimmt. Die Angaben der meisten Quellen schwanken zwischen zwei und drei Meilen (3–4,5 km), vgl. Pertusi I 354.

56/3 Bucht des Goldenen Horns, h. Kasım-Paşa.

57/1 Vgl. oben Anm. 22/1. Die Entfernung ist mit 5,5 km etwas zu kurz angegeben, vgl. oben Anm. 42/1.

64/1 Hamza: Vertrauter Mehmets, nach der Absetzung Baltaoğlus dessen Nachfolger als Admiral (Kaptanpaşa), vgl. oben S. 55. Später zum Beylerbeyi Asiens ernannt (vgl. unten S. 91).

64/2 Zağanos: Befehlshaber der Truppen jenseits des Goldenen Horns, der später auch die Kapitulation Galatas entgegennimmt (vgl. unten S. 75). Fällt dann vorübergehend in Ungnade und wird ins Exil geschickt (vgl. unten S. 88).

64/3 Karaca: Beylerbeyi von Europa. Fällt 1456 vor Belgrad (vgl. unten S. 111).

64/4 İshak: Vezir schon unter Murat II. Beylerbeyi von Asien; er befehligt die Truppen im Südabschnitt der Landmauer vom Myriandrion-Tor bis zum Goldenen Tor. Wird später kurzfristig Nachfolger Halils als Großvezir (vgl. unten S. 87).

64/5 Mahmut: Stammt aus der serbischen Familie der Angelović, wird im Sommer 1453 zum Großvezir (nach İshak, aber auch als Nachfolger des Zağanos) ernannt (vgl. unten S. 88). Kritobulos scheint zu ihm in einem engen Verhältnis gestanden zu haben. Seine vorübergehende Ungnade (1468–1472) und sein endgültiger Fall (1474) liegen außerhalb des zeitlichen Rahmens dieses Geschichtswerkes.

64/6 Halil: Großvezir schon zur Zeit Murats II., Vertreter einer gemäßigten Politik gegenüber Byzanz und von vornherein in starkem Spannungsverhältnis zu Mehmet. Nach der Halosis exekutiert (vgl. unten S. 87).

64/7 Saruca: Vezir schon unter Murat II. Wird wahrscheinlich unmittelbar nach der Halosis wie die beiden anderen Vezire aus der Zeit Murats II. abgesetzt (von Kritobulos nicht erwähnt).

65/1 Symmoria bezeichnete im antiken Athen eine politische Körperschaft (60 Mann stark); der Begriff wurde später auch auf andere Gemeinschaften übertragen. Syssitia („Eßgemeinschaft“) und synomotia („Eidgenossenschaft“) finden sich als Bezeichnungen militärischer Abteilungen bei Militär-Fachschriftstellern der römischen Kaiserzeit. Kritobulos charakterisiert mit ihnen die eigentümliche, sich an Derwisch-Gemeinschaften anlehnende Organisation der Palasttruppen, insbesondere der Janitscharen, bei welchen die Gemeinschaft des Herdes (ocak) eine wichtige Rolle spielte.

66/1 Die meisten Quellen geben als Zeitpunkt für den Beginn des Sturmangriffs die Nachtstunden an; mit Kritobulos stimmen überein Tedaldi (Pertusi I 181) und auch Quirini (Pertusi III 72, Zeile 52–53).

69/1 Zahlreiche Quellen berichten von der Verwundung Giustinianis und dem Rückzug seiner Abteilung zum Hafen. Über Art und Schwere der Wunde(n) gehen die Nachrichten stark auseinander; genuesenfeindliche Quellen gehen so weit zu behaupten, die Verwundung sei von Giustiniani fingiert worden. Vgl. die Übersicht über die verschiedenen Versionen bei Pertusi I 262, 362–363, 446.

70/1 Es handelt sich um eine durch Grabungen bisher nicht genau lokalisierte Pforte in der Hauptmauer, welche die Verteidiger öffneten, um an für die Angreifer nicht einsehbarer Stelle in den Peribolos, also das Gelände zwischen Haupt- und Vormauer, zu gelangen. Der normale Zugang war ihnen dadurch verwehrt, daß die Vormauer zerstört war und die Angreifer die übliche Zugangspforte in der Hauptmauer jetzt direkt beschießen konnten. Vgl. Dukas 282,4–14, wo als Name dieser geheimen Pforte „Kerkoporta“ angegeben wird. Zu den Lokalisierungsversuchen vgl. Janin 282–283. Von den militärischen Gegebenheiten her wäre es sinnvoller, diese Pforte näher an der Mauerbresche im Lykostal zu vermuten und nicht, wie bisher durchgehend, über 1 km nördlich von dort in der Höhe des heutigen Tekfur Sarayı. Bei Pertusi II 454 ist die Funktion der Pforte völlig mißverstanden: Es ist keine Ausfallpforte, sondern ein Zugang zur Verteidigungslinie an einer Stelle, die nicht direkt beschossen werden kann.

71/1 Vgl. oben Anm. 65/1.

73/1 Mit dem Wort „Nomisma“ wird gemeinhin die byzantinische Standardgoldmünze bezeichnet. Da die Prägung von Goldmünzen in Byzanz bereits um das Jahr 1350 praktisch zum Erliegen kam, traten Silbermünzen etwa des halben Wertes an ihre Stelle. Auch hier werden Silbermünzen gemeint sein. Obolos ist die antike Bezeichnung für eine kleine Kupfermünze, die hier auf byzantinische oder andere geringwertige Kupfermünzen übertragen ist. Zu den türkischen Silber- und Kupfermünzen dieser Zeit vgl. Babinger 76–77. Ş. Baştav, Ordo Portae, Budapest 1947 (Magyar-Görög Tanulmányok 27) 19–20. Vgl. unten Anm. 90/3.

73/2 Dieser Osmanenprinz Orhan wird in einigen Quellen, welchen sich Kritobulos zugesellt, als Bruder Murats II. angesehen, in anderen hingegen als Enkel des 1402–1411 in Edirne herrschenden Süleyman (vgl. Müller ad. 1.). Er lebte in K/pel, und Mehmet II. zahlte für ihn eine Apanage von 300.000 Silbermünzen an den byzantinischen Kaiserhof, der ihn mit dieser Summe unterhielt und dafür garantierte, daß er nicht als Thronprätendent ins Osmanische Reich zurückkehrte. Zu den Verhandlungen zwischen Byzanz und Mehmet über eine Erhöhung der Apanage vgl. Dukas 232,20–233,2. 234,15–236,33.

74/1 Das „Kaisertor" ist schwer zu identifizieren, da es mehrere Tore dieses Namens gab (vgl. Müller ad. 1.; Janin 290–291). Wahrscheinlich lag es nicht allzu weit innerhalb der Hafensperre etwa in Höhe des Stadtviertels Zeugma.

74/2 Sprichwörtliche Wendung in Anspielung auf Herod. VI 101,3: Die persischen Heerführer Datis und Artaphernes nehmen auf ihrem Griechenlandfeldzug vom Sommer 490 v. Chr. Eretria auf Euboia ein, plündern und brandschatzen die Heiligtümer und versklaven die Bewohner.

75/1 Die Zahlen dürften in etwa richtig sein. Zu den Angaben der übrigen Quellen und modernen Schätzungen vgl. Pertusi I 406.

77/1 Die Geschichtlichkeit des von der griechischen Sage und den homerischen und nachhomerischen Epen behandelten trojanischen Krieges vorausgesetzt, hat diese Eroberung im 13. Jahrhundert oder um das Jahr 1200 v. Chr. stattgefunden.

77/2 Der Perserkönig Kyros eroberte 539 v. Chr. das Neubabylonische Reich und dessen Hauptstadt Babylon (vgl. Herod. I 188–191).

77/3 P. Cornelius Scipio Africanus Maior zwang im Zweiten Punischen Krieg (218–201 v. Chr.) nach der Schlacht von Zama (202 v. Chr.) Karthago zur Kapitulation; es handelte sich nicht um eine regelrechte Eroberung. – P. Cornelius Scipio Africanus Minor Aemilianus übernahm im Dritten Punischen Krieg (149–146) die Exekution

Karthagos. Die Stadt wurde erobert und dem Erdboden gleichgemacht, die Bewohner (entgegen der Behauptung des Kritobulos) getötet oder versklavt.

78/1 In den letzten Jahrzehnten des 5. Jahrhunderts v. Chr. hatten keltische Stämme die Alpen überschritten und sich in der Poebene niedergelassen. Im Jahre 387 v. Chr. stießen sie nach Mittelitalien vor und eroberten und plünderten Rom. – Im Jahre 401 n. Chr. waren die Westgoten unter ihrem Führer Alarich nach Italien vorgestoßen; am 24. August 410 eroberten sie Rom, das drei Tage lang von ihnen geplündert wurde.

78/2 587 v. Chr. Eroberung durch Nebukadnezar II. und Verschleppung der Bevölkerung ins babylonische Exil (vgl. 2. Kön. 25,8–21). – Antiochus IV. Epiphanes eroberte Jerusalem 168 v. Chr. und drangsalierte die Stadt durch ein Programm zur zwangsweisen Hellenisierung etwa 3 1/2 Jahre (vgl. Flavius Josephus, Bell. Jud. I 31ff). – Im Jahre 70 n. Chr. zerstörten die Römer unter Titus, dem Sohn Vespasians, Stadt und Tempel. Vgl. oben Anm. 15/1. – Kritobulos erwähnt nicht die Eroberung durch Pompeius (63 v. Chr.) und Herodes (37 v. Chr.). Auch die Eroberung durch die Perser am 5. Mai 614, die mit einem furchtbaren Massaker verbunden war, führt er nicht an.

79/1 Eroberung von K/pel durch die Kreuzfahrer des Vierten Kreuzzuges am 13. April 1204.

79/2 Von 1204 bis Juli 1261 herrschten in K/pel lateinische Kaiser. „Sechzig Jahre“ sind also eine runde Zahlenangabe.

79/3 Das ist stark untertrieben. In Wirklichkeit hauste die lateinische Soldateska genauso schlimm wie die Türken 1453, vgl. den Augenzeugenbericht des Niketas Choniates 569–582 van Dieten.

80/1 Sprichwörtliche Wendung. Im Euripos, der schmalen Meerenge zwischen Euboia und Attika, wechselt die Richtung der starken Strömung mit den Gezeiten. Vgl. unten S. 129.

80/2 Konstantin d. Große, Sohn der Helena und des Konstantios Chloros, gründete Konstantinopel (Einweihungsdatum 11. Mai 330).

80/3 Konstantin XII., Sohn der Helena Dragaš und Manuels II.

81/1 Nach Michael VIII (1259–1282), Andronikos II. (1282–1328), Andronikos III. (1328–1341), Ioannes V. (1341–1391), Manuel II. (1391–1425) und Ioannes VIII. (1425–1448).

81/2 Die Byzantiner rechneten die Jahre nach einer Ära, die auf der Erschaffung der Welt = 0 beruht. Aufgrund der Zeitangaben in der Bibel fällt Christi Geburt in das Jahr 5508 dieser Ära. Bei der Umrechnung von Jahren der byzantinischen in Jahre der christlichen Ära muß man demnach 5508 subtrahieren, wobei allerdings immer zu beachten ist, daß das byzantinische Jahr vom 1. September bis 31. August gerechnet wird. Bei Daten zwischen 1. September und 31. Dezember bedeutet das für die Umrechnung eine Erhöhung des Subtrahenten um 1 Ziffer auf 5509. In unserem Falle lautet die Rechnung: 6961–5508 = 1453. In der Tat ist dieses Jahr auch das 1124. seit Gründung der Stadt (vgl. oben Anm. 80/2).

81/3 Anspielung auf Thuc. I 138,3; dort spricht Thukydides allerdings nicht von Perikles, sondern von Themistokles.

82/1 Nach islamischem Kriegsrecht stand dem Herrscher in seiner Funktion als Staatsoberhaupt (imam) ein Fünftel der Beute zu. Vgl. M. Khadduri, War and Peace in the Law of Islam, Baltimore 1955, 125ff.

83/1 Am ehemaligen Forum Tauri im Zentrum der Stadt, später Eski Saray (Altes Palais) genannt, seit 1920 dort die Universität. Vgl. Babinger 116–117. Müller-Wiener 29, 506–507.

83/2 Anwohner des Stenon (der Enge), wie der Bosporus auch genannt wurde. Aus ihnen wurden die Ruderer für die Schiffe des byzantinischen Kaisers rekrutiert (vgl. Konst. Porph., De adm. imp. 51,11–14. 91–92 Moravcsik).

84/1 Kritobulos betrachtet Notaras und die übrigen vornehmen Griechen als Opfer einer politischen Intrige. Das scheint eher der Wahrheit zu entsprechen als die etwa bei Dukas 303,7–306,4 und Chalk. II 165,11–166,22 Darkó zu lesende Kolportage-Version, Mehmet habe einen Notaras-Sohn als Lustknaben verlangt und auf die Weigerung des Vaters hin diesen mit seinen Söhnen (bei Dukas mit Sohn und Schwiegersohn Kantakuzenos) und anderen Notablen hinrichten lassen (Überblick über die verschiedenen Darstellungen bei Pertusi I 406–407 Anm. 65). Auch die modernen Darstellungen von Babinger (104–105) und Runciman (157–158) halten sich in erster Linie genüßlich an die Lust-Version, obwohl diese keineswegs erklären kann, warum Mehmet dann gleich insgesamt neun weitere griechische Notabeln umbringen läßt. Dahinter liegen wohl vielmehr die politischen Antagonismen, die Kritobulos andeutet. Wahrscheinlich hängt die Verbannung des Zağanos mit der Aufdeckung dieser Intrige zusammen (vgl. S. 88, zur Sache im einzelnen Inalcik, Policy 239–240). Ein Sohn Jakobos, der überlebt hat, wird in einer venezianischen Urkunde vom Januar 1468 erwähnt (vgl. Pertusi III 189).

86/1 Gemeint ist wohl der Bischof. Imbros wurde wie Thasos unter Manuel II. Archiepiskopie (vgl. J. Darrouzès, Notitia episcopatuum ecclesiae Constantinopolitanae, Paris 1981, notitia 18,157), in einer Liste aus der Zeit nach der Halosis (notitia 21,75) wird es als Metropolie geführt.

86/2 Palamede Gattilusio, Herrscher der thrakischen Stadt Ainos (1409–1455). Ainos war seit 1384 in der Hand eines Zweiges der genuesischen Familie Gattilusio (vgl. Heyd I 512. Miller 298). Imbros war Palamede vom byzantinischen Kaiser zu einem uns nicht bekannten Zeitpunkt übertragen worden.

86/3 Dorino I. Gattilusio (1427–1455), Herrscher von Lesbos, wo das genuesische Haus Gattilusio seit 1355 regierte (vgl. Heyd II 289. Miller 296–297). Auf Lemnos hatte Dorino seit 1440 Fuß gefaßt (vgl. Miller 329), Thasos besaß er mindestens seit 1434 als eine Art Lehen (vgl. Miller 297. 330).

87/1 Großvezir Çandarlı Halil Paşa, vgl. oben Anm. 64/6.

87/2 Vgl. oben Anm. 64/4. Sein Großvezirat erwähnt nur Kritobulos. Möglicherweise ist Kritobulos jedoch ein Fehler unterlaufen, und es müßte bereits hier der Name Zağanos statt İshak stehen. Die Neubesetzung der Vezirstellen nach der Halosis ist nicht völlig geklärt; die osmanischen Quellen führen Mahmut erst für 1456 als Großvezir. Zum ganzen Komplex vgl. Inalcik, Mehmed the Conquerer 413–414.

88/1 Vgl. oben Anm. 64/2. Zağanos, der große Gegenspieler Halils, muß 1453 zumindest kurzfristig das Großvezirat bekleidet haben. Er wurde, nach einigen Jahren aus der Verbannung zurückgekehrt, Statthalter von Gallipoli, später auch von Thessalien und der Peloponnes (vgl. Babinger 118, 184 und unten S. 139).

88/2 Vgl. oben Anm. 64/5. Mit „Sachwalter der gesamten Politik“ ist der Großvezir gemeint.

88/3 Zu diesen nicht ganz geklärten Verwandtschaftsverhältnissen vgl. Babinger 118, der z. T. wörtlich Jireček, Staat und Gesellschaft, IV, 35–36 ausschreibt.

90/1 Auf eine entsprechende Urkunde im Archiv des Topkapı Sarayı verweist Inalcik, Policy 236 Anm. 23.

90/2 Späterer Name Yedikule (Sieben Türme), diente schon bald nach Fertigstellung als Staatsgefängnis. Müller-Wiener 338–341.

90/3 Vgl. oben Anm. 73/1. Hier ist mit Nomisma die türkische Standard-Silbermünze akça („Weißling“ = Silberling) gemeint, die nach dem Vorbild des Aspron des Kaiserreiches von Trapezunt geprägt wurde. Ihr Gewicht betrug zunächst ca. 6 Karat (= 1,202 g) bei einem Feingehalt von 900/1000. Mehmet II. nahm mehrere Münzverschlechterungen vor; so betrug die Relation zum venezianischen Dukaten 36 akça im Jahre 1436, dagegen 45 akça im Jahre 1477 (vgl. Inalcik, Mehmed the Conqueror 418). Das Verhältnis des akça zur Kupfermünze (mangır) war ohnehin nicht stabil. Der Lohn für die Bauarbeiter beträgt etwa das Doppelte vom Sold eines Janitscharen, der nach dem ersten Regierungsantritt Mehmets 1444 nach Unruhen von 3 auf 3½ akça erhöht worden war.

90/4 Die im Osmanischen Reich zu dieser Zeit umlaufenden Goldmünzen waren in aller Regel byzantinischer oder italienischer Provenienz (vor allem venezianische Zechinen). Eigene osmanische Goldmünzen ließ Mehmet erst gegen Ende seiner Regierungszeit prägen.

91/1 Eine kurze Zusammenfassung der Hauptdogmen der christlichen Religion und ein weiterer kleinerer Traktat über den richtigen Weg zum Seelenheil, beides für Mehmet II. verfaßt, sind unter den Werken des Scholarios erhalten (L. Petit – X. A. Sideridès – M. Jugie, Oeuvres complètes de Gennade Scholarios . . ., III, Paris 1930, 453–458 und 434–452). Zu den Beziehungen zwischen Scholarios und Mehmet vgl. A. Papadakis, Gennadius II and Mehmet the Conqueror, in: Byzantion 42 (1972), 88–106. A. Kariotoglou, Die Problemstellung des Patriarchen Gennadios Scholarios gegenüber dem Islam, in: Philoxenia (Festschr. B. Kötting), Münster 1980, 159f.

92/1 Offenbar verwechselt Kritobulos Kynoskephalai (Hundsköpfe), das Gebirge in Mittelthessalien, Schauplatz des Sieges des T. Quinctius Flamininus über Philipp V. von Makedonien (197 v. Chr.), mit Kynossema (Hundegrab), der Landspitze am Eingang des Hellespont gegenüber von Abydos, Schauplatz der Seeschlacht von 411, die Thuc. 8, 104–106 schildert.

92/2 Es ist nicht klar, welche Insel Kritobulos mit den Kyanidischen („Dunkelinseln“) meint. Segelt man von Tenedos in Richtung südliche Ägäis, so liegen steuerbord achteraus Lemnos und Hagios Eustratios. Die Bezeichnung Kyanidische Inseln ist für sie nicht belegt, vielmehr heißen so (oder Kyaneai) zwei kleine Felseninseln an der

Einmündung des Bosporos ins Schwarze Meer (h. Öreke Kayaları), die in der Antike mit den Symplegaden der griechischen Mythologie gleichgesetzt wurden (vgl. oben Anm. 21/1).

94/1 Đurđe (Georg) Branković, Despotes von Serbien (1427–1456). Zur Person vgl. Jireček 161–162. Vom türkischen Sultan aus gesehen war Branković ein tributpflichtiger Vasall; daher erscheint er hier auch mit der staatsrechtlich neutralen Bezeichnung „Herrscher" (hegemon), nicht etwa als „König" (basileus).

94/2 Ladislaus V. Postumus (lebte 1440–1457). Da er unmündig war, führte János Hunyadi (seit 1446) für ihn als Reichsverweser von Ungarn die Regierungsgeschäfte.

95/1 Vom Berichterstatter aus gesehen siedeln diese Völker jenseits der Donau.

96/1 Murat II. war 1438 nach dem Tode Kaiser Sigismunds in Ungarn und Serbien eingefallen, der Hauptangriff erfolgte 1439 (vgl. Jireček 174–175). Georg Branković (nach seinem Großvater mütterlicherseits hier Lazaros genannt) verlor so gut wie sein gesamtes Herrschaftsgebiet und ging nach Ungarn.

97/1 Nach dem Frieden von Szegedin im August 1444.

97/2 Der Serbienfeldzug, den 1454 die Generäle Mehmets mit sehr unterschiedlichem Erfolg führten, wird von Kritobulos nicht erwähnt.

98/1 Mehmet marschierte von Edirne das Tal der Maritza aufwärts, über den Paß bei Sofia hinunter ins Tal der Nišava und fiel von dort aus nach Serbien ein.

98/2 Die serbische Bergbaustadt Novo Brdo (von Kritobulos zunächst unter der Namensform Nemoprodon eingeführt, dann im Text zu Noboprodon korrigiert), von der heute noch einige Ruinen zu sehen sind, lag in der Goljak Planina nördlich von Skopje. Seit dem Beginn des 14. Jahrhunderts wurden hier in bedeutendem Umfang Blei sowie vor allem Gold und Silber abgebaut. Im 15. Jahrhundert war Novo Brdo eine der wichtigsten Städte Serbiens und der größte Handelsplatz im Balkaninneren. Vgl. Janitschar 25–26. Babinger 131–132. K. Jireček, Handelsstraßen und Bergwerke von Serbien und Bosnien während des Mittelalters, Prag 1870.

98/3 Diese Politik, Steuersysteme und Steuersätze der neu gewonnenen Territorien zu übernehmen, war eine verbreitete osmanische Praxis und läßt sich bis weit in seldschukische Zeiten zurückverfolgen. Vgl. Sp. Vryonis, The Byzantine Legacy and Ottoman Forms, in: DOP 23–24 (1969–70), 251–308, dort 276–277.

99/1 Hierher nach Smederevo hatte Georg Branković nach seinem Regierungsantritt (1427) die serbische Residenz verlegt und 1429/30 eine mächtige, noch heute im wesentlichen erhaltene Festung erbauen lassen, da er die Festung Belgrad an Ungarn hatte abtreten müssen.

101/1 Der noch heute Bausubstanz aus dieser Zeit bewahrende Cevâhir Bedestan (vgl. Müller-Wiener 345–349).

101/2 26 Bäder aus der Zeit Mehmets II. sind bekannt (vgl. Müller-Wiener 324).

101/3 Das in frühbyzantinischer Zeit gebaute Wasserversorgungssystem der Hauptstadt, welches Wasser aus dem Belgradwald in die Stadt brachte, war in den letzten Jahrhunderten immer mehr verfallen, so daß man wieder auf Brunnen und Zisternen zurückgreifen mußte. Mehmet ließ das alte Netz reparieren und ausbauen (vgl. Müller-Wiener 514–515).

101/4 Dorino II. Gattilusio, der jüngere Sohn des Palamede; dessen älterer Sohn Giorgio war 1449 gestorben.

101/5 Zu Palamede Gattilusio und der Übertragung von Imbros vgl. oben Anm. 86/2. Samothrake war ihm schon von Kaiser Ioannes VIII. etwa 1431 übergeben worden (vgl. Miller 326–327). Palamede starb 1455.

101/6 Mytilene gehörte als Herrschaftsgebiet dem dortigen Zweig der Familie Gattilusio (vgl. oben Anm. 86/3), aber Palamede besaß dort offenbar einzelne Güter. Zu den hier geschilderten Ereignissen, für deren Einzelheiten Kritobulos die wichtigste Quelle ist, vgl. Miller 338–340. Babinger 141–144.

103/1 Etwa 25 km westlich von Perinthos (h. Ereğli). Die Ortsangaben alle nach Herod. IV 90,1–2, den Kritobulos hier ausschreibt.

105/1 Francesco Gattilusio, ein genuesischer Condottiere, bekam als Lohn für die Dienste, welche er Ioannes V. Palaiologos im Herbst 1354 bei der Eroberung von K/pel gegen Ioannes Kantakuzenos geleistet hatte, die Schwester des Kaisers, Maria, zur Frau. Die Mitgift war Lesbos, dessen Regierung er am 17. Juli 1355 antrat (vgl. Miller 313–315; die Quellen dort 315 Anm. 1). Es waren seitdem also erst hundert, nicht 150 Jahre, vergangen. Ainos gehörte nicht zur ursprünglichen Mitgift, sondern kam etwa ein Jahr später auf nicht ganz geklärte Weise in den Besitz der Familie Gattilusio (vgl. Miller 318).

105/2 Yunus segelte also von Gallipoli zunächst die Dardanellen hinunter bis Eleus an der Südspitze der Chersones und von dort aus direkt nach Norden. Dabei überquerte er den Melas Kolpos („Schwarze Bucht") und landete an der Pacheia Akte („Fette Küste") südlich von Ainos.

105/3 Diese Musterung des Heeres und der Flotte durch Xerxes schildert Herodot VII 58–100.

105/4 Nach Dukas (335,7) brach Mehmet am 24. Januar aus K/pel auf.

106/1 Die Strecke von K/pel nach Kypsela (h. İpsala) beträgt etwa 250 km. Die Entfernung Enoz–İpsala ist mehr als doppelt so groß, wie hier angegeben. Zum Stadion vgl. oben Anm. 22/1.

107/1 So hieß eines der athenischen Staatsschiffe (vgl. Thuc. III 33, 1.2 und öfter). Kritobulos verwendet das Wort so, als ob es sich nicht um einen Schiffsnamen, sondern die Bezeichnung eines Schiffstyps handelte.

108/1 Belgrad war die Schlüsselfestung Ungarns und das Tor nach Mitteleuropa, das Hunyadi, der einige Wochen später an der Pest starb, hier erfolgreich gegen die Türken verteidigte. Zum Verlauf der Belagerung vgl. R. Nisbet Bain, The Siege of Belgrade by Muhammad II, July 1–23, 1456, in: The English Historical Review 7 (1892), 235–252 (positives Urteil über Kritobulos). F. Babinger, Der Quellenwert der Berichte über den Entsatz von Belgrad am 21./22. Juli 1456, in: Sitz.-Ber. Bayer. Akad. Wiss., phil.-hist. Kl., 1957, 6, München 1957, 1–69 (= Aufsätze und Abhandlungen, I, 263–310 (289: sehr negatives Urteil über Kritobulos, 264 Anm. 2: weitere Literatur).

112/1 Den Hintergrund für dieses Ereignis bildet die Feindschaft zwischen den ungarischen Adelsgeschlechtern der Hunyadi, mit welchen Michael Szilágyi verschwägert war, und der Cilli, deren Verwandter wiederum Georg Branković war. Es gab auch einen konkreten Anlaß: Leute des Branković hatten Michael Szilágyi außerhalb von Belgrad überfallen und dabei dessen Bruder Ladislaus getötet (vgl. Jireček 204).

112/2 Gemeint sind (venezianische) Dukaten.

112/3 Georg Branković starb am 24. Dezember 1456 in Smederevo (vgl. Jireček 204 Anm. 5. 207–208).

112/4 Lazar III. Branković, Sohn des Georg Branković und dessen Frau Eirene Kantakuzene (Nicol 184–190 Nr. 71), seit Dezember 1446 Mitregent zusammen mit seinem Vater, nun nach dessen Tod alleiniger Despotes zusammen mit seiner Mutter.

113/1 Mara Branković hatte am 4. September 1435 Sultan Murat II. geheiratet. Als Murat starb, schickte Mehmet seine Stiefmutter zu ihrem Vater nach Serbien zurück. Er unterhielt mit ihr weiter persönliche Beziehungen und übertrug ihr diplomatische Aktionen. Nach ihrer hier geschilderten Flucht blieb sie bis zu ihrem Tode 1487 auf türkischem Hoheitsgebiet. Vgl. Jireček 245–246. Jireček, Staat und Gesellschaft, IV, 33. F. Babinger, Ein Freibrief Mehmeds II., des Eroberers, für das Kloster Hagia Sophia zu Saloniki, Eigentum der Sultanin Mara (1459), in: BZ 44 (1951), 11–20 (= Aufsätze und Abhandlungen, I, 97–106). Nicol 210–213 Nr. 92).

113/2 Gregor, der älteste Sohn des Georg Branković war 1441 nach der Eroberung von Smederevo durch die Türken (1439) auf Befehl Murats II. geblendet worden (vgl. Babinger 15). Er wurde nach seiner Flucht Mönch auf dem Berg Athos und starb 1459 (vgl. Jireček 209, wörtlich ausgeschrieben von Babinger 155–156. Nicol 213–215 Nr. 93).

113/3 Rudnik, zwischen Peć und Priština gelegen (vgl. Jireček 209).

113/4 Jüngerer Bruder Gregors, war ebenfalls 1439 auf Befehl Murats geblendet worden (vgl. oben Anm. 113/2). Nicol 219–221 Nr. 91.

114/1 Lazar III. starb am 20. Januar 1458. Er war mit Helena Palaiologina, der ältesten Tochter des Thomas Palaiologos, verheiratet und hatte mit ihr insgesamt drei Töchter. Die älteste, Maria (auch Helena oder Jelača), war etwa 1447 geboren. Vgl. Jireček 210–211. Nicol 221–225 Nr. 96.

115/1 Mit Papst Calixtus III. verwechselt. Sein Vorgänger Nicolaus V. war bereits am 24. März 1455 gestorben.

115/2 Kardinal Ludovico Trevisano Scarampo, „Patriarch“ von Aquileia und päpstlicher Legat u. a. für ganz Griechenland, Kleinasien und die Ägäis. Zum hier geschilderten Unternehmen vgl. Babinger 158–160. A. E. Bakalopoulos, Thasos. Son histoire, son administration de 1453 à 1912, Paris 1953, 21–22.

115/3 Durch die Besatzung unter dem Kommandanten Luiso, von dem wir sonst nichts wissen, wurde Lemnos praktisch für den Papst annektiert, vgl. Miller 340–341.

116/1 Über diesen Kontos wissen wir sonst nichts. Miller (340) vermutete, hinter dem Namen verberge sich in Wahrheit das italienische „conte“, und es handele sich hier um den conte di Anguillara. Doch ist der Name Kontos auch anderweitig belegt.

118/1 Vgl. oben Anm. 37/3. Seit 1449 regierte Thomas Palaiologos den Nordwesten der Peloponnes mit Achaia und den beiden großen Städten Patras und Klarentza; Demetrios herrschte über den Südwesten mit der Hauptstadt Mistras (vgl. Zakythinos, Despotat I 242. Zum Albaner-Aufstand ebda. 247–256).

119/1 Kritobulos greift hier zeitlich vor. Smederevo kapitulierte am 20. Juni 1459. Die Hochzeit der Maria (Jelača), der Tochter Lazars III. und seiner Frau Helena Palaiologina, mit Stepan Tomašević hatte vorher am 1. April 1459 stattgefunden (vgl. Jireček 214–215. Nicol 223).

119/2 Ende 1460 ging Thomas Palaiologos nach Italien, während seine Frau Katharina Zaccaria mit den Kindern Andreas, Manuel und Zoe auf Kerkyra zurückblieb. Katharina starb dort im August 1462 (vgl. Runciman 190–191).

121/1 Das sog. Hexamilion, d. h. die etwa sechs Meilen lange Befestigungsanlage, welche Manuel II. im Jahre 1415 quer über den Isthmos hatte errichten lassen, vgl. Zakythinos, Despotat I 167–170. Murat II. hatte die Mauer 1446 teilweise schleifen lassen.

122/1 Zur Geschichte dieser Festung vgl. Setton 197 Anm. 3.

122/2 Zu Demetrios Asan vgl. Zakythinos, Despotat I 258. II 114. Nicht er war Schwager des Demetrios Palaiologos, sondern Matthaios Asan.

126/1 Matthaios Asans Schwester Theodora war mit Demetrios Palaiologos verheiratet.

126/2 Kritobulos gebraucht hier archaisierend die altgriechischen Hohlmaße. 1 Medimnos entsprach in Attika etwas mehr als 40 Litern. Auf einen Medimnos kamen 48 Choiniken. Die hier aufgemachte Rechnung stimmt demnach nicht; es kommen auf jeden Mann knapp sieben Choiniken. Byzantinische Quellen gebrauchen bisweilen das Wort Medimnos auch synonym für das sonst in Byzanz allgemein gebräuchliche Hohlmaß des Modios, der 40 Litrai Weizen à 320 g, also 17,084 l bzw. 12,8 kg umfaßte (vgl. Schilbach, Metrologie 95–98). Hier an unserer Stelle muß jedoch ein größeres Maß gemeint sein, entweder der attische (vgl. oben) oder der sizilische Modios, der sechs römischen Modii à 8,6976 l entsprach (vgl. Schilbach, Metrologie 97). Die Maßeinheit Choinix ist in byzantinischer Zeit nur regional für Trapezunt belegt und entsprach dort 1/4 Modios (vgl. Schilbach, Metrologie 126–128). Die hier bei Kritobulos vorausgesetzte Maßrelation, bei welcher 210 Choiniken 10 Medimnen entsprechen müßten, ist nirgendwo belegt.

128/1 Das Herzogtum Athen, über das nach Burgundern und Katalanen zuletzt mehr als sechzig Jahre die florentinische Bankiersfamilie der Acciaiuoli geherrscht hatte, war einige Jahre vorher (Juni 1456) mit der Eroberung Athens an Mehmet gefallen. Vgl. Anonymus Zoras 131–133. Schreiner II 489.

129/1 Vgl. oben Anm. 80/1.

129/2 İsmail war der Nachfolger des Ionuzes (Yunus), vgl. oben S. 105–107.

129/3 Domenico und Nicolò Gattilusio. Zum Verhältnis der beiden Brüder zueinander vgl. Miller 342.

130/1 Sonst unbekannt. Nach Miller (341) möglicherweise Raymond von Siscar. Wahrscheinlicher wäre jedoch eine Identifizierung mit Sergius de Serpando, 1462–1465 Admiral der Johanniter von Rhodos (zu ihm vgl. Setton 239 Anm. 29).

131/1 Den eigentlichen Feldzug gegen das von den Genuesen beherrschte Amasra im Jahre 1459 schildert Kritobulos nicht; zu diesem vgl. Hirtenzelt 215–217; Anonymus Zoras 135–136 mit Anm. 91; Müller ad. 1. mit Auszügen aus weiteren Quellen; Inalcik, Mehmed the Conqueror 422. Das Datum September 1459 wird auch durch eine griechische Kleinchronik bestätigt, vgl. E. Mioni, Una inedita cronaca bizantina (dal Marc. gr. 595), in: Rivista di Studi Bizantini e Slavi 1 (1981), 71–87, dort 77 Nr. 57.

132/1 Der heute noch beherrschend im Zentrum des Stadtgebietes liegende Komplex der Fatih Camii (Eroberer-Moschee) mitsamt den dazugehörenden Gebäuden (Türben, Medresen, İmaret, Schule, Bibliothek usw.). Mehmet ließ hierfür die baufällige Apostelkirche abbrechen. Sie war unter Justinian erbaut worden (als Ersatz für einen älteren Bau Konstantins d. Gr.) und diente bis ins 11. Jahrhundert als Grabkirche der byzantinischen Kaiser. Nach der Halosis war sie kurze Zeit Sitz des Patriarchen, bevor dieser 1456 ins Pammakaristos-Kloster übersiedelte. Vgl. Janin, Géographie 41–50. Müller-Wiener 405–411.

132/2 Das Topkapı Sarayı, das hier an der Stelle der antiken Stadt Byzantion auf einem Areal von insgesamt 70 ha erbaut wurde. Den jetzt gebräuchlichen Namen erhielt der Gesamtkomplex, der verschiedenste Wohn-, Wirtschafts- und Repräsentationsbauten des Sultanhofes umfaßt, von einer Batterie, die an der äußersten Spitze der Halbinsel aufgestellt wurde. Vgl. Müller-Wiener 495–507.

132/3 Die östlich des großen Basars gelegene Mahmut Paşa Camii samt Nebengebäuden (vgl. Müller-Wiener 433–435) und das 100 m nördlich davon gelegene Doppel-Bad Mahmut Paşa Hamamı (vgl. Müller-Wiener 330).

134/1 Vgl. oben Anm. 107/1.

134/2 Kotzinos (= Kokkinos, so benannt nach der roten lemnischen Vulkanerde) liegt an der Nordküste der Insel, ca. 30 km vom Kastro (Myrina) entfernt. Zur Topographie von Lemnos vgl. C. Fredrich, Lemnos. II. Topographisches und Archäologisches, in: MDAI(A) 31 (1906), 241–256 mit Taf. XIX (detaillierte Karte).

135/1 Vielleicht von Kritobulos als Eigenname mißverstandene Herkunftsbezeichnung Calabrese = Mann aus Kalabrien (so Miller 343).

135/2 „Altes Fort", die Akropolis des antiken (und heute offiziell wieder so genannten) Myrina an der Westküste der Insel.

135/3 Dieser Michele ist uns nur durch den Bericht des Kritobulos bekannt.

136/1 Frà Jakob de Milly, Großmeister des Johanniter-Ordens 1454–1461.

136/2 Sie heißen in den antiken Quellen (Thukydides und Strabon) nicht Machaones, sondern Chaones.

137/1 Georg (Gjergj) Arianiti, Feudalherr, stand an der Spitze eines der ersten albanischen Aufstände gegen die Türken (1432).

137/2 Georg (Gjergj) Kastrioti, genannt Skanderbeg (Skënderbeu) (1405–1468), albanischer Nationalheld, kam als Kind als Geisel nach Adrianopel und erhielt dort den Namen İskender (Alexander), später dazu den Titel Beg. Er diente als Militärkommandeur unter Murat II., fiel von den Türken ab und setzte sich an die Spitze des albanischen Freiheitskampfes. Heiratete 1451 die Tochter des Georg Arianiti. Durch die von ihm inspirierte Liga der albanischen Feudalherren („Liga von Alessio") kommt es zu einer ersten, allerdings kurzlebigen albanischen Staatsbildung. Vgl. A. Buda, Georges Kastriote – Skanderbeg et son époque, Studia Albanica 1967, H. 2.

137/3 In den Jahren 1434 und 1435.

139/1 Alt- und Neu-Phokaia (Eski und Yeni Foça) am Ausgang des Golfes von İzmir, zu welchen auch die für die europäische Textilindustrie wichtigen Alaun-Minen gehörten. Das Gebiet hatte Yunus im Herbst 1455 der Chios beherrschenden genuesischen Handelsgesellschaft der Maona entrissen (vgl. oben S. 94; Heyd II 320).

141/1 Zur Vorgeschichte des türkischen Eingreifens vgl. Zakythinos, Despotat I 261–267.

144/1 Demetrios Palaiologos war seit 1441 in zweiter Ehe mit Theodora Asan verheiratet; sie hatten eine gemeinsame Tochter, Helena.

144/2 Kastritzi, nach Chalk. (dessen mit Kritobulos übereinstimmender Bericht 228,15–229 Darkó, vgl. Zakythinos, Despotat I 269) etwa 80 Stadien (knapp 15 km) von Mistras entfernt am Fuße des Taygetos. Das Wort ist eine griechische Ableitung von lat. castrum.

146/1 Gardiki, ca. 60 km nordwestlich von Mistras jenseits des Oberlaufes des Alpheios. Der Ortsname ist vom slav. Wort für Burg abzuleiten, vgl. M. Vasmer, Die Slaven in Griechenland, Berlin 1941 (Abh. Preuß. Akad. Wiss., phil.-hist. Kl., 1941, 12), S. 26 Nr. 58.

146/2 Dieses „Joch" bildet die Nordspitze des Taygetos-Massivs, vgl. Zakythinos, Despotat II 27 mit Anm. 4.

146/3 Vor allem aus der Stadt Leontarion, wie Chalk. 229,16–17 mitteilt.

147/1 Chalk. 229,18–230,14 berichtet, daß sämtliche Bewohner massakriert wurden, vgl. auch Zakythinos, Despotat I 269–270. Kritobulos versucht, zu mildern und Erklärungen zu geben.

148/1 Es handelt sich wie schon oben S. 123 nicht um das antike Mantineia in Arkadien nördlich von Tripolis, das durch die Schlacht zwischen Thebanern und Spartanern 362 v. Chr. berühmt geworden ist, sondern um eine Siedlung aus byzantinischer Zeit am Golf von Messene.

148/2 Im wesentlichen das Gebiet um Modon (h. Methone) und Coron (h. Korone), den „Augen" Venedigs auf der Peloponnes, mit Navarino sowie das Gebiet um Argos und Nauplion. Außerdem hatte sich Monembasia nicht ergeben (zu diesem vgl. Miller 238–239).

148/3 Bezieht man die Zahl auf alle drei der angegebenen Kategorien, ist die Angabe realistisch.

149/1 Bezeichnung für den gesamten Erdteil Afrika, von dem man natürlich nur den Norden kannte. Die Dorer der Peloponnes hatten mehrere Kolonien an der nordafrikanischen Küste östlich der Großen Syrte gegründet.

149/2 Vgl. oben Anm. 121/1.

152/1 Zu Trapezunt und zur Geschichte der ganzen Region vgl. W. Miller, Trebizond, New York 1926 (Nachdr. Amsterdam 1968). E. Janssens, Trébizonde en Colchide, Brüssel 1969.

152/2 Alexios, der Enkel des byzantinischen Kaisers Alexios I. Komnenos, bemächtigte sich Trapezunts im April 1204. Er und seine Nachfolger regierten dann mit dem Titel „Groß-Komnene".

153/1 Uzun Hasan („Hasan der Lange") herrschte 1453–1478 über das bedeutende ostanatolische Reich der turkmenischen Stämme der Ak Koyunlu („die vom weißen Hammel"), deren Name wohl ursprünglich auf ein Totemtier zurückgeht. Sein Herrschaftsgebiet erstreckte sich südlich von Trapezunt bis an die heutige türkisch-syrische Grenze; seine Residenz lag bei Diyarbakır am Oberlauf des Tigris. Er dehnte sein Reich später auf Kosten des östlich anschließenden Reiches der Kara Koyunlu („die vom schwarzen Hammel") bis nach Bagdad und an den Persischen Golf aus. Er war damit der mächtigste Rivale Mehmets II. im Osten. Hasan hatte Katharina, die Tochter des Groß-Komnenen Ioannes IV. (1429–1458) und Nichte dessen Nachfolgers David, geheiratet.

153/2 Uzun Hasan war nicht mit dem Mongolenkhan Timurlenk verwandt, aber teilweise dessen politischer Erbe und hat sich wahrscheinlich als dessen Nachkomme ausgegeben.

153/3 Wahrscheinlich mit dem heutigen Diyarbakır oder mit dem etwa 90 km nordöstlich davon gelegenen mittelalterlichen Martyropolis zu identifizieren.

153/4 Der georgische König Georg VIII. (1446–1466) war ebenso wie die Groß-Komnenen von Trapezunt und einige andere Fürsten Teil der gegen das Osmanische Reich opponierenden losen ostanatolischen Liga, deren treibende Kraft Uzun Hasan war. Zur machtpolitischen Konstellation vgl. Babinger 195ff. B. von Palombini, Bündniswerben abendländischer Mächte um Persien 1453–1600, Freiburg 1968.

155/1 Wahrscheinlich überschritt er nicht den Halys selbst, sondern (auf der Route von Ankara nach Sinope) einen seiner westlichen Nebenflüsse.

155/2 Es handelt sich um Kupfervorkommen. Vgl. A. Bryer, The Question of Byzantine Mines in the Pontos, Anatolian Studies 32 (1982) 133–150.

156/1 Nach anderen Quellen (z. B. Chalk. II 241,21 Darkó; Dukas 242,3) gab Mehmet ihm Philippopel (h. Plovdiv), nach Tursun Beg Yenişehir, welches von den Herausgebern (vgl. S. 263) mit Pharsala in Thessalien gleichgesetzt wird.

157/1 Kritobulos' geographische Angaben sind vage; sein Wissen über den Tauros hat er weitgehend aus Arrian (Anab. V 5,2–3). Die Angaben haben mit der tatsächlichen Route Mehmets wenig zu tun. Dieser zog, wie Tursun Beg berichtet, der an der Kampagne selbst teilgenommen hat, das Tal des Kelkit aufwärts, nahm die

Festung Koyulhisar ein und stieg dann über den Gebirgszug des Çimen daği in die Ebene von Erzincan. Eine detaillierte Studie zur Route, die Mehmet auf seinem Feldzug gegen Trapezunt einschlug, bietet jetzt Anthony Bryer, Excursus on the routes taken by Mehmed II in 1461, in: A. Bryer – D. Winfield, The Byzantine Monuments and Topography of the Pontos, I, Dumbarton Oaks 1985, 60–65.

157/2 Auch hier bedeutet „Asien“ das, was wir Kleinasien nennen (s. Index). Alexander überschritt den Tauros im Süden durch die Kilikische Pforte.

157/3 Im Krieg gegen Mithridates. – Auffällig ist, daß Kritobulos den berühmten Zug der Zehntausend unter Xenophon nicht erwähnt.

158/1 Mehmet marschierte nicht nach Süden gegen das viel zu weit liegende Diyarbakır, sondern über die Berge nach Norden in Richtung Bayburt, wie Tursun Beg berichtet. Er bedrohte nicht Tigranokerta, wie Kritobulos schreibt, sondern Erzincan.

161/1 Yakup Paşa alias Maestro Jacopo, ein jüdischer Arzt aus Gaeta, der schon unter Murat II. nach Edirne gekommen war. Vgl. zu ihm F. Babinger, Ja'qûb-Pascha, ein Leibarzt Mehmed's II. Leben und Schicksale des Maestro Jacobo aus Gaeta, in: Rivista degli Studi Orientali 26 (1951) 87–113 (Aufsätze und Abhandlungen I, 240–262).

165/1 Er konnte sich dieser Sinekure allerdings nur kurze Zeit erfreuen; 1463 wurde er zusammen mit sechs seiner sieben Söhne in Konstantinopel hingerichtet, vgl. Runciman 193–194.

166/1 Hierbei kann es sich weder um Theater im antiken noch im modernen Sinne handeln; es kommen allenfalls Bauten für musikalische oder Darbietungen der Volkskunst (Karagöz-Schattentheater?) in Frage, von denen jedoch sonst nichts bekannt, geschweige denn erhalten ist.

166/2 Der Walachenfürst Vlad III. (1456–1462 und 1476) ist hier wie sein Vater Vlad II. mit seinem Beinamen Dracul („der Drache“) genannt, der auf den vom Kaiser Sigismund gestifteten Drachenorden, dem Vlad II. angehörte, zurückgeht. Bekannter ist er unter dem anderen Beinamen Ţepeş („der Pfähler“), der auf seine Vorliebe für diese Hinrichtungsart zielt. Zu ihm vgl. R. Florescu – R. McNally, Dracula, A Biography of Vlad the Impaler (1431–1476), London 1974. Journalistisch aufgemacht, aber instruktiv: R.-P. Märtin, Dracula. Das Leben des

Fürsten Vlad Tepes, Berlin 1980 (Wagenbach Taschenbücherei 65).

166/3 Vladislav II. (1447–1456).

166/4 In Wirklichkeit waren sie von ihrem Vater bereits 1440 Murat als Geiseln gestellt worden.

167/1 Radu III. cel Frumus („der Schöne") war zusammen mit seinem Bruder Vlad 1440 als Geisel an den Hof Murats II. gekommen.

168/1 Wie der wahnsinnige Aias, vgl. die Eingangsszenen der gleichnamigen Tragödie des Sophokles.

168/2 Nicolò Gattilusio, Sohn Dorinos I., Herrscher über Lesbos (1458–1462), regierte zunächst nach dem Tode des Vaters 1455 zusammen mit seinem Bruder Domenico.

170/1 Die Hügelgräber an der Küste nordwestlich der Ausgrabungsstätte.

170/2 In Nachahmung Alexanders des Großen, von welchem ebensolches berichtet wird.

170/3 Sprichwörtliche Wendung, mit welcher die totale Ausplünderung bezeichnet wurde.

170/4 Das Motiv der wechselseitigen Vergeltung zwischen Asien und Europa ist seit der Antike geläufig (vgl. Herod. I 1–4; Arrian, Anab. III 18,12). Die Türken galten im 15. Jahrhundert als Nachfahren der Trojaner (Turci = Teucri), vgl. Pertusi I 371.

173/1 Kritobulos verwechselt Nicolò Gattilusio mit dessen Bruder Francesco; vgl. oben Anm. 105/1.

174/1 Gemeint ist vor allem das Marmara-Meer.

174/2 Etwa richtig angegeben (zum Stadion vgl. oben Anm. 22/1); die tatsächliche Breite an der schmalsten Stelle der Meerenge beträgt ca. 1350 m.

174/3 Dort steht auf der europäischen Seite der Dardanellen die frühosmanische Burg Kılıdülbahar; über die genaue Baugeschichte wissen wir nichts. Mehmet ließ sie ausbauen und ihr gegenüber ein weiteres Kastell errichten (h. Sultaniye Kalesi).

176/1 Stepan Tomašević, Sohn des Tomaš. Er war 1461 nach dem Tod seines Vaters dessen Nachfolger geworden.

178/1 Bertoldo, Markgraf von Este, als Oberbefehlshaber der Landtruppen. Die Flotte befehligte Alvise Loredan, „capitano generale del mare". Zu den Verhandlungen im Rat von Venedig vor der Kriegserklärung vgl. Babinger 241–243.

182/1 Von der Peloponnesseite; hier griff Ömer von Korinth aus an.

184/1 Auf einem Hügel im Südwesten der Stadt kurz vor der Seemauer, h. Sulu Monastır. Vgl. Janin, Géographie 218–222. Müller-Wiener 200–201.

184/2 Im Jahre 478 v. Chr. Herodot beschreibt den Bau der Pontonbrücke VII 33–36.

185/1 Matthias Corvinus, Sohn des János Hunyadi (reg. 1454–1490).

186/1 Das Rohmetall diente dazu, an Ort und Stelle weitere eventuell benötigte Geschütze zu gießen.

189/1 Mit dem Fluß Brynos ist wahrscheinlich nicht die viel weiter östlich gelegene Drina gemeint (so Müller zur Stelle), sondern der durch das Tal von Jajce selbst zur Sava hinabfließende Vrbas. Das für diese Deutung anstößige -n- in „Brynos“ geht vielleicht auf die Verlesung eines ganz ähnlich wie Ny geschriebenen Beta in einer der Quellen des Kritobulos zurück. Die Gleichsetzung dieses Brynos mit dem antiken Erygon/Erigon ist jedoch auf jeden Fall unberechtigt, da dieser in den antiken Quellen übereinstimmend als Nebenfluß des Axios/Vardar belegt ist.

192/1 In der Tat hat es im Sommer/Herbst 1464 keine Sonnenfinsternis gegeben. Wir wissen nicht, um was für eine (meteorologische?) Erscheinung es sich hier gehandelt hat.

195/1 Damit ist die Logik gemeint, die von diesen beiden Philosophenschulen gepflegt worden war.

195/2 Klaudios Ptolemaios, griechischer Mathematiker, lebte im 2. Jahrhundert n. Chr. in Alexandrien; er verfaßte neben astronomischen und anderen naturwissenschaftlichen Werken eine „Anleitung zur Kartenzeichnung der Erde“ in acht Büchern. Buch VIII enthält die Kartenspiegel der insgesamt 26 Teilkarten der Erde.

195/3 Georgios Amerukes (auch Amirutzes/Amoirutzes), mit dem Beinamen „der Philosoph“. Großlogothet und Protobestiarios am Kaiserhof zu Trapezunt bis zur Eroberung 1461, Gelehrter.

195/4 Die Handschrift ist noch erhalten: Es ist mit hoher Wahrscheinlichkeit der noch heute in der Bibliothek des Topkapı Sarayı aufbewahrte Codex G. İ. 27 aus der 1. Hälfte des 15. Jahrhunderts. Vgl. A. Deissmann, Forschungen und Funde im Serai, Berlin–Leipzig 1933, 27–34.

195/5 Auch hiervon sind zwei Handschriften in İstanbul erhalten, eine genauere Untersuchung ihrer Textform und des Verhältnisses zu den griechischen Handschriften steht noch aus, vgl. Deissmann a. a. O.

196/1 Die Versuche der Osmanen, Albanien zu unterwerfen, begannen schon am Ende des 14. Jahrhunderts. Murat II. sandte dann wiederholt Heere gegen die Albaner (besonders 1423, 1430, 1434, 1435 und öfter), Mehmet selbst hatte 1459 einen Feldzug nach Albanien angeführt, vgl. oben S. 136–138.

200/1 Es handelt sich um die Festung Elbasani, etwa 40 km südöstlich von Tirana, insgesamt ca. 75 km von Kruja entfernt.

202/1 Ein Komet ist für die in Frage kommende Breite im Herbst 1466 nicht nachgewiesen. Möglicherweise hat es sich bei den von Kritobulos geschilderten Phänomenen um eine Nordlicht-Erscheinung gehandelt.

202/2 Vgl. oben Anm. 132/1.

204/1 Vgl. oben Anm. 74/2.

204/2 In der folgenden Beschreibung der Pestepidemie in K/pel zitiert Kritobulos mehrfach in freier Imitation die berühmte Schilderung der Seuche, die Athen im Jahre 430 v. Chr. heimsuchte, durch Thukydides (II 47–54). Diese Darstellung des Thukydides hat den Archetyp für viele der späteren Ausgestaltungen des Themas abgegeben, und insbesondere war sie literarisches Vorbild für eine Reihe von byzantinischen Geschichtsschreibungen, die dasselbe Thema behandelt haben, allen voran Prokop, der im zweiten Buch seines Werkes über die Perserkriege Justinians den Ausbruch der großen Pest von 542 schildert. Zu den einzelnen von Kritobulos imitierten Stellen aus Thukydides und Prokop vgl. den Testimonienapparat meiner griechischen Edition und die Prolegomena dort S. 52* bis 53*.

204/3 Kritobulos gebraucht hier diese Bezeichnung für eine Verwaltungsprovinz aus dem Vokabular der byzantinischen Reichsverwaltung; im Osmanischen Reich würde dem etwa der Begriff sancak entsprechen.

REGISTER
DER PERSONEN- UND ORTSNAMEN

Die Zahlen bedeuten die am Rande der Übersetzung ausgeworfenen Seitenzahlen der griechischen Textausgabe im Corpus Fontium Historiae Byzantinae, in Klammern hinzugefügte Ziffern beziehen sich auf die dazugehörigen Anmerkungen. Abweichende moderne geographische Bezeichnungen sind mit der Abkürzung „h." = „heute" hinzugefügt.